Dr. Elizabeth Teissier

Ist er dein Mars? ☿ Ist sie deine Venus?

Das astrologische Liebes- und Freundschaftsbrevier

Bibliografische Information der Deutschen Nationalbibliothek:
Die Deutsche Nationalbibliothek verzeichnet diese Publikation in der Deutschen Nationalbibliografie; detaillierte bibliografische Daten sind im Internet über http://d-nb.de abrufbar.

Für Fragen und Anregungen:
mars.venus@mvg-verlag.de

1. Auflage 2013

© 2013 by mvg Verlag, ein Imprint der Münchner Verlagsgruppe GmbH,
Nymphenburger Straße 86
D-80636 München
Tel.: 089 651285-0
Fax: 089 652096

Übersetzung: Christa Trautner-Suder
Redaktion: Susanne Schneider
Umschlaggestaltung: Kristin Hoffmann, München
Umschlagabbildung: iStockphoto
Satz: Georg Stadler, München
Druck: GGP Media GmbH, Pößneck
Printed in Germany

ISBN Print 978-3-86882-428-5
ISBN E-Book (PDF) 978-3-86415-442-3
ISBN E-Book (EPUB, Mobi) 978-3-86415-443-0

Weitere Informationen zum Verlag finden Sie unter

www.mvg-verlag.de
Beachten Sie auch unsere weiteren Verlage unter
www.muenchner-verlagsgruppe.de.

INHALT

»Die Astrologie ist zugleich Kunst, Wissenschaft und Weisheit.«

RAYMOND ABELLIO

Mehr noch als ein sehr genaues Vorhersageinstrument – natürlich nur im Fall der individuellen Astrologie – ist sie die Wissenschaft von der Persönlichkeit schlechthin. Zudem ist sie äußerst genau – und wertvoll –, wenn es darum geht herauszufinden, was zwei Menschen spontan und dann im weiteren Verlauf einer Beziehung einander nahebringt oder voneinander trennt. Durch ein komplexes Zusammenspiel der Gegenüberstellung von Winkelbeziehungen (man nennt sie Aspekte) zwischen den verschiedenen Planetenfaktoren der Betroffenen ist die Astrologie in der Lage, elektive Affinitäten, aber auch Schwierigkeiten im Einvernehmen oder sogar Unvereinbarkeiten in einer Beziehung zu erkennen.

ERSTER TEIL

Sprechen wir über Astrologie ...

Ist dieses Buch … eine Spielerei? Ein Zeitvertreib? Ein Dekret oder ein Urteil ohne Rechtsbehelf? Eine praktische Interpretation unseres Sonnensystems und der Planetenstellungen? Ein Sirenengesang? Ein astrologisches Diagnoseinstrument für eine Paarbeziehung (oder auch für eine freundschaftliche, familiäre oder berufliche Beziehung)? Eine Einladung zu einer Reise, zur Einschiffung in den Hafen der Ehe? Eine theoretische Abhandlung über Harmonie und Dissonanzen zwischen den Tierkreiszeichen?

I. Ist dieses Buch …

… EINE SPIELEREI?

Es ist bestimmt eine Spielerei, die man (ein wenig) ernst, jedoch keinesfalls tragisch nehmen sollte. Denn auch wenn die Gegenüberstellung Ihrer Sternzeichen einen ersten Eindruck über die Qualität Ihrer Paarbeziehung gibt – in gewisser Weise,»seriös« ausgedrückt, eine Folge ihrer energetischen Grundschwingungen –, so ist diese Gegenüberstellung doch bei Weitem nicht erschöpfend. Dies gilt vor allem, wenn Sie noch die Wechselwirkungen zwischen Ihren Aszendenten berücksichtigen! Freuen Sie sich daher, wenn das Ergebnis einer Gegenüberstellung von Ihnen und Ihrem Auserwählten glänzend ausfällt. Es jage sich aber bitte keiner eine Kugel in den Kopf, sollten die Werte nur mittelmäßig oder schlecht sein. Nehmen Sie das vorliegende Buch als geselliges Vergnügen, als eine Art Gesellschaftsspiel, bei dem die anwesenden Paare eingestuft und analysiert werden … in der Hoffnung, dabei möge nicht zu viel Zwietracht gesät werden! Das sollte der spielerische Gedanke, mit dem wir das Ganze betrachten, verhindern können. Warum dies allerdings nur als Spiel auffassen?
Beurteilt man anhand des Horoskops, ob zwei Menschen wirklich füreinander bestimmt sind, muss man sich darüber im Klaren sein, dass ein Horoskop eine komplexe Angelegenheit ist. Es enthält die Position der Geburtssonne – die über Ihr Sternzeichen entscheidet –, die Position von Mond, Merkur, Mars, Jupiter etc. Obgleich das Sonnenzeichen die Persönlichkeit wesentlich bestimmt, sind die anderen Elemente doch keinesfalls zu vernachlässigen. Doch in diesem Buch soll der spielerische Aspekt dieser Gegenüberstellung überwiegen, die durch eine gründlichere Analyse ergänzt werden kann (wie beispielsweise mit *Astrocouple* unter www.eteissier.com).

... EIN ZEITVERTREIB (DIVERTISSEMENT)?

Das ist unser erhofftes Ziel und Ergebnis. Haben Sie einmal ein Divertimento von Mozart gehört? Die Musik fließt dahin, sie bezaubert und zieht den Hörer in ihren Bann, wirkt, wie die *Fabeln* von La Fontaine, vordergründig und leicht und dennoch ... Zeitvertreib (Divertissement) ist ein Luxus, ein Vergnügen, ein Zauber, dessen Kern gehaltreicher sein kann, als kritische Geister glauben mögen. Und auch wenn ich es nicht anstrebe, der Mozart der Astrologen zu werden – als Bewunderin großer Geister auf diesem Gebiet in der Vergangenheit bin ich davon überzeugt, dass dieser Platz längst besetzt ist –, so möchte ich doch anmerken, dass ich mich aufgrund meines Temperaments gegen den intellektuellen Terror sträube, der jeglichen scheinbar leicht genommenen Zeitvertreib mit ernsten Themen als Gotteslästerung verurteilt. In meinen Augen ist das nichts anderes als Puritanismus und Scheinheiligkeit, und ich denke, ein authentisches und edles Thema wie die Astrologie hat von der gefälligen Form des »Divertissements« nichts zu befürchten. (Allerdings unter der Voraussetzung, dass dieser Zeitvertreib es vermeidet, die königliche Kunst der Sterndeutung durch eine übergroße Vereinfachung zu verraten oder zu entstellen.) Ist das Bessere nicht der Feind des Guten? *Last but not least* ließe sich noch anfügen, dass in unserer unsicheren, bedrohten, trüben und gewalttätigen Zeit etwas Sonne (und sei es astrologisch) die Herzen nur wärmen und die Gemüter aufheitern kann.

... EIN DEKRET, EIN URTEIL OHNE JEDEN EINSPRUCH?

Ja, in gewisser Weise, aber gibt es bei einem Dekret halbe Sachen? Insbesondere wenn Sie die verschiedenen »Zutaten« der Partner mischen, deren Sonnen, Aszendenten und vor allem Venus–Mars. Weiter unten werden Sie verstehen, was diese »Rezeptzutaten« alles beinhalten, vor allem wie sehr die Gegenüberstellung der Faktoren von Mars und Venus die Beurteilung einer Liebesbeziehung bereichert und präzisiert. Also noch einmal die Frage: Ist dieses Buch nun letztlich ein Dekret?
Nein, wenn Sie nur Ihre beiden Sonnenzeichen vergleichen. In diesem Fall können Sie nur eine ziemlich einfache Analyse erwarten, eine rein theoretische Beurteilung, die ebenso viel Wert hat wie beispielsweise der Vergleich eines Spaniers mit einem Deutschen. Kollektiv, soziolo-

gisch, kulturell und auf eine beliebige Person bezogen, haben die Menschen nach der Typologie der Tierkreiszeichen bestimmte allgemeine Merkmale, die im Einzelfall mehr oder weniger stark ausgeprägt sind. Falls Sie daher weiter unten lesen, dass Waage und Steinbock nur geringe Aussichten besitzen, sich gut miteinander zu vertragen, sollten Sie sich fragen – vor allem, wenn Ihnen diese Aussage ungelegen kommt –, ob denn wirklich jeder Deutsche zwangsläufig Arbeit, Ordnung, Disziplin und romantische Musik liebt und ob ein Spanier tatsächlich nie seinem Schicksal entrinnt, stolz und etwas großtuerisch zu sein ... Versuchen Sie auch herauszufinden, ob die Geburtshoroskope dieser Waage und dieses Steinbocks die Färbung der Venus bei dem einen Sternzeichen und die Färbung des Saturns beim anderen Sternzeichen betonen oder abschwächen, was bereits zusätzliche Informationen liefert.

Nehmen Sie diese elementaren Diagnosen daher nicht zum Vorwand, dem anderen Grundfehler vorzuwerfen, indem Sie ihn mit einer gewissen Böswilligkeit für Ihre Paarprobleme verantwortlich machen. Sagen Sie sich lieber, dass zu jeder Beziehung zwei gehören und dass der Partner keine solche »Niete« sein kann, wie es Ihnen das Horoskop vielleicht auf den ersten Blick glauben machen will. Natürlich erlaubt die Fülle persönlicher Analysen einen kompletteren und subtileren Zugang zu einer Beziehung, Sie verfügen hiermit jedoch bereits über einen ausgezeichneten Überblick.

... EIN PRAKTISCHER ANSATZ FÜR ASTROLOGISCHE ASPEKTE IN PAARBEZIEHUNGEN?

Ja, wenn auch stark vereinfacht – wir wollen es vermeiden, zu fachlich und damit zu trocken zu werden! – liefert die Mini-Einführung am Anfang (elementare Charakterkunde der Tierkreiszeichen) und am Ende des Buches wertvolle Informationen bezüglich der Sterne, indem sie Sie mit den Grundlagen der astrologischen Charakterkunde und dem Symbolismus der verschiedenen Sternzeichen vertraut macht. Jedem Sternzeichen ist ein Tag zugeordnet, ein Planet, ein Metall, bestimmte Farben, Steine, Pflanzen. Diese Zuordnungen beruhen auf der Theorie der Entsprechungen, die eine jahrhundertealte Tradition hat. Sie werden auch die Geometrie des Tierkreises kennenlernen, an der Sie ablesen können, welche Sternzeichen im Einklang miteinander stehen und welche Sternzeichen sich eher dissonant zueinander verhalten, und

wie weit diese Bezüge gehen. Sie werden verstehen, wie Ihr Geburts-
monat dafür sorgt, dass Sie sich von bestimmten Menschen angezogen
fühlen, von anderen jedoch weniger. Am Ende des Buches werden Sie
verstehen, wie sich die *Zyklizität* der Ereignisse und psychischen Phasen
erklären, die sich in regelmäßigen Abständen im Leben wiederholen,
und wie die Reaktivierungen der (harmonischen oder dissonanten) Ge-
burtsenergien eine Erklärung für die Spannungspunkte liefern, die zu
Krisen und in Extremfällen zur Trennung eines Paars führen können.
Dass hierbei auch die Sternpositionen des anderen berücksichtigt werden und die Interaktion beider Energien, wird ebenfalls erläutert und
trägt zum Verständnis bei.

... EIN (KOSMISCHER) SIRENENGESANG?

Wer weiß, vielleicht lassen Sie sich verführen von dem, was der berühmte Astronom Johannes Kepler, wie zuvor bereits Plotin, als *Sphärenmusik*
bezeichnete. Wenn Sie die Ohren spitzen und Ihre Sinne schärfen, werden Sie davon bezaubert sein. Vielleicht helfen Ihnen die Bruchstücke
uralten Wissens, das ich immer wieder mit einem Augenzwinkern in
unsere Ausführungen einfließen lasse, diese Musik wahrzunehmen. Es
ist das einzige Wissen, das uns direkt mit dem großen Ganzen verbindet, das den Bauchnabel von uns Erdbewohnern über die Nabelschnur
einer Überlieferung, die in Urzeiten zurückreicht, mit der kosmischen
Matrix verbindet. Diese Zugehörigkeit haben wir aus den Augen verloren, dabei sollte der Mensch des 21. Jahrhunderts sie dringend wiederfinden, weil er mehr denn je mit der Einsamkeit und dem Grauen vor
der »ewigen Stille dieser unendlichen Räume« konfrontiert wird, wie es
Pascal ausgedrückt hat.

... EINE ASTROLOGISCHE DIAGNOSE FÜR EINE PAARBEZIEHUNG (ODER AUCH FÜR EINE FREUNDSCHAFTLICHE, FAMILIÄRE ODER BERUFLICHE BEZIEHUNG)?

Ohne Zweifel. Noch dazu wird diese Diagnose umso präziser sein, je
besser Sie Ihre jeweiligen Horoskope kennen. Bei Berücksichtigung Ihrer jeweiligen Aszendenten bekommen Sie bereits eine sehr annehmba-
re Vorstellung davon, welche Alchemie Ihre Paarbeziehung kennzeich-

net. Kennen Sie zusätzlich auch noch für beide Seiten die Positionen von Mond, Venus und Mars, so erhalten Sie ein *Luxusergebnis* und nähern sich einer beinahe schon wissenschaftlichen Beurteilung an. *Nach dem IQ der AQ?* Sie verfügen also über ein Diagnosemittel für Ihre Paarbeziehung. Die Zuteilung einer bestimmten Anzahl Herzen für jede Paarkategorie verschafft Ihnen eine ziemlich genaue Einschätzung, wie harmonisch Ihre Beziehung ist. Dies gilt insbesondere bei Berücksichtigung der Unterfaktoren, die, wie oben erwähnt, durch Gegenüberstellung der jeweiligen Aszendenten, von Venus/Mars und – falls bekannt – dem Mondfaktor ermittelt werden. Vergnügen Sie sich auch damit, den *affektiven Quotienten* Ihrer vergangenen Paarbeziehungen zu berechnen – vorausgesetzt, der Partner/die Partnerin hat Sie so nachhaltig beeindruckt, dass Ihnen sein/ihr Sternzeichen in Erinnerung geblieben ist. Versuchen Sie zudem, die Kompatibilität der Beziehungen zu bewerten, die Sie derzeit pflegen (mit der Familie und/oder mit Freunden) oder wie die Aussichten stehen, Madame, die Sie sich vielleicht von einer Beziehung mit diesem seltsamen Strand-Playboy träumen. Ohne dass es Ihnen gelingen wird, eindeutig herauszufinden, was Sie mehr fasziniert: sein Waschbrettbauch oder die spirituelle Aura, die Sie ihm großzügig und träumerisch andichten? Oder Sie, Monsieur, entdecken Sie die virtuelle Harmonie einer Romanze mit der neuen hübschen Sekretärin, die Ihren Hormonspiegel in die Höhe treibt. Obwohl Sie sich geschworen haben, keine emotionalen oder gar frivolen Gefühlswallungen zuzulassen?

... EINE EINLADUNG ZU EINER REISE, ZUR EINSCHIFFUNG IN DEN HAFEN DER EHE?

Im Geiste sicherlich. Und entspricht der Traum von einer Romanze nicht bereits einem teilweisen Erleben? Wie weit geht dieses Erleben? Bis zum Ende? Diese moderne *Landkarte des Reichs der Liebe* lädt nach dem Vorbild der galanten Allegorie des 17. Jahrhunderts dazu ein, die Windungen Ihres eigenen und des Herzens der/des Erwählten zu erforschen. Je nach Ihren Begegnungen, Flirts oder Verliebtheiten, Ihren Hoffnungen oder Launen werden Sie erkennen, welche Chancen Sie haben, sich dieses Mal endgültig in den Hafen der Ehe einzuschiffen, auf dem mehr oder weniger soliden, mehr oder weniger schwankenden Boot Ihrer Beziehung und mit der Hoffnung, den Segen von Gott Amor zu erhalten ... Sollten Sie dann von einer gescheiterten Reise zu zweit zurückkehren, bei der Unwetter an der Tagesordnung waren, ohne

Atempause oder Windstille, die Sie zerbrochen, erschöpft und atemlos an die Ufer der Desillusionierung zurückwerfen, versenken Sie sich in diesen kleinen Führer über die Harmonie zwischen den Gestirnen. Vielleicht werden Sie anhand der Sterne verstehen, dass schon immer der Wurm in dieser Frucht war. Und bekanntlich sind Schmerzen leichter zu ertragen, wenn man deren Ursache erkennt.

Entdecken Sie hingegen vielversprechende Resonanzen zwischen Ihren Horoskopen, kann dies den Ausschlag dafür geben, den großen Schritt zu wagen und sich ernsthaft auf die Beziehung einzulassen oder sogar vor den Standesbeamten zu treten. Sind hingegen alle Überschneidungen dissonant oder ist bei einem Liebespaar die Beziehung zwischen Mars und Venus neutral, hat das das Fehlen sexueller Anziehungskraft zur Folge. Diese Einsicht, auch wenn sie die Beziehung nicht notwendigerweise infrage stellen muss, liefert jedoch zumindest sinnvolle und wertvolle Informationen.

…EINE THEORETISCHE ABHANDLUNG ÜBER DIE ANZIEHUNGSKRÄFTE ZWISCHEN DEN TIERKREISZEICHEN IN EINER SYNTHESE VON YIN UND YANG?

In gewisser Weise ja. Das vorliegende Buch soll Sie mit der Himmelsgeometrie vertraut machen, die die Grundlage und Basis der Astrologie seit Jahrtausenden ist. Die Himmelsgeometrie der Sumerer und der Babylonier, die der griechischen Philosophen wie Pythagoras oder Empedokles (5. Jahrhundert v. Chr.), dem die Definition der vier Elemente zu verdanken ist, die von Ptolemäus, den Triplizitäten, den weiblichen und den männlichen Sternzeichen und der sich daraus ergebenden Theorie der Aspekte – sie alle bilden die mehrere Tausend Jahre alten Grundlagen der königlichen Kunst der Sterndeutung. Die Theorie der Elemente wiederum stützt sich auf die Typologie von Hippokrates, die Galens (2. Jahrhundert n. Chr.) zur Basis der Medizinwissenschaft machte, die bis zum Ende des Mittelalters galt. Bekannt ist auch, dass Hippokrates vier Temperamente unterschied:

- den Choleriker, ihm entsprechen das Element Feuer sowie die Planeten Sonne und Mars;

- den Melancholiker, ihm entsprechen das Element Erde sowie die Planeten Saturn und Merkur;

- den Sanguiniker, ihm entsprechen das Element Luft sowie der Planet Jupiter;

- den Phlegmatiker, ihm entsprechen das Element Wasser sowie der Mond.

Diese Theorie wurde viel diskutiert und auch zurückgewiesen, insbesondere vom Astronom und Astrologen Johannes Kepler, später vom Psychoanalytiker C. G. Jung, der sie durch seine eigene Typologie ersetzte. Hauptkritikpunkt war, dass sie nicht der psychophysischen Gesamtheit des Menschen Rechnung trage. Hingegen fand sie in dem Astrologen André Barbault einen Fürsprecher, der sich dabei auf Statistiken von Michel Gauquelin stützt: »Darin ist eine eigensinnige Wahrheit am Werk«, sagt er. »Ich meinerseits denke auch, dass es in dieser Typologie der astrologischen Überlieferung einen wahren Kern gibt, auch wenn die Informationen, die sie liefert, bezüglich der Temperamente aussagekräftiger sind, ohne für die menschliche Psyche erschöpfend zu sein.« Voilà. Nun brauchen Sie nur noch die Symbolik der Sternzeichen und der Planeten erlernen, die Berechnung des Geburtshoroskops und der Planetendurchgänge – oder der Transite (wobei Ihnen ein Computerprogramm entscheidend helfen wird) – und schon sind Sie ein Lehrling der Astrologie!

DAS PAAR ALS GLOBALE ENTITÄT

Sie werden sicher bemerken, dass für das Paar A–B immer dieselbe Benotung gilt, egal ob es sich um Herrn A–Frau B oder Herrn B–Frau A handelt. Diese Art der Bewertung ist natürlich recht abstrakt und nicht unumstritten, denn sie berücksichtigt die Geschlechter nicht, während die Psychologie eines Sternzeichens je nach dem Geschlecht der in diesem Zeichen geborenen Person durchaus verschiedene Nuancen unterscheidet. Besonders auffallend ist dies bei einem Paar mit einem sehr männlichen und aktiven Element (wie dem Widder) und einem sehr weiblichen und passiven Element (wie den Fischen), wo die Frau eine Widder-Geborene und der Mann ein Fische-Geborener ist – im Vergleich zur umgekehrten Geschlechterverteilung. Müsste man diese beiden Paare nicht auch unterschiedlich bewerten? Auf den ersten Blick: ja. Nach einigem Zögern habe ich mich jedoch dagegen entschieden, denn mein Argument ist, dass letztlich die *globale Entität* des Paares harmonisch sein muss, wobei das chinesische Yin und Yang verschmelzen. Dass vor allem in den Augen von uns

Menschen im Westen die Frau das fügsame, verletzliche, empfindsame und mehr oder weniger passive Element in einer Paarbeziehung ist – oder zu sein hat – und nicht der Mann, lasse ich also unberücksichtigt.

Betrachten wir übrigens das chinesische verschlungene Symbol für Yin und Yang genau, das für die universale Realität repräsentativ ist, die der Welt zugrunde liegt, stellen wir fest, dass es einen Yin-Punkt in der Yang-Fläche und umgekehrt einen Yang-Punkt in der Yin-Fläche gibt. Dies geht mit modernen Entdeckungen in der Endokrinologie konform, wonach der normale Mann auch eine bestimmte Menge an weiblichen Hormonen besitzt und umgekehrt und dass in der Natur alle Mischverhältnisse vorkommen, einschließlich des Hermaphroditismus, bei dem in einem Menschen Merkmale beider Geschlechter in gleicher Menge vorhanden sind. Bliebe noch zu untersuchen, ob es einen astro-hormonalen Zusammenhang bei den einzelnen Menschen gibt und ob beispielsweise eine Frau, deren männliche Seite seitens der Sterne stark betont ist, eine größere Menge an männlichen Hormonen besitzt als der Durchschnitt. Ein Beispiel: Wenn eine Frau von Mars dominiert ist und/oder stark geprägt vom Widder oder in geringerem Maß vom Skorpion, einem traditionell weiblichen Sternzeichen, das jedoch von Mars/Pluto regiert wird, die eher typisch männliche Energien in sich tragen. Aber das ist, wie Joseph Rudyard Kipling sagte, eine andere Geschichte …
Bei der Analyse sehr gegensätzlicher Paare in diesem Buch habe ich jedenfalls angegeben, welche Variante theoretisch am wünschenswertesten wäre, und zwar unter dem Vorbehalt, dass eine genauere vergleichende Analyse dieses Ergebnis nicht kompensiert, indem sie das Gegenteil beweist. Bei einem Paar Löwe–Fische ist es nach unserer westlichen Paar-Ästhetik vielleicht vorzuziehen, dass der Mann Löwe ist und eine Badenixe Eva die Werte Verträumtheit, Sensibilität, Emotionalität und Passivität verkörpert, die den nonchalenten Fische-Geborenen zu eigen ist. Aber es sei nochmals darauf hingewiesen, dass diese Vorstellungen unseren gesellschaftlich-kulturellen Kriterien unterliegen und man sich durchaus auch ein Matriarchat vorstellen kann, bei dem das Gegenteil als Idealfall gälte. Andere Zeiten, andere Sitten. Zudem kann ein Mars im Widder oder im Skorpion den sanften Fische-Geborenen verhärten bzw. vermännlichen, ebenso wie eine zärtliche Venus in der Waage oder im Krebs die ungestüme Löwin zu besänftigen vermag.

Lesen wir wieder einmal *Die Metaphysik der Geschlechtsliebe* von Arthur Schopenhauer, diesem im Zeichen Fische geborenen Philosophen des Pessimismus (normal?), der das offensichtliche Bedürfnis nach Komplementarität sehr wohl verstanden hat. Er betont, dass man in der Natur alles findet, was darauf abzielt, die Spezies zu perfektionieren. So erklärt er die Anziehungskraft, die sehr große und/oder sehr schöne Männer auf sehr kleine und/oder sehr hässliche Frauen ausüben, und umgekehrt.

Last but not least ist zu betonen, dass in Paarbeziehungen das Verhältnis zwischen Mars und Venus das letzte Wort hat (in beiden Richtungen), denn es ist der entscheidende Faktor für die Beurteilung der amourösen Anziehungskraft. Dabei kann ein Paar mit starkem Zusammenhalt dies vernachlässigen, ohne in eine einfache Kameradschaft zu verfallen, die alles in allem nicht wertlos ist und durchaus ihren Reiz haben kann.

Tatsächlich spielen die beiden Planeten Mars und Venus eine wichtige Rolle in zwischenmenschlichen Beziehungen, allen voran natürlich in Liebesbeziehungen. Diese Schwingungen enthalten die körperliche, die sexuelle Anziehung und lassen Rückschlüsse auf diese zu. Der harmonische Austausch der Energien zwischen Mars und Venus bedeutet jedoch in freundschaftlichen Beziehungen oder im Verhältnis einer Mutter zu ihrem Sohn oder ihrer Tochter eine intensivere Verbundenheit, zu der die Freude gehört, einander zu berühren, zu liebkosen. Geruchs- und Tastsinn spielen bei dieser »Musik zwischen zwei Wesen« mit, die in einer wunderbaren kosmischen Alchemie voneinander angezogen werden.

Der dritte Teil dieses Buchs behandelt diese Planetenkombination, die mir in meiner langjährigen Ausübung der *königlichen Kunst der Sterndeutung* sehr häufig wertvolle Informationen geliefert hat, wenn ich mich mit der *Synastrie* (Vergleich von Horoskopen) von Paaren welcher Art auch immer beschäftigt habe. Verlieren wir jedoch nicht aus den Augen, dass die Wechselwirkungen der Sonne mit jedem Geburtshoroskop – dem Symbol für unsere Persönlichkeit und in gewisser Weise für unseren Lebensweg – die Grundlage eines Vergleichs bleibt. Das gilt genauso für die Wechselwirkungen der Aszendenten, wie weiter oben bereits gesagt, und zwar sowohl mit der Sonne des anderen als auch mit dessen Aszendent oder Mond etc. Wegen der eher spielerischen als didaktischen Absicht dieser kleinen *Abhandlung über die Liebe* finden sich hier jedoch nicht zu viele Vergleiche zwischen all diesen Planetenfaktoren und weiteren wichtigen Punkten der einander gegenübergestellten Horoskope.

Daher habe ich auch, nach einer kurzen Beschreibung, *wie die einzelnen Sternzeichen-Geborenen lieben*, die jeweiligen Sonnen (Zeichen) des zu analysierenden Paares verglichen, und zwar je nach ihrer Stellung im Tierkreis. Diese bestimmt die besondere grundlegende *Natur* der Verbindung zwischen ihnen und damit auch eine besondere Paarkategorie, den Dreh- und Angelpunkt einer zwischenmenschlichen Beziehung. Ob sich dieses Paar aus zwei Personen verschiedenen oder gleichen Geschlechts zusammensetzt und verheiratet oder unverheiratet ist, spielt keine Rolle. Die beiden verfolgen vielleicht dieselben Ziele im Leben, haben dieselbe Weltanschauung. Um jedoch festzustellen, ob auch eine körperliche Anziehung vorhanden ist, muss man die Beziehungen von Mars und Venus unter die Lupe nehmen, denn diese beiden Planeten geben uns dazu weitere Informationen, wie oben bereits angedeutet.

Da seit den gesellschaftlichen Umwälzungen der 1960er-Jahre (Konjunktion Uranus/Pluto) der Sexualität und Erotik durch die Freiheit der Sitten eine höhere Bedeutung eingeräumt wird, spielt die körperliche Alchemie zwischen zwei Menschen in unseren postmodernen Gesellschaften inzwischen eine wichtige und unverzichtbare Rolle. In meiner astrologischen Praxis – seit nunmehr bald 40 Jahren – habe ich viele Paaranalysen erstellt und dabei die Planetenpositionen von zwei, manchmal auch von drei Horoskopen miteinander verglichen, wenn Auskünfte über einen Liebhaber oder einen »dritten Mann«, eine andere Frau in einer Dreierbeziehung gewünscht wurden. Jedes Mal wieder war ich verblüfft über die verschiedenen Resonanzen – negative wie positive – zwischen den Nativen, in denen sich widerspiegelte, welchen Part jede dieser Personen im Konzert der Liebe spielte. Insbesondere habe ich festgestellt, dass harmonische Beziehungen in der Regel mit einer aufgeblühten, in jedem Fall ausgeglichenen Sexualität einhergehen; ebenso können Dissonanzen zwischen Venus und Mars sehr stimulierend und erregend wirken, dabei handelt es sich jedoch meist um einen Liebesgenuss, bei dem man sich nach mehr oder weniger heftigem Streit im Bett wieder versöhnt. »Zuerst fliegen die Teller und dann die Kissen«, sagen die Südfranzosen. Natürlich liefern auch die anderen Planeten, wie der Mond oder Merkur, weitere wertvolle Informationen über eine Beziehung. Von Merkur erfahren wir, wie wir kommunizieren, welche intellektuellen Interessen wir haben. Es gibt Paare, bei denen die Harmonie von Merkur mit den Planeten oder Achsen (Aszendent oder Himmelsmitte) im Horoskop des jeweiligen Partners den wichtigsten Zusammenhalt bildet: Sie ist der Spiegel eines intellektuellen Einvernehmens, einer ähnlichen Sichtweise, der Fähigkeit oder Leichtigkeit von zwei Menschen, miteinander zu kommunizieren, die beispielsweise stundenlang diskutieren und sich austauschen, ohne zu ermüden. Und trotzdem können sie sich auf affektivem oder sexuellem Gebiet fremd bleiben, werden nicht unbedingt einen gemeinsamen Weg vor sich haben, sie werden nicht dieses spezielle »Etwas« empfinden, das sie unwiderstehlich zueinander zieht. Dies sind die »mentalen«, die vernünftigen Paare, die häufig durch gemeinsame (materielle?) Interessen verbunden sind – eine Vernunft- oder Interessenehe –, bei denen alles durch den Filter des Austausches oder des Intellekts, der Gedankenwelt oder der Vernunft geht. Exzellent für Kollegen, Mitarbeiter sowie Freunde, die über die gleichen Scherze lachen können.

Um wieder auf Mars/Venus zurückzukommen: Sobald Sie gesehen haben, wie Ihre Paarbeziehung (oder Ihre Freundschaft oder das Verhältnis zu Ihrem Vorgesetzten) funktioniert und auf welchen Grundlagen sie steht, können Sie den Faktor der körperlichen Anziehung entdecken. Einige recht einfach zu nutzende Tabellen ermöglichen es Ihnen, mit diesem Buch herauszufinden, in welchem Sternzeichen Venus und Mars bei Ihrer Geburt und der Geburt des anderen standen. Anschließend finden Sie in einer anderen Tabelle, ob diese Wechselwirkungen zwischen Ihnen und Ihrem Partner harmonisch, explosiv oder neutral sind, sowie einen Text, der diese Sternenkombination erläutert.

Dieser Ansatz ist, selbst wenn er per Computer erstellt wird, natürlich nicht so viel wert wie der eingehende Vergleich von zwei individuellen Horoskopen, bei dem die sich überkreuzenden Einflüsse zwischen allen Faktoren (etwa ein Dutzend pro Horoskop!) berücksichtigt werden. Man muss wissen, dass die Analyse eines Paars für den Astrologen sehr viel komplexer ist als die Interpretation von zwei Einzelhoroskopen, da die überkreuzten Aspekte zwischen zwei Horoskopen die Interpretationsmöglichkeiten exponentiell vervielfachen. Ein echtes Geduldsspiel, wenn eine Synthese angestrebt wird! Hat der französische Schriftsteller Honoré de Balzac aus diesem Grund geschrieben: »Die Astrologie ist die Wissenschaft der gelehrtesten Köpfe«? Eines jedenfalls ist sicher: Man lernt, wie beim Schachspiel, nie aus …

Und nun, liebe Leserin, lieber Leser, vergessen Sie alles, was ich bisher gesagt habe, und SPIELEN SIE!

II. WELCHES IST IHR SONNENZEICHEN UND WELCHES DAS DES ANDEREN?

Wenn Ihr Geburtstag zwischen dem …
- 21. März und dem 20. April liegt, sind Sie WIDDER.
  Ihr Symbol: ♈

- 20. April und dem 21. Mai liegt, sind Sie STIER.
  Ihr Symbol: ♉

- 21. Mai und dem 22. Juni liegt, sind Sie ZWILLINGE.
  Ihr Symbol: ♊

- 22. Juni und dem 23. Juli liegt, sind Sie KREBS.
  Ihr Symbol: ♋

- 23. Juli und dem 23. August liegt, sind Sie LÖWE.
  Ihr Symbol: ♌

- 23. August und dem 23. September liegt, sind Sie JUNGFRAU.
  Ihr Symbol: ♍

- 23. September und dem 23. Oktober liegt, sind Sie WAAGE.
  Ihr Symbol: ♎

- 23. Oktober und dem 23. November liegt, sind Sie SKORPION.
  Ihr Symbol: ♏

- 23. November und dem 21. Dezember liegt, sind Sie SCHÜTZE.
  Ihr Symbol: ♐

- 21. Dezember und dem 20. Januar liegt, sind Sie STEINBOCK.
  Ihr Symbol: ♑

- 20. Januar und dem 19. Februar liegt, sind Sie WASSERMANN.
  Ihr Symbol: ♒

- 19. Februar und dem 21. März liegt, sind Sie FISCHE.
  Ihr Symbol: ♓

WICHTIGE ANMERKUNG:
Wie Sie sicher gesehen haben, überschneiden sich die Grenzdaten zwischen den Sternzeichen. Damit soll die astronomische Realität berücksichtigt werden. Auf ihrer Ekliptik (ihrer Bahn durch den Tierkreis) tritt die Sonne nämlich nicht jedes Jahr zum gleichen Zeitpunkt in ein bestimmtes Zeichen ein. Falls Sie also an der Grenze zwischen zwei Zeichen geboren sind, hängt Ihr Sonnenzeichen vom Tag und der genauen Stunde Ihrer Geburt ab. Um dies genau und sicher herauszufinden, verlassen Sie sich bitte nicht auf Zeitungshoroskope, die diese Daten vereinfachen, sondern vertrauen Sie Ihre genauen Geburtsdaten einem Astrologen an ... oder einem Computerprogramm. Eine weitere Möglichkeit bietet eine der zahlreichen astrologischen Internetseiten wie meine: www.eteissier.com

Dasselbe Verfahren gilt bei der Ermittlung des Aszendenten, denn Sie KÖNNEN einfach nicht mit der Unwissenheit über Ihre Sternenidentität leben. Könnten Sie sich vorstellen, nicht zu wissen, ob Sie Deutscher, Franzose, Schweizer oder Belgier sind, ob Sie Blutgruppe A, B, AB oder 0 haben, ob Sie Christ, Jude oder Mohammedaner sind, und sich entsprechend zu empfinden? Der Neandertaler kam ohne diese »Details« tatsächlich gut aus, aber stellen Sie den *Homo sapiens sapiens* wirklich mit diesem primitiven Vorfahr auf eine Stufe? Sicher nicht!

III. SO FINDEN SIE IN DIESEM BUCH IHRE PARTNERBEZIE-HUNG!

Sehen Sie hierzu die Tabelle der verschiedenen Kombinationen mit Seitenverweisen und erläuternder Legende

der andere \ Sie	Widder	Stier	Zwillinge	Krebs	Löwe	Jungfrau	Waage	Skorpion	Schütze	Steinbock	Wassermann	Fische
Widder	136	145	107	126	98	159	118	160	98	126	108	147
Stier	145	137	148	108	127	99	161	119	160	100	128	109
Zwillinge	107	148	137	149	110	128	101	162	121	163	102	129
Krebs	126	108	149	138	150	110	130	104	164	122	166	105
Löwe	98	127	110	150	138	151	111	130	99	167	123	168
Jungfrau	159	99	128	110	151	139	152	112	131	100	169	123
Waage	118	161	101	130	111	152	140	153	113	132	103	170
Skorpion	160	119	162	104	130	112	153	141	155	114	133	106
Schütze	98	160	121	164	99	131	113	155	142	155	115	134
Steinbock	126	100	163	122	167	100	132	114	155	143	156	116
Wassermann	108	128	102	166	123	169	103	133	115	156	144	157
Fische	147	109	129	105	168	123	170	106	134	116	157	144

Suchen Sie die Seite Ihrer Paarbeziehung und deren Merkmale*
Beispiel: Das Paar Löwe/Schütze steht auf S. 99

IV. KENNEN SIE IHRE JEWEILIGEN ASZENDENTEN?

Der Aszendent ist das Sternzeichen, das genau zum Zeitpunkt der Geburt am östlichen Horizont des Geburtsortes (Längen- und Breitengrad) aufsteigt (siehe Glossar). Er bestimmt das Temperament und die Konstitution des Menschen, ja sogar sein körperliches Erscheinungsbild, seine Morphologie. Versucht ein Astrologe, das Sonnenzeichen eines Menschen nur nach dessen Erscheinungsbild zu bestimmen, findet er häufig dessen Aszendenten heraus. Alles in allem ist der Aszendent ein wichtiger Hinweis auf unser Temperament, unser inneres Ich sowie auf die Art und Weise, wie wir die Welt erfassen, sie in uns aufnehmen, aber auch darauf, wie wir auf andere Menschen wirken.

Es versteht sich also von selbst, dass dieser Faktor bei einer Synastrie (Vergleich der Partnerhoroskope) berücksichtigt werden sollte, um zu einem genaueren Ergebnis zu gelangen. Falls Sie Ihren Aszendenten nicht kennen, geben Ihnen zahlreiche Seiten im Internet Auskunft, darunter auch meine: www.eteissier.com. Dieses wichtige Element wird dort kostenlos für Sie errechnet, Voraussetzung ist allerdings, dass Sie Ihre genaue Geburtsstunde kennen.

Nehmen Sie eine erste Bewertung Ihrer Paarbeziehung vor

Kennen Sie Ihre jeweiligen Aszendenten, können Sie genauer einschätzen, wie harmonisch Ihre Paarbeziehung ist.
Gleichen Sie zunächst die vier folgenden Kombinationen ab:
SIE SELBST – DER ANDERE

Ihr Sonnenzeichen – das Sonnenzeichen Ihres Partners

Ihr Sonnenzeichen – der Aszendent Ihres Partners

Ihr Aszendent – das Sonnenzeichen Ihres Partners

Ihr Aszendent – der Aszendent Ihres Partners
Anders gesagt: Suchen Sie für jede einzelne Kombination die Bewertung auf Seite 95 f. und addieren Sie anschließend die vier Faktoren.
Die Anzahl , die jeder Kombination zugeteilt wird, sehen Sie in der **Tabelle der Kombinationen/Bewertungen** (Ihr AQ – Liebes- bzw.

Freundschaftsquotient) oder in der Bewertungstabelle der Beziehung (3. Teil, Kapitel 2) auf Seite 202.
Das Paar hat also einen ersten Wert von (6 Herzen).

1. BEISPIEL: Sie sind WAAGE mit Aszendent SCHÜTZE.
Ihr(e) Partner(in) ist LÖWE mit Aszendent WAAGE.

Der Abgleich der Faktoren ergibt:
Ihr Sonnenzeichen (WAAGE) > das Sonnenzeichen (LÖWE) Ihres Partners
(3 Herzen)
Ihr Sonnenzeichen (WAAGE) > der Aszendent (WAAGE) Ihres Partners
(-3 Herzen)
Das Sonnenzeichen (LÖWE) Ihres Partners > Ihr Aszendent (SCHÜTZE)
(4 Herzen)
Der Aszendent (WAAGE) Ihres Partners > Ihr Aszendent (SCHÜTZE)
(2 Herzen)
GESAMT: (6 Herzen)
Diesen Wert merken und später in die **Tabelle der Kombinationen/ Bewertungen** eintragen.

Das Ergebnis ist positiv. Sie bringen einander Sympathie entgegen, sind jedoch nicht Tristan und Isolde … Es sei denn, die Wechselwirkung Ihrer Monde erhöht (oder reduziert?) diesen Harmoniequotienten, vor allem, wenn der Wert von Venus–Mars etwas Pfeffer in die Beziehung bringt (siehe dritter Teil des Buchs). Das wird die Überraschung von höherer Stelle!

2. BEISPIEL: Sie sind JUNGFRAU mit Aszendent STIER,
Ihr(e) Partner(in) ist STEINBOCK mit Aszendent STEINBOCK.
Ihr Ergebnis:
Ihr Sonnenzeichen (JUNGFRAU) > das Sonnenzeichen (STEINBOCK) Ihres Partners (4 Herzen)
Ihr Sonnenzeichen (JUNGFRAU) > der Aszendent (STEINBOCK) Ihres Partners (4 Herzen)

Das Sonnenzeichen (STEINBOCK) Ihres Partners > Ihr Aszendent (STIER) (4 Herzen)

Der Aszendent (STEINBOCK) Ihres Partners > Ihr Aszendent (STIER) (4 Herzen)

GESAMT: 16 Herzen von maximal 16 … anders gesagt: das ideale Paar! Das Einvernehmen dürfte nahezu perfekt sein.

Ein Wermutstropfen ist allerdings nicht auszuschließen, wenn jedes einzelne Horoskop beispielsweise schwierige oder aggressive Aspekte von Mars, Saturn oder anderen langsamen Planeten enthält, die als Störenfriede auftreten könnten. Ja, die Astrologie ist eine sehr komplexe Angelegenheit … Aber wetten wir darauf, dass schon sehr viel geschehen müsste, um diesen herrlichen Wert auf ein Nichts schrumpfen zu lassen – das ist tatsächlich so gut wie unmöglich, denn die harmonische Basis ist und bleibt vorhanden!

3. BEISPIEL: Sie sind STIER mit Aszendent SCHÜTZE, Ihr(e) Partner(in) ist WASSERMANN mit Aszendent SCHÜTZE.

Beziehen Sie sich auf die **Tabelle der Kombinationen/Bewertungen** auf S. 95f., so deutet alles darauf hin, dass Sie ein **explosives Paar** sind – Ihre Geburtssonnen befinden sich nämlich in Dissonanz.

Ja, aber: Ihre Aszendenten befinden sich in ein und demselben Sternzeichen (SCHÜTZE). Nehmen Sie nun dieselbe Berechnung erneut vor, erhalten Sie nicht mehr das Ergebnis von -3 Herzen , wie dies bei alleiniger Berücksichtigung der Sonnenzeichen der Fall ist, sondern die Berechnung sieht wie folgt aus:

Ihr Sonnenzeichen (STIER)> das Sonnenzeichen (WASSERMANN) Ihres Partners (-3 Herzen)

Ihr Sonnenzeichen (STIER)> der Aszendent (SCHÜTZE) Ihres Partners (1 Herz)

Das Sonnenzeichen (WASSERMANN) Ihres Partners > Ihr Aszendent (SCHÜTZE) (3 Herzen)

Der Aszendent (SCHÜTZE) Ihres Partners > Ihr Aszendent (SCHÜTZE) (5 Herzen)

Das ergibt GESAMT (6 Herzen)

Das dritte Beispiel zeigt also eine Beziehung, die positiv zu sein scheint – trotz der Sonnen in Dissonanz, die hier schön kompensiert werden; aber auch hier haben das letzte Wort wieder die Werte der zusätzlichen Faktoren (siehe erstes Beispiel). Das Ergebnis ist dann nicht mehr negativ. Dieser Wert ist umso bedeutungsvoller, als die **Langeweile**, das heimtückische Gift jeder Beziehung, ausgeschlossen ist! Zudem, wenn Sie die Dinge auch nicht auf dieselbe Weise *sehen* (Sonnen im Quadrat), so *empfinden* Sie sie doch ähnlich (derselbe Aszendent). Und besteht die Liebe nicht aus Spannungen und Wiederannäherung, aus Ebbe und Flut, aus einer Fülle subtiler, häufig gegensätzlicher Elemente, die nur umso anregender wirken?

Der Leser wird bemerken, dass bereits in dieser Phase des Abgleichs das Ergebnis wesentlich ermutigender ist – und auch näher an der Realität, Ihrer Realität als Paar – als der einfache Vergleich Ihrer Sonnenzeichen. Es lohnt also durchaus die Mühe, sich nach Ihren jeweiligen Aszendenten zu erkundigen, glauben Sie nicht auch?

WICHTIGE ANMERKUNG:
UM DIE BEWERTUNG EINER BEZIEHUNG ZU VERFEINERN, FÜGT MAN JEWEILS DAS VERHÄLTNIS VENUS/VENUS HINZU. **Venus ist tatsächlich ein wertvoller Indikator für unseren Geschmack, unsere Vorlieben, Sympathien und Affinitäten.** Die glückliche Beziehung zwischen den Positionen dieses Planeten bei dem einen und dem anderen Partner liefert zusätzliche Informationen über das Paar. Beim Ehepaar Obama beispielsweise sorgt jeweils ihre Venus in Trigonen für ein schönes affektives Einverständnis. Diese Positionen sind weiter unten zu finden (in den Ephemeridentabellen der Venus).

SONDERFÄLLE:
WENN SIE IHREN ASZENDENTEN NICHT KENNEN (er ist abhängig von Ihrer GEBURTSSTUNDE)
In diesem Fall ersetzen Sie den Faktor des Aszendenten durch die Position der Venus in Ihrem Sternzeichen – siehe die Tabellen ab S. 235.
Dasselbe gilt für die Parameter SONNE/VENUS in beiden Richtungen.
Sie sind Indikatoren der Sympathie/gegenseitigen Empathie, des guten Willens des einen und/oder des anderen, was sich durch positives Handeln zugunsten des anderen äußert.
Für die Bewertung der Aspekte (Anzahl der Herzen) beziehen Sie sich, wie weiter oben gesagt, auf die **Tabelle der Kombinationen/Bewertungen** auf S. 95f.

Zur Illustration nehmen wir das bereits erwähnte Ehepaar Barack und Michelle Obama als Beispiel. Die Geburtsstunde von Michelle Obama ist tatsächlich nicht bekannt, sie ist STEINBOCK mit Venus/Mond in den Fischen. Der amerikanische Präsident Barack Obama ist LÖWE/ Aszendent WASSERMANN mit Venus im KREBS. Anhand der Bewertungstabelle ergibt dies:

- Sonne LÖWE B. O. > Sonne STEINBOCK M. O.: (1 Herz),

- Sonne LÖWE B. O. > Venus FISCHE M. O.: (1 Herz)

- Sonne STEINBOCK M. O. > Aszendent WASSERMANN B. O.: (2 Herzen)

- Aszendent WASSERMANN B. O. > Venus FISCHE M. O.: (2 Herzen)

- GESAMT: (6 Herzen)

- Zusätzlich vergleichen wir die jeweiligen Positionen der VENUS:

- Venus KREBS B. O. > Venus FISCHE M. O.: (4 Herzen)

- Sonne LÖWE B. O. > Venus FISCHE M. O.: (1 Herz)

- Venus KREBS B. O. > Sonne STEINBOCK M. O.: (3 Herzen).

GESAMT: (6 Herzen) + (8 Herzen) > **14 Herzen!**
Zählt man zu diesem Gesamtwert den Index Venus/Mars bezüglich der sexuellen Anziehung hinzu – und das wieder in beiden Richtungen – (siehe weiter unten), einen Index, der sich auf (5 Herzen) beläuft, so erzielt man einen Wert von 19 Herzen.
Sehen Sie am Ende des Buches, wo dieses Ergebnis auf der Bewertungsskala für Paare liegt. Ein Ergebnis, das natürlich ohne Berücksichtigung aller Planeten des Paars erzielt wurde. Das Sonnensystem mit acht Planeten, Sonne und Mond sowie zusätzlichen Punkten im Horoskop, wie Aszendent, Himmelsmitte etc., und alle Aspekte zwischen diesen Punkten und ihre Kombinationen würden ein Buch von über tausend Seiten verlangen. Und dennoch spiegelt in dem vereinfachten Beispiel, das uns hier beschäftigt, das genaue Trigon von Jupiter (er steht für

Chance und Expansion) im Horoskop von Michelle Obama zur Sonne ihres berühmten Ehemanns beispielsweise ihren äußerst positiven Einfluss auf dessen Image wider.

V. EINE KLEINE EINFÜHRUNG IN DIE GEOMETRIE DES TIERKREISES, DER SCHLÜSSEL ZU DEN MENSCHLICHEN BEZIEHUNGEN

Die Interpretation in der Astrologie ist *symbolisch* (das heißt, sie basiert auf dem *Gesetz der Analogie* und dem *Gesetz der Entsprechungen*). Dies bringt es mit sich, dass es mehrere Interpretationsebenen für eine Planetenposition gibt. Wenn Sie beispielsweise Widder sind und sich damit die Sonne bei Ihrer Geburt von der Erde aus gesehen in diesem Sternzeichen befand, haben Sie theoretisch eine Veranlagung zum Chef. Sie sind beherzt, aufrichtig, jähzornig. Andererseits jedoch setzt Sie Ihr Planet Mars Verletzungsgefahren aus, da Sie sehr unerschrocken sind. Diese Verletzungen ziehen Sie sich vorzugsweise am Kopf zu, desgleichen kann sich dieser Planeteneinfluss auch in Migräneanfällen äußern. Dies erklärt sich so: In der astro-morphologischen Aufteilung des *Tierkreis-Menschen* wird der Kopf dem ersten Tierkreiszeichen zugeordnet (und die Füße dem letzten, den Fischen). Die Interpretation ist daher nicht unklar, weil Verbindungen zwischen diesen verschiedenen Ebenen bestehen, doch sie ist vielgestaltig. Zudem liefert die Position in einem Haus (oder Feld) eines Horoskops ebenfalls weitere Informationen (siehe Glossar am Ende des Buchs).

Hingegen ist die Basis eines Horoskops, seine grundlegende Struktur, astronomisch und daher exakt und mathematisch. Ein Horoskop, das von einem Astrologen berechnet und beschrieben wird, sieht genauso aus wie das Horoskop, das ein Kollege berechnen würde. Dieses Phänomen ist nicht zufällig, es muss so sein. Im Zeitalter der Elektronik muss man dazu wissen, dass heute niemand mehr ein Horoskop manuell berechnet; die Computer besitzen ausgeklügelte und genaue Berechnungsprogramme, die per se identische Ergebnisse liefern. Was die Interpretationen anbelangt, so können sie sich in einigen Nuancen unterscheiden, man kann aber in den meisten Fällen einen gemeinsamen roten Faden erkennen.

Nachdem Sie jetzt wissen, was ein Geburtshoroskop ist, was der Tierkreis ist – oder die *Ekliptik*, diese 360°-Bahn, auf der sich die Planeten bewegen –, wollen wir uns diese etwas genauer ansehen. Die Ekliptik setzt sich aus zwölf 30°-Abschnitten zusammen – den Tierkreiszeichen – und diese entsprechen ebenso vielen Fenstern zum Universum. Denn jedes dieser Zeichen stellt ein – wahrscheinlich elektromagnetisches – Kraftfeld dar, das von verschiedenen planetaren Energien gestört, belebt oder einfach nur beherrscht werden kann. Wie die Beeinflussung aussieht, ergibt sich daraus, ob diese Zeichen mit den Zeichen, durch die sie wandern – oder transitieren –, in Übereinstimmung sind oder nicht. Stellen wir uns einmal den Tierkreis vor. Vom Mittelpunkt aus gesehen, der der Erde entspricht, bilden die Planeten auf dem Tierkreis bestimmte Winkel, auch Aspekte genannt, und damit bestimmte Energien. So wird verständlich, dass in der Astrologie alles eine Frage der *Winkel* oder *Aspekte* ist. Bereits im Altertum, im 5. Jahrhundert v. Chr., unterteilte Empedokles das Universum in vier grundlegende Elemente, die die vier Urstoffe der physischen Welt repräsentierten: Licht, Festigkeit, den gasförmigen und den flüssigen Zustand, also Feuer, Erde, Luft und Wasser, eine Unterteilung, die den vier *astrologischen Triplizitäten* zugrunde liegt.

Teilung des Tierkreises in die vier Elemente. So erhält man vier Gruppen, zu jeder Gruppe – zu jedem Element – gehören drei Tierkreiszeichen. So erscheinen die drei Feuerzeichen – Widder, Löwe, Schütze –, die drei Erdzeichen – Stier, Jungfrau, Steinbock –, die drei Luftzeichen – Zwillinge, Waage, Wassermann – und schließlich die drei Wasserzeichen – Krebs, Skorpion, Fische –. Alle sind durch einen 120°-Winkel voneinander entfernt. Diesen Winkelabstand nennt man *Trigon*, die drei Zeichen ein und desselben Elements bilden also ein *großes Dreieck*. Dabei handelt es sich um die erste Teilung des Tierkreises in Verbindung mit den vier Elementen (I).

Diese Triplizitäten haben jeweils ähnliche Grundmerkmale, was für jedes der Zeichen, aus denen sie gebildet werden, eine Gesamtheit wichtiger Affinitäten bedeutet. Sternzeichen im Trigon sind theoretisch von *perfekter Harmonie*. Diese Auffassung hat eine lange Tradition.

Zusammenfassend wollen wir einfach sagen, dass den Feuerzeichen eine starke Vitalität und ein natürlicher Optimismus eigen ist. Sie sind die *Enthusiasten* und die *Leidenschaftlichen* des Tierkreises, die gerne *handeln* und *unternehmungslustig sind* (siehe S. 98: Die Trilogie des Feuers).

Die Erdzeichen erkennt man an ihrer Vorliebe für das Konkrete, an ihrer praktischen Veranlagung und ihrem Pragmatismus, der dazu führt, dass sie sich kein X für ein U vormachen lassen; sie sind die *Realisten/ Materialisten des Tierkreises* (siehe S. 99: Die Trilogie der Erde).

Der Antrieb der Luftzeichen ist das Denken, der Intellekt und die Freude an der Kommunikation. Sie sind die *mental Veranlagten/die Kopflastigen* und vielleicht auch die *Idealisten* des Tierkreises (siehe S. 101: Die Trilogie der Luft).

Was die Wasserzeichen anbelangt, so sind sie *emotional* und *beschaulich*. Sie werden von ihren Emotionen geleitet und von ihren Empfindungen getragen. Es sind die *Träumer* des Tierkreises (siehe S. 104: Die Trilogie des Wassers).

Teilung des Tierkreises durch 6. Was erhalten wir dabei? Einen Stern mit sechs Spitzen, der ein Hexagon bildet. Überspringt man jedes Mal ein Zeichen, so sind diese durch einen 60°-Winkel getrennt. Diese Winkel nennt man *Sextil*. Zwei Zeichen im Sextil sind harmonisch, denn sie gehören definitionsgemäß den kompatiblen Elementen an (Wasser und Erde, Feuer und Luft). So steht beispielsweise der STEINBOCK im Sextil mit dem SKORPION, aber auch mit den FISCHEN. *Menschliches Einvernehmen* und *Liebesfreundschaften* kennzeichnen diese Zeichen, denn Erde und Wasser sind affine Elemente. Dasselbe gilt für das Verhältnis WASSERMANN–WIDDER oder WASSERMANN–SCHÜTZE, wobei sich das Element Luft des Wassermanns harmonisch mit dem Element Feuer des Widders oder des Schützen verbindet (siehe S. 107: Zeichen in Sextilen oder *Freundespaare*).

Teilung des Tierkreises durch 2. Was erhalten wir dabei? Nehmen wir den Widder als Ausgangspunkt, und falten wir im Geist den Tierkreis in zwei gleiche Teile. Wir erhalten zwei »Orangenhälften«, und das so gebildete Paar ist das Paar der beiden gegenüberliegenden Paare WIDDER/WAAGE, die von einem 180°-Winkel getrennt werden. Dieselbe Geometrie gilt beispielsweise für die einander gegenüberliegenden Zeichen KREBS/STEINBOCK. Diese sechs Paare, die sich aus den einander gegenüberliegenden Zeichen ergeben, gehören immer unterschiedlichen Elementen an, sind jedoch kompatibel und komplementär. Sie weisen daher eine Affinität füreinander auf und unterliegen in der Regel einer starken Anziehung – es sei denn, die Sonnen in den beiden Horoskopen sind dissonant und bilden negative Aspekte zueinander, was sich auf den anderen auswirkt und Gegensätzlichkeiten betont oder sogar zu Spannungen führt. So ziehen Sie sich zugleich – und nacheinander – magnetisch an und stoßen sich ab, genauso wie entgegengesetzte Polaritäten. (siehe S. 117: Zeichen in Opposition oder *Paare, die sich magnetisch anziehen bzw. einander ergänzen*).

Teilung des Tierkreises durch 4. Was erhalten wir dabei? Von der Erde aus betrachtet sind die so definierten Tierkreiszeichen durch 90°-Winkel (360 : 4 = 90°) voneinander getrennt, die *Quadrate* oder *Quadraturen* genannt werden. So erhalten wir drei *Kardinalkreuze*, die aus Zeichen gebildet werden, die traditionell als dissonant gelten, das heißt, sie stehen wegen ihrer Ungleichheiten untereinander in Spannung.

Nennen wir als Kuriosität die Arbeiten des Rundfunkingenieurs Nelson zum Rundfunkempfang: Er stellte fest, dass sich die stärksten elektromagnetischen Störungen ereignen, wenn die Planeten sich in Opposition (180°) oder Quadratur (90°) zur Sonne befinden. Hingegen ist der Empfang optimal, wenn sie 120° oder 60° voneinander entfernt stehen. Das bestätigt genau die (viele Tausend Jahre alte) astrologische Theorie. Sternzeichen im Quadrat – oder in Quadratur – sind immer gegensätzliche, inkompatible Elemente. Beispiel: Das Paar WAAGE/STEINBOCK, eine Mischung aus den Elementen Luft und Erde, ist gemäß der Tradition keine glückliche Verbindung. Dies gilt auch für das Paar LÖWE–SKORPION (Molotow?), die den Elementen Feuer und Wasser angehören (siehe S. 124 ff.: Die Zeichen im Quadrat oder *die explosiven Paare, die sich zueinander verhalten wie Hund und Katze*).

Teilung des Tierkreises durch 1. Was erhalten wir dabei? Zwillingspaare, deren Sternzeichen durch Winkel von 0° oder 360° voneinander getrennt sind, stehen in *Konjunktion* zueinander. Es sind narzisstische Paare – WIDDER/WIDDER oder ZWILLINGE/ZWILLINGE etc. –, die entweder ein Höchstmaß an Gemeinsamkeiten haben oder an einem Höchstmaß an Überdruss sowie der Langeweile des Spiegeleffekts leiden. Aber haben sie tatsächlich die Wahl? Die Antwort hängt natürlich vom Kontext ihrer Geburtshoroskope ab (siehe S. 135ff.: Die Zeichen in Konjunktion oder *Zwillingspaare*).

Teilung des Tierkreises durch ein Quincunx. Was erhalten wir dabei? Zuerst einmal: Was versteht man darunter? Anstatt den Tierkreis und seine 360° symmetrisch aufzuteilen, nehmen wir als Beispiel einmal den WIDDER und lassen ihn einen Winkelabstand von 150° durchlaufen, das heißt durch fünf Sternzeichen, denn jedes nimmt 30° ein. Im Uhrzeigersinn kommen wir so zum SKORPION, gegen den Uhrzeigersinn zur JUNGFRAU. Diese beiden Zeichen stehen im Verhältnis zum WIDDER im Quincunx. Beim STIER sind Schütze und Waage diejenigen Zeichen, die mit ihm ein Quincunx bilden. Im Wesentlichen handelt es sich bei Verbindungen zweier Menschen dieser Sternzeichen um eine Beziehung des *freien Willens* und eine *wohlwollende Neutralität*, mehr nicht. Es hängt vom Kontext der beiden Geburtshoroskope ab, das Zünglein an der Waage mehr in Richtung Einvernehmen, Gemeinsamkeit oder gar Zuneigung und Liebe ausschlagen zu lassen oder in Richtung Gleichgültigkeit oder gar Ablehnung (siehe S. 158 ff.: Die Zeichen im Quincunx oder *die freien Paare*).

Teilen wir den Tierkreis schließlich durch 12. Was erhalten wir nun? Wir erhalten Paare aus Sternzeichen im *Halbsextil*, also »benachbarte«

Paare, getrennt durch einen 30°-Winkel. Zwischen ihnen steht kein anderes Sternzeichen. Aus diesem Grund werden sie auch als *brüderliche Paare* bezeichnet. Als gute Nachbarn unterhalten sie in der Regel eine höfliche Beziehung oder haben gewisse Gemeinsamkeiten im Handeln und ihren Interessensgebieten, aber – das werden Sie bereits erkannt haben – es herrscht grundsätzlich nicht die wahnsinnige Leidenschaft! Es sei denn, der Kontext ihrer beiden Horoskope – Aszendenten, Mond, Venus, Mars etc. – sagt etwas anderes (siehe S. 235ff.: Die Zeichen im Halbsextil oder *die brüderlichen Paare*).

Aus all diesen Winkelverhältnissen folgt: Alle unsere zwischenmenschlichen Beziehungen finden eine Erklärung durch die Winkelstruktur des Tierkreises, die innere Logik seiner Geometrie, denn die Astrologie ist wunderbar logisch. Sie müssen sich nur die Grundstruktur der Sternzeichen merken, sich die Reihenfolge der Sternzeichen im Tierkreis einprägen – oder sich einfach auf die verschiedenen Tabellen weiter unten in diesem Buch beziehen. Hier helfen Ihnen insbesondere diejenigen, die Ihnen auf einen Blick die Art Ihrer Paarbeziehung zeigen (vgl. erster Teil, III: »*So finden Sie in diesem Buch Ihre Paarbeziehung*«). Ausgerüstet mit dem Wissen über die Grundgesetze der menschlichen Beziehungen gemäß der *Königlichen Kunst der Sterndeutung* werden Sie in der Lage sein, vieles in Ihren persönlichen Beziehungen besser zu verstehen!

Zu welchem Sternzeichen und welcher Dekade gehören Sie?
Die Dekaden der Sternzeichen – eine Übersicht

Widder

1. Dekade 21.–31. März
2. Dekade 31. März–10. April
3. Dekade 10. April–20. April

Stier

1. Dekade 20.–30. April
2. Dekade 30. April–10. Mai
3. Dekade 10. Mai–21. Mai

Zwillinge

1. Dekade 21. Mai–1. Juni
2. Dekade 1. Juni–11. Juni
3. Dekade 11. Juni–21. Juni

Krebs

1. Dekade 21. Juni–1. Juli
2. Dekade 1. Juli–12. Juli
3. Dekade 12. Juli–22. Juli

Löwe

1. Dekade 22. Juli–2. Aug.
2. Dekade 2. Aug.–12. Aug.
3. Dekade 12. Aug.–23. Aug.

Jungfrau

1. Dekade 23. Aug.–2. Sept.
2. Dekade 2. Sept.–12. Sept.
3. Dekade 12. Sept.–23. Sept.

Waage

1. Dekade 23. Sept.–3. Okt.
2. Dekade 3. Okt.–13. Okt.
3. Dekade 13. Okt.–23. Okt.

Skorpion

1. Dekade 23. Okt.–2. Nov.
2. Dekade 2. Nov.–12. Nov.
3. Dekade 12. Nov.–22. Nov.

Schütze

1. Dekade 22. Nov.–2. Dez.
2. Dekade 2. Dez.–12. Dez.
3. Dekade 12. Dez.–21. Dez.

Steinbock

1. Dekade 21. Dez.–1. Jan.
2. Dekade 1. Jan.–11. Jan.
3. Dekade 11. Jan.–20. Jan.

Wassermann

1. Dekade 20. Jan.–30. Jan.
2. Dekade 30. Jan.–9. Feb.
3. Dekade 9. Feb.–19. Feb.

Fische

1. Dekade 19. Feb.–29. Feb.
2. Dekade 29. Feb.–10. März
3. Dekade 10. März–21. März

Die Grenzdaten zwischen den Sternzeichen und Dekaden überschneiden sich. Das ist absichtlich so, denn je nach Geburtsjahr und -stunde weisen Ihnen die übergreifenden Daten das eine oder andere Sternzeichen zu.

Nur die präzise Berechnung eines Astrologen oder Computerprogramms kann Ihnen genaue Auskunft geben, zu welcher Dekade Sie gehören oder welchem Sternzeichen Sie angehören, wenn Sie an einem dieser Grenzdaten geboren sind. In diesem Zusammenhang möchten wir auf die Internetseite www.eteissier.com hinweisen. Dort werden anhand Ihrer Geburtsdaten das Sternzeichen, die Dekade, das Horoskop und der Aszendent für Sie persönlich berechnet.

ZWEITER TEIL

Sage mir, wen Du liebst und mit wem Du verkehrst ...

I. DER TIERKREIS, EIN PRISMA MIT ZWÖLF FACETTEN

Sie wissen es bereits: Durch den Tierkreis verfügt die Menschheit über zwölf verschiedene Spiegelbilder ihrer verborgenen vielfältigen Persönlichkeiten. Zwölf Spiegelbilder und ebenso viele *Archetypen*, wie C. G. Jung sagen würde, Archetypen, die dem Schattenreich des kollektiven Unbewussten entstammen. Es ist so, als habe in gewisser Weise jeder Native sich ein Fenster im Tierkreis ausgesucht, das Fenster seines Sonnenzeichens, aus dem sich ihm ein spezieller Blickpunkt bietet. Man kann jedes Tierkreiszeichen auch mit einer Landschaft vergleichen, der nur (etwa) einem Zwölftel der Menschheit zugehörig ist. So wird die Realität der Welt, die zugleich einzigartig und vielfältig ist und die definitionsgemäß kein Wesen in ihrer Gesamtheit erfassen kann, von jedem individuell aufgefasst. Und in jeder individuellen Auffassung verbergen sich spezielle Facetten, und zwar die Tierkreisfacetten. Logische Schlussfolgerung: Niemand liegt mit seiner Ansicht völlig richtig, da diese Ansicht zwangsläufig begrenzt, partiell und damit parteiisch ist. Genauso wenig liegt niemand völlig falsch, da seine Weltsicht ein Teil der Weltrealität ist. Ist das nicht obendrein eine wunderschöne Lektion in Toleranz?

Aber lassen wir die metaphysische Astrologie ruhen. Unsere Absicht ist weder so ambitioniert noch so ernst. Wir wollen hingegen Folgendes bestätigen: Es gibt zwölf verschiedene Arten, die Welt zu sehen, zu spüren, über sie zu denken, zwölf Arten, sie zu lieben und zu fürchten. Ebenso gibt es zwölf verschiedene Arten, sich von anderen angezogen zu fühlen, sie zu schätzen, und schließlich gibt es zwölf Arten, sie zu lieben.

Der strenge und ehrbare Astrologe ist natürlich gezwungen, Vorbehalte vorzubringen, diese Behauptung etwas zu verfeinern. So drängt es ihn hinzuzufügen, dass beispielsweise bei den gefühlsbetonten Beziehungen die Positionen von Mond und Venus, aber auch von Mars (er steht für den Lebensinstinkt und den sexuellen Trieb) eine starke Rolle spielen. Genauso kommen hier insbesondere die fünften Häuser oder Felder (Liebe, Vergnügen, Schöpferisches, Nachkommen) und die siebten Häuser oder Felder (Heirat, Partnerschaften) mit ins Spiel.

Zudem können bestimmte Überlagerungen Ihrer Geburtsplaneten mit denen des anderen (Partner(in), Freund(in), Mutter, Vater, Schwester, Bruder, Chef, Sekretärin etc.), insbesondere mit Mond, Venus und Mars sowie die Aspekte (Trigone, Sextile oder Oppositionen), zwischen diesen Gestirnen eine besondere Anziehung oder Affinität hervorrufen.

Ein Aspekt zwischen Venus in Ihrem Horoskop und Mars in dem Ihres Partners ist beispielsweise ein Zeichen für eine starke körperliche Anziehung, ein Aspekt zwischen Ihrer Sonne (Sonnenzeichen) und der Venus oder dem Mond des Partners symbolisiert ein starkes Einvernehmen und einen ähnlichen Geschmack.

Kommen wir zurück auf das Sonnenzeichen: Ganz allgemein ist die Sonne – unser Sonnenzeichen – ein Spiegel unserer Identität und unseres innersten Bewusstseins, wie wir die Welt und uns selbst sehen. Sie spiegelt zudem unsere Ziele und sozialen Ambitionen wider, die Rolle, die wir auf der Erde spielen möchten. Kurz gesagt: Unser Sonnenzeichen gibt uns unsere grundlegende Prägung.

Zusammenfassend lässt sich sagen: Jeder von uns wird als Mikrokosmos vom Makrokosmos, des großen Ganzen, das uns umgibt, geprägt: physisch, intellektuell, moralisch und spirituell. Es ist also für die globale Entität, die jeder von uns darstellt, unmöglich, die Art, wie wir sind, von der Art, wie wir lieben, zu trennen. Denn jeder ist ein Ganzes.

Jedoch liebt ein Skorpion anders als ein Zwilling oder Wassermann. Ähnlichkeiten findet man hingegen in der Liebeskunst zwischen den beiden letztgenannten Sternzeichen wegen ihrer Grundaffinitäten in Zusammenhang mit dem Element Luft. Dieses zeichnet beide durch eine gewisse Fantasie aus, durch eine starke Vorliebe für geistige Dinge und das ständige Bedürfnis, zu kommunizieren und zu teilen.

Lesen Sie nun, wie es mit Ihrer persönlichen Liebeskunst aussieht. Sind Sie tatsächlich ein getreues Spiegelbild, ein typischer Vertreter Ihres Sternzeichens?

Sternzeichen und ihre Bezüge: Jahreszeiten, Elemente, Tag und Nacht, männlich und weiblich und die zwölf Häuser

Man muss wissen, dass die Tierkreiszeichen zugleich auch nach *Jahreszeiten* klassifiziert werden. So sind sie entweder **Kardinalzeichen** (als Eröffnung einer Jahreszeit), **Fixzeichen** (in der Mitte einer Jahreszeit) oder **bewegliche Zeichen** (zum Ende einer Jahreszeit). Die Kardinalzeichen eröffnen gerne neue Wege und übernehmen Verantwortung, die Fixzeichen folgen der Logik der Ausdauer auf einem vorgegebenen Weg, während die beweglichen Zeichen durch eine flexible und anpassungsfähige Natur gekennzeichnet sind.

Sodann wird ein Sternzeichen einem bestimmten Element zugeordnet: in der Reihenfolge Feuer, Erde, Luft, Wasser. Zu jedem dieser vier Elemente gehören also drei Sternzeichen.

Die Feuerzeichen sind leidenschaftliche Enthusiasten, in der Klassifizierung des französischen Philosophen und Psychologen Le Senne entsprechen sie den *aktiven Emotionalen*. Widder-Geborene haben ein *primäres* Temperament, das den Moment lebt und sofort reagiert, beim eher *sekundären* Löwen-Geborenen sind die Reaktionen überlegter. Die Erdzeichen sind pragmatische Realisten – nach Le Senne sind sie *nicht emotional, aktiv, sekundär,* während sich die Luftzeichen als mental präsentieren, also *nicht emotional, aktiv, primär,* und die sensiblen und/ oder instinktiven Wasserzeichen sind eher *emotional, passiv, sekundär.* Schließlich werden die Tierkreiszeichen in *männliche/Tagzeichen* (in Aktion) und *weibliche/Nachtzeichen* (aufnahmefähig/passiv) eingeteilt.

Halten wir schließlich noch fest, dass zwischen den Sternzeichen und den Häusern traditionell eine Entsprechung existiert (siehe Glossar am Ende des Buchs). So hat das erste Sternzeichen (Widder) Affinitäten mit dem Ersten Haus, der darauf folgende Stier mit dem Zweiten Haus etc. Sind mehrere Planeten in einem bestimmten Haus, so gibt dies dem Horoskopeigner eine Komponente des entsprechenden Zeichens. Mehrere Planeten im Ersten Haus betonen demnach die Komponente eines Widders, im Zweiten Haus ergeben sie eine Konnotation mit dem Stier etc.

Bei den folgenden symbolischen Entsprechungen wird jedes Sternzeichen anhand dieser verschiedenen Kriterien der astrologischen Überlieferung analysiert. Dabei kann man noch hinzufügen, dass jedes Sternzeichen eine besondere Affinität zu einem *Planeten* des Sonnensystems besitzt, und man sagt, dass es von diesem Planeten »regiert« oder »beherrscht« wird. So ist Mars der Planet des Widders, Venus herrscht über den Stier, Merkur über die Zwillinge etc.

DIE SYMBOLISCHEN ENTSPRECHUNGEN DES WIDDERS

KARDINALZEICHEN – ELEMENT: FEUER – MÄNNLICH – TAGZEICHEN – ERSTES HAUS

SCHLÜSSELBEGRIFFE

Lebenslust, Vitalität, Kraft, Aktion, Unternehmer- und Abenteuergeist, freimütig, loyal, aggressiv, Wettbewerb, Chefmentalität, Pionier, Enthusiasmus, Hast, Risikofreude, mangelnde Ausdauer, Mut, Initiative

LIEBER WIDDER,

IHR PLANET: Mars
IHR TAG: Dienstag
IHRE FARBE: Knallrot
IHR METALL: Eisen
IHRE PFLANZEN: Heidekraut, Minze, Enzian, Mohn
IHR DUFT: Heu
IHRE STEINE: Rubin, Amethyst, Karneol, Koralle
IHRE ZAHLEN: 7, 11, 17, 21
IHRE LÄNDER: Dänemark, Deutschland, England, Japan

IHRE BEVORZUGTEN STERNZEICHEN

- Perfekte Harmonie: Löwe, Schütze

- Liebesfreundschaft: Zwillinge, Wassermann

- Leidenschaft (gegenseitige Ergänzung/Gegensatz): Waage

EINIGE BERÜHMTE WIDDER:

- Steve McQueen
- Marlon Brando
- Hugh Hefner
- Charlie Chaplin
- Claudia Cardinale
- Warren Beatty
- Jean-Paul Belmondo
- Vincent van Gogh
- Wladimir Lenin
- Otto von Bismarck
- Gerhard Schröder
- William Holden
- Charles Baudelaire
- Céline Dion
- Henri Désiré Landru
- Gregory Peck
- Bette Davis
- Francisco de Goya
- Heilige Teresa von Avila
- Wernher von Braun
- Dirk Bogarde
- Aretha Franklin
- Diana Ross
- Mariah Carey
- Alban Berg
- Herbert von Karajan
- Andrew Lloyd Webber
- Eric Clapton
- Jean-Louis Borloo

SO LIEBT DER WIDDER-MANN, SO DIE WIDDER-DAME

> *»Als eine entschiedene Spielernatur, ein echter Verschwender, redselig, immer scharf in meinem Witz, alles andere als bescheiden, unerschrocken, ein Schürzenjäger, der seine Nebenbuhler auszustechen versteht, der nur unterhaltsame Gesellschaft als gute Gesellschaft empfindet, als jemand, der sich immer voll und ganz einsetzt, glaubte ich, mir alles erlauben zu können. Denn dem Missbrauch, der mich behinderte, glaubte ich, schroff gegenübertreten zu müssen.«*
>
> **CASANOVA, WIDDER, GEB. AM 2. APRIL 1725**

In jedem Widder schlummert ein Casanova. »Das Wort ›unmöglich‹ gibt es für den Widder nicht«, könnte man Napoleons Worte umformulieren. Die Überschwänglichkeit, die Begeisterung, der Mut und das Selbstvertrauen des ersten Tierkreiszeichens, dieser Verkörperung des Chefs, des Anführers und halsbrecherischen Abenteurers, gelten auch für seine Art zu lieben: Er zweifelt nicht, zögert nicht, stürmt los und empfindet es als die natürlichste Sache der Welt, nach allen Seiten zu verführen. Einfach unwiderstehlich. In diesem von der Kriegskunst abgeleiteten und auf seine Liebeskunst übertragenen Eroberungsgeist liegt eine gewisse Treuherzigkeit. Sein Motto lautet: Angriff! Oder: Zuerst handeln, und dann nachdenken … Das soll aber nicht darüber hinwegtäuschen, dass sein Liebesbedürfnis echt und fordernd ist.

Im universalen Bewusstsein, im Geist der Welt entspricht der Widder dem ersten Stadium der Menschheit, dem Säugling, der sich nach Fürsorge und Liebe sehnt, der so lange brüllt, bis er bekommt, was er will. »Ne me quitte pas« (»Verlass mich nicht«) fleht der Widder Jacques Brel. Seine sexuellen Bedürfnisse sind eine Konsequenz seiner starken Vitalität: Sie sind ausgeprägt und anspruchsvoll, häufig jedoch rasch befriedigt(!). Was vor allem zählt, ist die Anzahl seiner Eroberungen. Immer noch mehr! – ist sein Motto Seine Jagdbeute stellt er dann stolz zur Schau, wie einen Orden für seinen unwiderstehlichen Charme. Punkt.

Hat er beschlossen, Sie zu betören, sind sein Enthusiasmus und seine Schlagfertigkeit echte Trumpfkarten, und er lässt Ihnen keine Zeit zum Nachdenken. Einige gut platzierte Pointen, ein geistreicher – manchmal aggressiver – Witz und ein Funken Unverfrorenheit, und schon sind Sie in seinem Bann. Gibt es einen Rivalen, dann umso besser, es wird ihm ein Vergnügen sein, ihn zu besiegen. Hirschkämpfe unterscheiden sich nicht allzu sehr von Widderkämpfen … Corneille scheint eigens für ihn den Vers geschrieben zu haben »Ein gefahrloser Sieg ist ein ruhmloser Triumph«.

Madame, Mademoiselle, seien Sie daher keine zu leichte Beute – das wäre eine Kränkung für den kampflustigen Widder. Damit würden Sie ihn um den Spaß der Eroberung betrügen. Aber Vorsicht, nicht zu viele Ausflüchte, keine zickigen Launen! Es liegt an Ihnen, sein Feuer zu nähren, das aus einem fliegenden Funken entstanden ist, das aber bei Sauerstoffmangel schnell wieder erlöschen kann, erstickt durch Routine, zu wenig Fantasie. In diesem Fall brechen Herr oder Frau Widder sehr schnell zu neuen Eroberungen auf, mit demselben Schwung, den er – oder sie – bei Ihnen gezeigt hatte.

DIE SYMBOLISCHEN ENTSPRECHUNGEN DES STIERS

FIXZEICHEN – ERDZEICHEN – WEIBLICH – NACHTZEICHEN – ZWEITES HAUS

SCHLÜSSELBEGRIFFE

Ruhig, nachdenklich, besonnen, besitzergreifend, ausdauernd, sinnlich, langsam, stur, nüchtern, solide, Naturliebe, Faulheit, Naivität, Vitalität, Skepsis, Materialismus, schöpferische Kraft, Erde, Bauer

LIEBER STIER,

IHR PLANET: Venus
IHR TAG: Freitag
IHRE FARBEN: Grün, Himmelblau, Rosa, Pastellfarben
IHR METALL: Kupfer
IHRE PFLANZEN: Flieder, Rose, Maiglöckchen
IHRE DÜFTE: Verveine (Eisenkraut), Rosmarin, Flieder
IHRE STEINE: Smaragd, Saphir, Jade
IHRE ZAHLEN: 4, 6, 11
IHRE LÄNDER: Irland, Polen, GUS

IHRE BEVORZUGTEN STERNZEICHEN

- Perfekte Harmonie: Steinbock, Jungfrau

- Liebesfreundschaft: Krebs, Fische

- Leidenschaft (gegenseitige Ergänzung/Gegensatz): Skorpion

EINIGE BERÜHMTE STIERE:

- Sigmund Freud
- Honoré de Balzac
- Elisabeth II.
- Ella Fitzgerald
- Serge Reggiani
- Charles Trénet
- Jean Gabin
- Karl Marx
- Adolf Hitler
- Philippe Pétain
- Pierre Teilhard de Chardin
- Michael Moore
- Salvador Dalí
- Cate Blanchett
- Ninon de Lenclos
- Katherine Hepburn
- Katharina von Medici
- Katharina II. von Russland
- Anouk Aimée
- Senta Berger
- Barbra Streisand
- Jack Nicholson
- Mireille Darc
- Orson Welles
- Gary Cooper
- Johannes Brahms
- Michelle Pfeiffer
- George Clooney
- Eva Perón (Evita)
- Claudio Monteverdi
- Andie MacDowell
- Louis Armstrong
- Jean François Copé

SO LIEBT DER STIER-MANN, SO DIE STIER-DAME

»Gebt mir den Mann, den seine Leidenschaft nicht macht zum Sklaven, und ich will ihn hegen im Herzensgrund, ja, in des Herzens Herzen«

SHAKESPEARE, VERMUTLICH STIER (*HAMLET*)

Man könnte ihn beinahe als Verführer wider Willen bezeichnen. Denn er ist schüchtern, aber mit offenkundigem Charme ausgestattet – schließlich ist sein Planet ja auch die Venus, alias Aphrodite, die Göttin der Künste und der Schönheit. Seine Welt: Alles, was gut und schön ist. In erster Linie ist er ein Genießer, in zweiter Linie ein Ästhet. Daher seine Vorliebe für gutes Essen, schöne Musik – in diesem Sternzeichen gibt es die meisten Sänger –, schöne Objekte, schöne Wohnungen … und schöne Frauen, das versteht sich von selbst. Er ist jedoch von Natur aus treu und braucht Zeit, um sich zu binden, so, wie er für alles Zeit braucht: Er ist langsam und konzentriert, bestrebt, tüchtig, ernsthaft und ausdauernd. Von kräftigem Körperbau, kann sein Gang schwer sein und sehr männlich. Weibliche Angehörige dieses Sternzeichens sind jedoch sensibel, was diese hinter einer rauen Art verbergen. Dennoch ist die weibliche Komponente dieses Sternzeichens sehr ausgeprägt. Oft hat der Stier eine Vorliebe für Pelze und weiche Stoffe ... oder für Ihre samtweiche Haut, da er einen ausgeprägten Tastsinn hat. Der Stier ist er ein taktiler Typ.

Verliebt in seine Bequemlichkeit und Sicherheit, wird er sich nicht mit Haut und Haaren in ein kompliziertes Abenteuer stürzen – es sei denn, er ist Sklave seiner Sinne (der Stier ist häufig *süchtig* nach etwas: nach Alkohol, gutem Essen, Arbeit – ja, wirklich, er ist ein *Workaholic* – oder nach Sex). Ist er jedoch erst einmal in Ihrem Bann, so ist er beständig und treu, verlangt aber auch von Ihnen bedingungslose Treue. Allerdings ist er bei einem »Ausrutscher« – das Fleisch ist schließlich schwach, oder etwa nicht? – auch schnell bereit, diesen Fehler ohne große Skrupel wegzuretuschieren. Sinnesfreuden und vor allem die Sexualität haben für einen typischen Stier Vorrang, und für ihn sind Beziehungen hundertprozentig verbindlich. Er lebt sie in einer wechselseitigen und totalen Zugehörigkeit aus. »Die Liebe ist Egoismus zu zweit«, erklärte Madame de Staël, im Sternzeichen Stier geboren und in Benjamin Constant verliebt. Mit dieser Aussage zeigt sie sich im perfekten Einklang mit dem Skorpion. Beide Zeichen ergänzen sich gegenseitig sehr gut.

Man soll nicht vergessen und muss berücksichtigen, dass die Bedürfnisse des Stiers stärker sind als die anderer Menschen. Sie stecken voller Zärtlichkeit und Romantik. Er ist ein Meister lang dauernder Vorspiele, ein oraler Typ. Mund, Lippen, Küsse, das ist seine Welt – seine Mutter erinnert sich noch gut an seine Abhängigkeit von ihrer Brust – davon ist ihm unvermeidlich etwas geblieben. Und vergessen wir auch nicht, dass sein Zeichen von Venus »beherrscht« wird, dem Planeten der Schönheit, der Erotik und der Lust!

Allerdings ist er auch eifersüchtig und besitzergreifend – in manchen Fällen auch ein kleiner Haustyrann. Hinter seiner sanften Miene wird er stets auf der Hut sein. Und wehe demjenigen oder derjenigen, der/die das Pech hat, den Stier zu enttäuschen, sein Vertrauen zu missbrauchen! Othello (im Kino sehr passend durch den Stier Orson Welles gespielt) ist eine wahre Verkörperung des vor Eifersucht rasenden Stiers: Seine Eifersucht ist verheerend, unabwendbar, zerstörerisch und wahnsinnig; Betrug und Lüge sind stärker als seine Liebe, nur ein Verbrechen, der Tod des geliebten Wesens können sein Leid ein wenig mildern. Dann sieht der friedfertige Stier rot und kann brutal werden – vor allem wenn Mars in seinem Horoskop ebenfalls im Stier steht. Sie werden große

Mühe haben, zu Hause wieder Frieden zu finden, denn der Stier ist ein Wiederkäuer, der alles bis zum Überdruss wiederholt und kaum verzeiht, der seinen Schmerz immer wieder durchlebt.

DIE SYMBOLISCHEN ENTSPRECHUNGEN DER ZWILLINGE

BEWEGLICHES ZEICHEN – LUFTZEICHEN - MÄNNLICH – TAG-ZEICHEN – DRITTES HAUS

SCHLÜSSELBEGRIFFE

Manuelle und mentale Geschicklichkeit, Neugier, Dualität, Anpassungsfähigkeit, Geschäftssinn, reaktionsschnell, sprunghaft, verstandesbetont, oberflächlich, zerstreut, redegewandt, eklektisch, Lüge, Vertreter, Kaufmann, Journalist, Diplomat, Agent

LIEBER ZWILLING,

IHR PLANET: Merkur
IHR TAG: Mittwoch
IHRE FARBE: Irisierende oder perlmuttartige Grau- und Weißtöne
IHRE METALLE: Silber, Quecksilber
IHRE PFLANZEN: Narzisse, Verveine (Eisenkraut)
IHR DUFT: Maiglöckchen
IHRE STEINE: Beryll, Aquamarin, Kristall
IHRE ZAHLEN: 3, 12, 18
IHRE LÄNDER: Belgien, Sardinien, USA

IHRE BEVORZUGTEN STERNZEICHEN

- Perfekte Harmonie: Waage, Wassermann

- Liebesfreundschaft: Löwe, Widder

- Leidenschaft (gegenseitige Ergänzung/Gegensatz): Schütze

EINIGE BERÜHMTE ZWILLINGE:

- Dante Alighieri
- Blaise Pascal
- Marilyn Monroe
- Björn Borg
- Françoise Sagan
- Angelina Jolie
- Steffi Graf
- Brooke Shields
- John F. Kennedy
- Louis-Ferdinand Céline
- Henry Kissinger
- Jean-Paul Sartre
- Jacques Offenbach
- Cecilia Bartoli
- Che Guevara
- Gérard Philipe
- Clint Eastwood
- Sonia Rykiel
- Johnny Hallyday
- René Char
- Paul Salinger
- John Wayne
- Paul Gauguin
- Albrecht Dürer
- Josephine Baker
- Raoul Dufy
- Rainer Werner Fassbinder
- Gustave Courbet
- Marquis de Sade
- Marguerite Yourcenar
- Charles Aznavour
- Bob Dylan
- Alain Resnais
- Dashiell Hammett
- Annie Cordy
- Bernard Giraudeau
- Arthur Conan Doyle
- Nicole Kidman
- Naomi Campbell
- Prince
- Paul McCartney
- Elizabeth Hurley
- Johnny Depp
- James Ivory
- Howard Hawks
- Guy Bedos

SO LIEBT DER ZWILLINGE-MANN, SO DIE ZWILLINGE-DAME

> »Was ist Liebe? Der Austausch zweier Fantasien und die Berührung zweier Hautschichten«

NICOLAS CHAMFORT

Mit flinkem, tänzelndem Gang eilt der Zwilling, immer in Zeitnot und in Bewegung, zu einer neuen Eroberung: zu einem Wesen, das es geistvoll und originell verstanden hat, seine Neugier zu wecken. Dabei ist es unerheblich, ob unser Zwilling bereits eine Beziehung oder gar eine Ehe eingegangen ist, denn ist er nicht durch und durch frei? Diesen ewigen Jüngling dürstet es stets nach Neuem.

Ärger und Hindernissen geht er aus dem Weg, angesichts von Komplikationen oder zu großem Ernst ergreift er die Flucht. Die Psyche dieses *Comediante, Tragediante* ist »»unbeständig und veränderlich« wie Michel de Montaigne sagte, mit bemerkenswerter Leichtigkeit wechselt der Zwilling zwischen Lachen und Weinen, seine äußerst empfindliche, nervöse Emotionalität macht nie Pause. Beim Zwilling unterscheiden wir zwischen zwei Typen: Castor und Pollux. Der Zwilling vom Typ Castor ist sehr empfindsam. Als geborener Verführer sammelt er seine Eroberungen, ohne sich um die Schäden zu kümmern, die er mit seinem Charme des ewigen Jünglings anrichtet. Im Gegensatz zu diesem Typ Castor ist der Zwilling vom Typ Pollux hingegen gerne ironisch oder gar zynisch: Er trennt Gefühle und Sex aus Angst, sich zu binden; er bevorzugt eine Liebesfreundschaft, ohne einen festen Bund auszuschließen, der sich allerdings eher auf Vernunftgründe als auf körperliche Leidenschaft gründet. Letztere ist ihm fremd. Geistige Spielereien faszinieren ihn stärker, sie können – nicht nur mental – eine gewisse grausame Färbung annehmen oder eindeutig grausam sein: Nicht umsonst war der Marquis de Sade Zwilling.

In einer Reminiszenz an sein Jünglingsalter oder gar seine Kinderlieben lässt sich der Zwilling häufig auf eine Dreierbeziehung ein, in der Art von *Jules und Jim*, wobei die dritte Person eine Freundin oder ein Freund oder auch der Ehemann einer Freundin sein kann. Daraus ergibt sich häufig ein Doppelleben, das der wandlungsfähige Zwilling, der mit einem erstaunlichen Sinn für Anpassung begabt ist – Lüge und Ausflüchte inbegriffen – ziemlich leicht und locker führt. Aber man verzeiht diesem geistreichen Verführer mit dem unwiderstehlichen jugendlichen Charme eine ganze Menge …

Falls Sie das Risiko eingehen, all diese Spielchen mit ihm zu teilen, sollten Sie Routine und Langeweile meiden wie die Pest. Diese sind für den Zwilling mehr noch als für jedes andere Sternzeichen wahre Liebeskiller. Schenken Sie ihm die neuesten technischen Spielereien (zum Beispiel ein hübsches Smartphone oder auch zwei, denn er ist als Einziger in der Lage, zwei Gespräche gleichzeitig zu führen), schenken Sie ihm ein originelles Wörterbuch (seine Neugier und sein Wissensdurst kennen keine Grenzen), seien Sie witzig und immer guter Laune, denn Zwillinge-Geborene ergreifen ansonsten die Flucht. Kurz und gut, überraschen Sie das geliebte Wesen, halten Sie es ständig auf Trab: vom Tennismatch zu einer Tanzvorführung, vom Theater direkt in seinen Lieblingsnachtklub, improvisieren Sie einen Wochenendtrip mit einem Besuch im Kasino … Schachpartien können Sie sich getrost für ruhigere

Abende aufheben. Im Bett sollten Sie Ihre komplette Fantasie mobilisieren, freche Bodys, Strapse etc. mag er besonders gern. Der Zwilling ist ein visueller Typ, bei dem alles über den Kopf geht. Kurz, bleiben Sie unvorhersehbar, vor allem jedoch: *Sprechen Sie* mit ihm! Der quecksilbrige Zwilling ist ein Kommunikationswesen, für ihn wurde der Satz geprägt: »Am Anfang war das Wort.« Der Autor von *Die Wörter* konnte niemand anders sein als der Zwilling Jean-Paul Sartre.

DIE SYMBOLISCHEN ENTSPRECHUNGEN DES KREBSES

KARDINALZEICHEN – ELEMENT: WASSER – WEIBLICH – NACHTZEICHEN – VIERTES HAUS

SCHLÜSSELBEGRIFFE

Mütterlich und familiär, träumerisch, verletzlich, schüchtern, launisch, eigensinnig, fantasievoll, sensibel, introvertiert, nostalgisch, Festhalten an der Kindheit, häuslich, traditionsbewusst, Dichter, Hang zu Faulheit, passiv

LIEBER KREBS,

IHR PLANET: Mond
IHR TAG: Montag
IHRE FARBE: Weiß, Silbergrau
IHR METALL: Silber
IHRE PFLANZEN: Seerosen, Lilie, Koloquinte
IHR DUFT: Iris
IHRE STEINE: Mondstein, Opal, Perle
IHRE ZAHLEN: 2, 5, 20, 40
IHRE LÄNDER: Afrika, Schottland, Holland

IHRE BEVORZUGTEN STERNZEICHEN

- Perfekte Harmonie: Fische, Skorpion

- Liebesfreundschaft: Jungfrau, Stier

- Leidenschaft (gegenseitige Ergänzung/Gegensatz): Steinbock

EINIGE BERÜHMTE KREBSE:

- Nelson Mandela
- Angela Merkel
- Amedeo Modigliani
- Marcel Proust
- Jules Mazarin
- Pierre Cardin
- Jean-Jacques Rousseau
- Jean Cocteau
- Ernest Hemingway
- Heinrich VIII. von England
- Terence Stamp
- George Sand
- Franz Kafka

- Tom Hanks
- Lino Ventura
- Tom Cruise
- Gina Lollobrigida
- Barbara Stanwyck
- Meryl Streep
- Sidney Lumet
- Sydney Pollack
- Harrison Ford
- Marcel Gotlib
- Charles Laughton
- Peter Lorre
- Nathalie Sarraute

SO LIEBT DER KREBS-MANN, SO DIE KREBS-DAME

> »»*Schönheit wirkt selbst auf diejenigen, von denen sie unbemerkt bleibt.* »
>
> JEAN COCTEAU, KREBS, GEB. AM 5. JULI 1889

> »*Da ich praktisch im Flugzeug groß geworden war, empfand ich eine Art kindliche Zärtlichkeit dafür. Fast wie ein Säugling.*«
>
> ANTOINE DE SAINT-EXUPÉRY, KREBS, GEB. AM 29. JUNI 1900

Ein freundschaftlicher Rat: Wer das Vertrauen eines Krebses gewinnen möchte, – und es ist keine leichte Sache, in die Schale des zurückhaltenden, verschämten Krebses einzudringen – hüte sich davor, seine Mutter zu kritisieren. In der Regel bringt er der Frau, die ihn zur Welt gebracht hat, Verehrung entgegen – sie hat zwangsläufig DAS Rezept für einen Eintopf oder ein Steinpilzrisotto: einfach unübertrefflich! Und Achtung: Wenn es einen Mann bei den Tierkreiszeichen gibt, bei dem die Liebe durch den Magen geht, dann ist er es, der Krebs, der gerne und gut isst. Er macht dem Stier Konkurrenz – beides sind die Sternzeichen schlechthin für Chefköche! Das ist auch völlig normal: Beim »Tierkreis-Menschen« ist der Stier symbolisch mit dem Mund und dem Hals verbunden, der Krebs mit dem Magen (und der Brust, den Brüsten).

Dieses introvertierte und zurückhaltende Wesen kennt wechselnde Stimmungen und kann sehr launisch sein. Sein Sternzeichen wird nämlich von dem »unbeständigen und veränderlichen« Mond regiert. Ob das wohl der Grund dafür ist, dass er sich flatterhaft zeigen kann und es ihm schwerfällt, Bindungen einzugehen?

Wie dem auch sei, wenn Sie ihn bei Laune halten möchten, vermeiden Sie es, ihn morgens unsanft zu wecken! Lassen Sie ihn langsam aus seiner Traumwelt auftauchen – kurz, drängen Sie dieses Murmeltier nicht, das übrigens einen größeren Schlafbedarf hat als der »normale« Mann. Sollten Sie ihm dies vorwerfen, wird er Sie arglos fragen: »Und was ist ein ›normaler‹ Mann, hm?« Da der Krebs ein ausgeprägter Familienmensch ist, wird er versuchen, ein harmonisches Familienleben zu schaffen, einen gemütlichen Kokon, dessen gute Fee und Vestalin Sie sein werden. Intimität ist kein leeres Wort für dieses Wesen, das gerne an seine Kindheit zurückdenkt.

Sobald der Krebs seinen trockenen Humor zum Einsatz bringt, können Sie davon ausgehen, dass er eine Schwäche für Sie hat – sehr viele Humoristen sind im Sternzeichen Krebs geboren. Typisch für den Krebs ist die Fähigkeit, sich auszudrücken, ohne sein Innerstes preiszugeben. Ein weiterer Hinweis für seine Zuneigung ist es, wenn er schüchtern oder gar ungeschickt versucht, beim Überqueren der Straße Ihren Arm zu nehmen – er liebt es, als Beschützer aufzutreten, und Berührung ist wichtig für ihn. Bei dieser Gelegenheit können Sie gleich Ihre Wirkung auf ihn testen. Wird er sich seiner Kühnheit bewusst, wird er – natürlich nur vorläufig – seine Zurückhaltung wiederfinden. Ein Schritt nach vorne, zwei zurück …

Der Krebs ist zugleich unentschlossen und weichherzig und ist dabei sooo verschämt! Sehr oft begeistert er sich für eine ältere Frau, deren Erfahrung und Mütterlichkeit ihn fesseln und zugleich auch beruhigen – er ist der Traum aller »Cougars«. Was ihn, wenn Sie schwächer sind als er, nicht daran hindern wird, sich ein wenig sadistisch zu zeigen. Maso oder Sado, die Neigung ist bei ihm unterschwellig und mehr oder weniger bewusst vorhanden.

Der Krebs ist fantasievoll und flüchtet sich in seine Träume und Fantasien. Er gehört zu denen, die gelegentlich lieber von ihrem Leben träumen, als ihre Träume zu leben. Seine ausgeprägte Einbildungskraft kann ihn von seiner Umgebung isolieren, da man an seiner Fähigkeit zweifelt, richtig zuhören zu können oder überhaupt Interesse zu zeigen. Kehrt er dann allmählich aus seiner eigenen Welt zurück, gehört er wieder Ihnen, wenn Sie ihn nicht attackieren und mit einem Wortschwall überfluten, sondern ihn stattdessen zärtlich ansehen, ohne etwas zu sagen. Der sprachlose Krebs, der es braucht, bestärkt und verwöhnt zu werden, findet dann seine Worte wieder und wird Sie durch eine witzige Bemerkung, durch seinen unwiderstehlichen Sinn für das Lächerliche und Absurde zum Lachen bringen.

Erwarten Sie hingegen im Bett keine verbalen Leistungen: Dort ist er schweigsam, gibt sich ganz seinen Sinnen hin, der reinen Empfindung, auf die er sich stark konzentriert. Bringen Sie ihm nach und nach bei zu kommunizieren, sich mitzuteilen … Vor allem, wenn Sie eher zu den Verstandesmenschen zählen.

Handelt es sich bei dem Objekt der Liebe um eine Krebs-Dame, wird sie entweder der beschützende mütterliche Typ sein, der alle häuslichen Angelegenheiten meisterlich in die Hand nimmt, oder die »Puppe aus Wachs, Puppe aus Klang« wie es France Gall in ihrem Chanson ausdrückt. Für Krebs-Damen ist es lebenswichtig, sich beschützt zu fühlen. Diese Kind-Frau braucht Zärtlichkeit und Streicheleinheiten, geschickte Berührungen – vor allem an den Brüsten, ihrer wichtigsten erogenen Zone. Beide Krebs-Frau-Typen sind äußerst sensibel und sinnlich und werden Ihnen erliegen und ihre anfängliche Zurückhaltung bestimmt bald aufgeben, die Sie fälschlich für Gefühlskälte halten. Ein schwerer Irrtum, ein schmerzliches Missverständnis!

DIE SYMBOLISCHEN ENTSPRECHUNGEN DES LÖWEN

FIXZEICHEN – ELEMENT: FEUER – MÄNNLICH – TAGZEICHEN – FÜNFTES HAUS

SCHLÜSSELBEGRIFFE

Ausstrahlung, Glut, Autorität, Licht, Kraft, abstrakte Intelligenz, Großzügigkeit, Stolz, Ehrgeiz, Entschiedenheit, Vornehmheit, Vater, Chef, Wille, Unternehmergeist, Vitalität, Loyalität, Leidenschaft, Generaldirektor, Politiker

LIEBER LÖWE,

IHR PLANET: Sonne
IHR TAG: Sonntag
IHRE FARBEN: Goldgelb, Orange
IHR METALL: Gold
IHRE PFLANZEN: Palme, Geranie, Sonnenblume
IHR DUFT: Vanille
IHRE STEINE: Rubin, Bernstein, Diamant
IHRE ZAHLEN: 1, 9, 10
IHRE LÄNDER: Frankreich, Italien, Österreich

IHRE BEVORZUGTEN STERNZEICHEN

- Perfekte Harmonie: Schütze, Widder

- Liebesfreundschaft: Zwillinge, Waage

- Leidenschaft (gegenseitige Ergänzung/Gegensatz): Wassermann

EINIGE BERÜHMTE LÖWEN:

- Napoleon I.
- Fidel Castro
- Guy de Maupassant
- Mata Hari
- Carl Gustav Jung
- Coco Chanel
- Jackie Kennedy
- Madonna
- Bill Clinton
- Bill Evans
- Howard Phillips Lovecraft
- Benito Mussolini

- François Hollande
- Jean-Luc Mélenchon
- Alain Juppé
- Martine Aubry
- Emmanuel Valls
- Marine Le Pen
- Emmanuelle Béart
- Jennifer Lopez
- Sean Penn
- Nicholas Ray
- Maurice Pialat

SO LIEBT DER LÖWE-MANN, SO DIE LÖWE-DAME

>*Oh, wenn ich nicht dort gewesen wäre, hätte ich mich sehr gelangweilt!*«

ALEXANDRE DUMAS, LÖWE, GEB. AM 24. JULI 1802

Selbstsicher, mit hoher Kopfhaltung und entschlossenem Schritt, kein Zweifel, dass Sie mit diesem Mann verabredet sind, der soeben das Café betritt. Er scheint bestürzt darüber, verspätet zu sein. Denn er ist gut erzogen und höflich, entweder man hat Manieren oder man hat sie nicht … Ohne seine schöne Selbstsicherheit aufzugeben, erklärt er, dass der Verkehr – ach, dieser verflixte Verkehr! – ihn überraschend aufgehalten habe: Was kann man schon gegen einen Lastwagen der Müllabfuhr ausrichten, nicht wahr? Denn Toleranz gönnt man sich (erst einmal) selbst: Der Löwe hält sich nicht lange auf mit Entschuldigungen. Ehre, wem Ehre gebührt! So kann man ihm unmöglich böse sein, selbst wenn einige darin einen gewissen Dünkel oder sogar Arroganz erkennen mögen; so ist er nun einmal und so muss man ihn nehmen – oder es lassen. Ja, ja, sein Charisma funktioniert, gestehen Sie es sich ein, überwältigt von seiner Dreistigkeit, die im Übrigen nichts Aggressives an sich hat. Sie verzeihen ihm also und haben sich bereits von dieser Mischung aus Treuherzigkeit und Selbstvertrauen erobern lassen.

Dann geht alles Schlag auf Schlag: Nach dem Vorbild Napoleons (Löwe, Aszendent Skorpion) im Handstreich! Sie gefallen ihm, und er sagt es

Ihnen ohne falsche Scham. Oder gibt es Ihnen beim zweiten Rendez-vous durch überwältigende Komplimente zu verstehen: Sie sind die verführerischste Frau, die es gibt, Ihre Augen sind hinreißend, Ihre Eleganz perfekt – und für den Löwen zählt die Ästhetik vorrangig. Beim dritten Rendezvous, auf dem Heimweg von einem unvergesslichen Abend, besiegelt durch einen Kuss im Stil von Cecil B. DeMille – er hat Sie zum Tanzen ausgeführt, Sie strahlen und sind verführerischer denn je –, hält er ohne Umschweife um Ihre Hand an. Er ist sich seiner selbst sicher, und da er seinem Instinkt vertraut, ist er sich auch Ihrer sicher. Er wird Sie wie eine Blume im Knopfloch oder wie ein Schmuckstück tragen: Sie werden ihn zur Geltung bringen, ihn in Gesellschaft glänzen lassen, er muss stolz auf Sie sein, das ist wichtig. Fürchten Sie nicht aufzufallen – er liebt das durchaus, denn so kann er sicher sein, selbst nicht unbemerkt zu bleiben. Wenn Sie ihm Ehre machen, wird er Sie beschützen, verwöhnen und nichts wird zu schön für Sie sein, SEINE Frau. Er ist davon überzeugt, wie Marilyn Monroe (Aszendent Löwe) gesungen hat, dass Diamanten die besten Freunde jeder Frau sind (»Diamonds are a girl's best friends«). Passend zu seiner bemerkenswerten Vitalität ist auch seine Sexualität: anspruchsvoll und leidenschaftlich. Sie gehören ihm, und doch lässt er Ihnen paradoxerweise in seiner großen Nachsicht als Löwe Bewegungsfreiheit: Er vertraut Ihnen vollkommen. Ist er nicht selbst loyal, ein Feind kleiner Heimlichtuereien, die der Vorstellung, die er von sich selbst hat, unwürdig wären. Denn die Idealvorstellung seines Ichs ist die allerhöchste, gelegentlich übrigens höher, als es seine Möglichkeiten dann tatsächlich zulassen …
Hüten Sie sich davor, ihn lächerlich zu machen! Seine Selbstliebe (wortwörtlich zu verstehen: seine Liebe für sich selbst) ist bei allen Tierkreiszeichen am empfindlichsten zu treffen, niemals würde er Ihnen eine solche Majestätsbeleidigung verzeihen, und er würde schrecklich leiden. Er gehört zu denen, die glauben, dass Lächerlichkeit tödlich ist.
Was die Löwe-Dame betrifft, so hat sie häufig Mühe, den richtigen Partner zu finden, nichts und niemand reicht an ihre Idealvorstellung heran. Da sie dazu neigt, ihre Welt zu bevormunden, und da Diskretion nicht ihre Stärke ist – gerne trägt sie auffälligen Goldschmuck oder, wenn sie nicht im Geld schwimmt, vergoldeten Schmuck, und ihr Verhalten ist vorzugsweise ostentativ –, läuft sie Gefahr, jedem Mann Angst zu machen, der nicht zur dominanten männlichen Spezies gehört. Und da diese Spezies mehr oder weniger im Aussterben begriffen ist … Wie auch immer, sein Status oder gesellschaftliches Image sind für sie von höchster Bedeutung: Auch sie braucht es, zu glänzen, zu dominieren,

»die Schönste beim Tanz« zu sein (wie Sylvie Vartan, Sternzeichen Löwe, singt). Wird sie einen Mann finden, der zäh und stark genug ist, um sich mit ihr zu messen? Andernfalls wird sie ihn verschlingen.

DIE SYMBOLISCHEN ENTSPRECHUNGEN DER JUNGFRAU

BEWEGLICHES ZEICHEN – ELEMENT: ERDE – WEIBLICH – NACHTZEICHEN – SECHSTES HAUS

SCHLÜSSELBEGRIFFE

Rational, analytische Intelligenz, Akribie, Ordnung, Logik, Methode, praktische Veranlagung, schüchtern, strebsam, detailgenau, kritisch, egoistisch, Typ »graue Eminenz«, Handwerker, Angestellter, Buchhalter, Archivar, Übersetzer

LIEBE JUNGFRAU,

IHR PLANET: Merkur
IHR TAG: Mittwoch
IHRE FARBE: Die gesamte Palette an Grautönen
IHR METALL: Platin
IHRE PFLANZEN: Maiglöckchen, Akazie, Narzisse
IHRE DÜFTE: Lavendel, Narzisse
IHRE STEINE: Jaspis, Turmalin
IHRE ZAHLEN: 6, 10, 15, 20, 27
IHRE LÄNDER: Kreta, Schweiz, Türkei

IHRE BEVORZUGTEN STERNZEICHEN

- Perfekte Harmonie: Steinbock, Stier

- Liebesfreundschaft: Skorpion, Krebs

- Leidenschaft (gegenseitige Ergänzung/Gegensatz): Fische

EINIGE BERÜHMTE JUNGFRAUEN:

- Elisabeth I. von England
- Johann Wolfgang von Goethe
- Marie-Joseph Motier, Marquis de La Fayette
- La Rochefoucauld
- Armand Jean du Plessis, Cardinal-Duc de Richelieu
- Louis Antoine de Saint-Just
- Schwester Teresa
- François-René de Chateaubriand
- Freddie Mercury
- Michael Jackson
- Greta Garbo
- Raquel Welch
- Blaise Cendrars
- Richard Gere
- Julio Iglesias
- Ingrid Bergman
- Lauren Bacall
- Jeremy Irons
- Jean Renoir
- Leo Tolstoi
- Charles de Foucauld (Vater)
- Mylène Farmer
- Ludwig XVI.
- Vittorio Gassman
- Sean Connery
- Tommy Lee Jones
- Sofia Loren
- Hugh Grant
- Agatha Christie
- Erich von Stroheim
- Jurek Becker
- Jean-Louis Barrault
- Françoise Giroud
- Tim Burton

SO LIEBT DER JUNGFRAU-MANN, SO DIE JUNGFRAU-DAME

»*Ich strebe danach, logisch und konsequent zu sein.*«
LEO TOLSTOI, JUNGFRAU, GEB. AM 9. SEPTEMBER 1828

Auf den ersten Blick scheint er beinahe unbemerkt bleiben zu wollen, so zurückhaltend und reserviert verhält er sich, ein Feind von allem, was ostentativ oder auffallend ist. Er verabscheut beispielsweise öffentliches Zurschaustellen von Gefühlen – dies wird auch so bleiben, wenn Sie die beste Zeit Ihrer Romanze erleben. Denken Sie daran und nehmen Sie es ihm nicht übel. Das hat nichts mit der Intensität seiner Verbundenheit zu tun: Er verabscheut lediglich Indiskretion.

Bevor er sich verliebt, wird er Sie kritisch unter die Lupe nehmen: Seine Beobachtungsgabe ist bemerkenswert, ihm entgeht nichts. Seien Sie untadelig, in Ihrem äußeren Erscheinungsbild ebenso wie in Ihren Äußerungen. Schluss also mit violett gefärbtem Haar, alberner Kleidung und den neuesten Ausdrücken in Denglisch. Der Jungfrau-Mann schätzt

Klasse. Wer mit Schick und Eleganz wenig anfangen kann, sollte die Finger von ihm lassen!

Nehmen Sie zur Kenntnis, dass es ein gutes Zeichen ist, wenn er alles von Ihnen wissen möchte, dann haben Sie gute Aussichten! Normalerweise ist er nämlich ein Menschenfeind und der menschlichen Spezies gegenüber eher gleichgültig. Ein Beispiel hierfür ist La Rochefoucauld, ein Typ realistische/pessimistische Jungfrau mit wenig Neigung zu Nachsicht. Haben Sie seine Prüfung erst einmal bestanden, weiß er sich überaus aufmerksam und sogar bemerkenswert zärtlich zu geben. Aber freuen Sie sich nicht zu früh: Er fühlt sich deutlich wohler, wenn er Ihnen seinen Beruf erklären oder über Politik sprechen kann, und noch wohler, wenn er seine pädagogische Begabung unter Beweis stellen kann, indem er sich in wissenschaftlichen Äußerungen ergeht. Auf dem Gefühlssektor ist er deutlich weniger selbstsicher. Da zeigt er eine ängstliche Zurückhaltung – die Sie durch Ihre Wertschätzung und lobende Bemerkungen bessern können. Sie spiegelt seine Angst wider, sich zu binden und damit von dem geliebten Wesen abhängig zu werden. Eine solche Abhängigkeit fürchtet er in höchstem Maße, da er ein Feind belastender Verantwortungen ist. Da sein Gefühlsleben nicht gerade frühreif ist, optiert er zuerst für abwechselnde Abenteuer. Häufig entschließt er sich erst recht spät, zu heiraten und eine Familie zu gründen. Auch wird es eher eine Vernunftehe sein als Liebe auf den ersten Blick – es sei denn, das Horoskop zeigt andere Hinweise, insbesondere einen Aszendenten oder Planeten in einem Feuerzeichen. Dies wird ihn jedoch nicht hindern, sich als aufmerksamer Ehemann zu erweisen, der Ihnen jeden Wunsch von den Augen abliest und auf den Sie immer zählen können.

Ebenso, liebe Leserin, lieber Leser, können Sie immer auf die **Jungfrau-Dame** zählen, eine echte Vestalin. Sie ist praktisch veranlagt und gut organisiert. So hat sie in ihrer Handtasche immer ein ganzes Sortiment nützlicher Dinge bei sich, eine Reiseapotheke, eine Zahnbürste usw., einen Apfel für den kleinen Hunger – bis zu allen möglichen Listen, Blöcken und sonstigen Minibüchern (u. a. über Ökologie oder Ernährung). Da sie zurückhaltend und im Ausdruck von Gefühlen eher reserviert ist, sollten Sie sie daher nicht in Verlegenheit bringen, indem Sie ihr auf offener Straße einen lustvollen Kuss verpassen. Das würde sie Ihnen schrecklich übel nehmen – sie gehört nämlich zu der im Aussterben begriffenen Spezies, die bis zu den Ohren erröten würde. Mit großem Geschick erfüllt sie ihre Aufgaben als Hausfrau, denn alles soll immer perfekt und tadellos sein. Sie findet jedoch auch Zeit zum Lesen, ist über alles auf dem Laufenden, und ihr Gehirn verlangt stets nach neuer Nahrung. Im Gegensatz zu ihrer Schwester im Sternzeichen Zwillinge, einem Merkurzeichen wie ihrem, liebt sie es, ihr Wissen zu vertiefen, sich zu spezialisieren. Dieses schlaue Weib ist immer für einen Rat gut, denn sie verfügt über einen subtilen und scharfen analytischen Geist.

Falls Sie es verstehen, ihr Vertrauen zu gewinnen – das wird Zeit brauchen, haben Sie also keine Eile –, werden Sie die schöne Überraschung erleben, dass sich diese weise und ausgeglichene Jungfrau eines Tages in eine verrückte und extravertierte Jungfrau verwandelt. Zu Ihrem allergrößten Vergnügen …

DIE SYMBOLISCHEN ENTSPRECHUNGEN DER WAAGE

KARDINALZEICHEN – ELEMENT: LUFT – MÄNNLICH – TAGZEICHEN – SIEBTES HAUS

SCHLÜSSELBEGRIFFE

Charisma, künstlerisches Empfinden, Raffinesse, Eleganz, Gerechtigkeitssinn, umgänglich, unentschlossen oder darauf bedacht, »die Ziege und den Kohl zu retten«, nachsichtig, charmant, möchte gefallen, diplomatisch, Amateur oder Dilettant, ausgeglichen, gütig

LIEBE WAAGE,

IHR PLANET: Venus
IHR TAG: Freitag
IHRE FARBEN: Blau, Grün, Pastellrosa
IHR METALL: Kupfer
IHRE PFLANZEN: Rose, Flieder, Primel
IHR DUFT: Rose
IHRE STEINE: Diamant, Saphir, Jade
IHRE ZAHLEN: 2, 7, 8, 15, 16, 19
IHRE LÄNDER: Argentinien, Österreich, China, Ägypten

IHRE BEVORZUGTEN STERNZEICHEN

- Perfekte Harmonie: Wassermann, Zwillinge

- Liebesfreundschaft: Schütze, Löwe

- Leidenschaft (gegenseitige Ergänzung/Gegensatz): Widder

EINIGE BERÜHMTE WAAGE-GEBORENE:

- Alphonse de Lamartine
- Georg Wilhelm Friedrich Hegel
- Erasmus von Rotterdam
- Henri Bergson
- Friedrich Nietzsche
- Günter Grass
- Arthur Rimbaud
- Arthur Miller
- Heinrich von Kleist
- Mahatma Gandhi
- Romy Schneider
- Manfred Wörner
- Brigitte Bardot

- Catherine Deneuve
- Catherine Zeta-Jones
- Michael Douglas
- Truman Capote
- William Faulkner
- Giuseppe Verdi
- Bruce Springsteen
- Yves Montand
- Oscar Wilde
- Roger Moore
- Francis Scott Fitzgerald
- Dwight David Eisenhower
- Jimmy Carter

SO LIEBT DER WAAGE-MANN, SO DIE WAAGE-DAME

»Halt ein mit deinem Flug, o Zeit,
O hemmet euren Lauf!
Und lasst genießen uns, die bald wird sein entschwunden
Die Rosenzeit vollauf ...«
ALPHONSE DE LAMARTINE, WAAGE, GEB. AM 21. OKTOBER 1790

»Gerne lasse ich mich vom Vergnügen beherrschen«
OSCAR WILDE, WAAGE, GEB. AM 16. OKTOBER 1854

Von allen Kindern des Tierkreises sind die Waage-Geborenen am begabtesten für die Liebe. Venus alias Aphrodite/Isis/Ishtar, die Göttin der Schönheit, der Künste und der Liebe, regiert ihr Sonnenzeichen, damit ist alles gesagt. Sie verfügen daher über Charme, Verführungskraft und Anmut! Ihnen ist ein angeborenes Raffinement eigen, das sich übrigens auch auf mentalem Gebiet zeigt. Daraus ergibt sich die Fähigkeit, Nuancen zu erfassen, Argumente des Für und Wider abzuwägen ... und schließlich zu urteilen. Die Waage mit ihren beiden Waagschalen ist das Symbol der Justiz und allem, was damit zusammenhängt. Daher auch diese Neigung zu zögern, dieses Hü und Hott wie bei Buridans Esel. Sind Sie im Sternzeichen Waage geboren, so gilt: Sobald es um Ihr Gefühlsleben geht, sind Sie hin- und hergerissen, hier begeistert und dort fasziniert oder gerührt, und Sie werden in Josephine Bakers Lied einstimmen »Ich habe zwei Lieben ...!«.

Da Ihnen die Epikur'sche Liebe ihre Gesetze diktiert, laufen Sie Gefahr, manchmal zu weit zu gehen, auf mehreren Hochzeiten gleichzeitig zu tanzen: An einem Trio à la *Jules und Jim* beispielsweise könnten Sie durchaus Gefallen finden. Denn einerseits sind wie beim Stier (dem anderen Venus-Zeichen des Tierkreises) Instinkt und Freude am Vergnügen Ihre zweite Natur und andererseits hassen Sie es, jemandem wehzutun. Infolgedessen ziehen Sie es vor, sich zu arrangieren und zu (zer-) teilen. Wie dieser italienische Regisseur, ein Waage-Geborener, der sein Leben lang jeden Mittag mit seiner Geliebten speiste und jeden Abend mit seiner Ehefrau. Welch schöne Beständigkeit in der Unbeständigkeit. Als gefühlsbetonter raffinierter Genießer sind Sie mit Sicherheit der Romantischste des Tierkreises. Zusammenzuleben und alles miteinander zu teilen ist für Sie ein Muss: Ihr Bedürfnis nach dem anderen ist vital, so wie es tief in Ihnen verwurzelt ist, in Harmonie mit ihm oder ihr zu leben. Sie können sich ein Leben ohne den anderen nicht vorstellen, ohne Ihr Pendant, Ihren Spiegel, Ihre zweite Orangenhälfte, wie Plato sagen würde. Sie genießen die Raffinessen der Liebe und werden von einem Partner/einer Partnerin begeistert und gefesselt, der/die es versteht, Sie nicht nur durch natürliche Eleganz zu inspirieren, – Geschmacksverirrungen stören Sie mehr als jede(n) anderen –, sondern auch durch einen lebhaften und neugierigen Geist, ein geselliges Naturell. Daher rührt Ihre natürliche Neigung zu den anderen Luftzeichen. Es kommt für Sie nicht infrage, wie ein menschenfeindlicher Eremit zu leben, Sie lieben es, Feste zu feiern und mit Freunden auszugehen! Für diese wäre es übrigens unvorstellbar, ein Festessen zu veranstalten, ohne Sie dazu einzuladen. Sie sind die unverzichtbare Zutat für einen gelungenen Abend.

Sie wissen, was gut und schön ist. Und was das Wahre betrifft, so sind Sie pausenlos danach auf der Suche. Sollte das der Grund dafür sein, dass Ihr Sternzeichen die meisten Philosophen aufzuweisen hat?

Kurz, um den Waage-Mann oder die Waage-Dame zu erobern, müssen Sie einfach *perfekt sein!* Und sparen Sie vor allem nicht mit Komplimenten: Eitelkeit ist eine der reizendsten Schwächen dieses Sternzeichens. Sie können sicher sein, dass man Ihnen dann nichts abschlagen wird.

Die Waage-Dame, die ihrem Gefährten völlig ergeben ist, versteht es, in den Hintergrund zu treten, um ihn in Gesellschaft glänzen zu lassen. Als ideale Gefährtin, fast schon zu diplomatisch, läuft sie sogar Gefahr, mehr oder weniger von ihrer eigenen Identität zu verlieren – zumindest scheinbar, denn ihre ausgeprägte Weiblichkeit wird ihr die versteckten

Mittel diktieren, mit denen sie ihr Ziel erreichen kann. Zusammen mit den Fischen und dem Krebs ist sie jedoch von allen Tierkreiszeichen am wenigsten feministisch veranlagt: ideal für die typischen Machos!

DIE SYMBOLISCHEN ENTSPRECHUNGEN DES SKORPIONS

FIXZEICHEN – ELEMENT: WASSER – WEIBLICH – NACHTZEICHEN – ACHTES HAUS

SCHLÜSSELBEGRIFFE

Kampfgeist, Hartnäckigkeit, unempfindlich, aktiv, magnetische Anziehungskraft, Vitalität, Auseinandersetzung, Aggressivität, Heimlichkeit, zerstörerisch, sadistisch, rachsüchtig, misstrauisch, sinnlich, Reform, Regeneration, Chirurg, Psychoanalytiker, Forscher, Detektiv, Polizist, Spion, Soldat, Aktivist

LIEBER SKORPION,

IHRE PLANETEN: Mars (traditionell), Pluto
IHR TAG: Dienstag
IHRE FARBEN: Rot, Weinrot, Schwarz, Flaschengrün
IHR METALL: Eisen
IHRE PFLANZEN: Distel, rosa Oleander, Enzian
IHRE DÜFTE: Erika, Enzian
IHRE STEINE: Karneol, Koralle, Topas
IHRE ZAHLEN: 4, 10, 13, 21
IHRE LÄNDER: Algerien, Marokko, Norwegen

IHRE BEVORZUGTEN STERNZEICHEN

- Perfekte Harmonie: Fische, Krebs

- Liebesfreundschaft: Steinbock, Jungfrau

- Leidenschaft (gegenseitige Ergänzung/Gegensatz): Stier

EINIGE BERÜHMTE SKORPION-GEBORENE:

- Charles de Gaulle
- François Mitterrand
- Henri Laborit
- Raymond Abellio
- Richard Burton
- Alain Delon
- Hillary Clinton
- Grace Kelly
- Rock Hudson
- Demi Moore
- Julia Roberts
- Boris Becker
- Luigi Visconti
- Jean-Pierre Cassel
- Charles Bronson
- Burt Lancaster
- Niccolò Paganini
- Paul Valéry
- Alexandra David-Néel
- Marie Curie
- Claude Monet
- Schwester Emmanuelle
- Charles de Foucauld
- Auguste Rodin
- Pablo Picasso
- Francis Bacon (Maler)
- Pieter Bruegel
- Martin Luther
- Joseph Goebbels
- Friedrich von Schiller
- Fjodor Dostojewski
- André Malraux
- André Gide
- John Keats
- Robert Musil
- Vivien Leigh
- Elke Sommer
- Gunter Sachs
- Annie Girardot
- Marlène Jobert
- Sarah Bernhardt
- Joe Dassin
- Mort Shuman
- Gene Tierney

SO LIEBT DER SKORPION-MANN, SO DIE SKORPION-DAME

»Die finstere Missgunst, bleich und aschfahl, folgt mit
schwankenden Schritten der Eifersucht, von der sie geleitet wird«
VOLTAIRE, SKORPION, GEB. AM 21. NOVEMBER 1694

»Die kleinste Erniedrigung eines Mannes ist gegen die höchste
Gunst eines Weibes weggeworfen!«
FRIEDRICH VON SCHILLER, SKORPION, GEB. AM 10. NOVEMBER 1759

Bei Ihnen gibt es keine halben Sachen. Wenn Ihr Herz entflammt, dann
komplett, leidenschaftlich und mit jeder Faser. Diese totale Begeisterung, diese ebenso plötzliche wie absolute Leidenschaft können beim
anderen Erstaunen und Überraschung hervorrufen, in einigen Fällen

sogar dazu führen, dass er flüchtet! Eine vernunftgesteuerte Jungfrau beispielsweise oder ein unabhängiger Wassermann, die sich nicht einfangen lassen wollen, bevor sie überhaupt »uff« sagen konnten. Ihr durchdringender Blick fasziniert natürlich wie der einer Kobra. Mit magnetischer Anziehungskraft nimmt er den anderen in Besitz, belegt ihn voll und ganz mit Beschlag. Und sind Sie erst einmal fasziniert von einem Skorpion, sollten Sie sich vor seinen Dämonen der Eifersucht in Acht nehmen!

Kurz: Keine halben Sachen also! Alles oder nichts, entweder Sie lieben oder Sie hassen und folgen damit dem heiligen Paulus, der jeden, der »lau ist, ausspeit aus seinem Mund«.

Ihr ausgeprägter Skorpion-Instinkt ist ein sicherer Kompass, dem Sie blind folgen. Den Rest erledigt ein zwingender Lebensinstinkt: Sie gehören zu denen, die oft schon in jungen Jahren in den Hafen der Ehe einlaufen. Sie geben sich Ihren Leidenschaften hin, wenn auch sonst der Zweifel eine Konstante in Ihrem Leben und Ihrer Psyche ist, in diesem Punkt zumindest *wissen* Sie sofort, was Sache ist. Nach außen lassen Sie sich nichts anmerken und sind eher geheimnistuerisch, ganz so, wie Sie auch sonst kein Schwätzer sind. Ganz und gar von einer Leidenschaft beseelt, die wie ein Vulkan unter der Asche schwelt, folgen Sie Ihrer inneren Stimme: Sie lassen Ihre Beute nicht mehr aus. Alles muss sehr schnell gehen, in einem Höllentempo! Denn ja, Sie sind wie besessen, mit Haut und Haaren dieser Anziehung ausgeliefert, die Sie in ihren Bann schlägt und gefangen nimmt. Ist die (Sex-)Maschinerie erst einmal in Gang, kann sie nichts mehr aufhalten..

Dasselbe Phänomen tritt ein, wenn Sie Ihre große Kreativität ausleben, Ihre zweite Natur, denn Sie sind mit einem eindrucksvollen kreativen Potenzial begabt. Man denke an Picasso oder Rodin … Dieser fruchtbare Trieb ist eng verbunden mit Ihren sexuellen Trieben, die den Todesgedanken streifen – hier umarmen sich Eros und Thanatos. In der körperlichen Ekstase schweigen endlich diese Dämonen, die Sie quälen, Ihre ständige nervöse Anspannung löst sich: Sie überwinden die Einschränkungen, die Sie ängstigen, das latente Unvermögen, das Sie zerfrisst, Ihr Genuss hat den Geschmack der Ewigkeit. Der Skorpion wird zum Adler, dem weiterentwickelten, höheren Symbol dieses Sternzeichens.

Um Sie halten zu können, muss der andere Verständnis haben für Ihre zwingenden sexuellen Bedürfnisse, die größer sind als bei allen anderen Tierkreiszeichen. Sie müssen sich anpassen, Ihre leidenschaftlichen Gefühle nicht unterdrücken. Die Harmonie im Bett ist ein absolutes Muss, ohne sie ist eine Paarbeziehung mit einem Skorpion nicht vorstellbar. Anstelle des Mottos »Liebe statt Krieg« heißt es bei diesem Zeichen eher »Liebe im Krieg(szustand)«. Zu Ihnen passen gefährliche Spiele, Nervenkitzel! Bis zu heftigen Flirts mit Sadomasochismus. Dieser kann für Ihre heftigen Gefühle und Instinkte als Ventil funktionieren. Kurz, allein die romantische Liebe oder platonische Bindungen sind nichts für Sie!

Was auf den Skorpion-Mann zutrifft, gilt auch für die Skorpion-Frau, den gefährlichen Vamp, den weiblichen Skorpion, die Gottesanbeterin, die ihre Beute betört und verschlingt. Und auch die Skorpion-Frau hat einen ausgeprägten Widerspruchsgeist und liebt das Nein, ein Überrest aus ihrer Kindheit, in der sie sehr aufmüpfig war. Wenn sie sich also gelegentlich pedantisch zeigt, festgefahrene Meinungen äußert, die einem auf die Nerven gehen können, wenn sie Sie, mehr oder weniger dominant, geschickt manipuliert – meist werden Sie dies kaum bemerken –, lassen Sie sie gewähren. Ihre Aggressivität wird von selbst vergehen und dann können Sie die Freuden der Liebe genießen.

DIE SYMBOLISCHEN ENTSPRECHUNGEN DES SCHÜTZEN

BEWEGLICHES ZEICHEN – FEUERZEICHEN – MÄNNLICH – TAGZEICHEN – NEUNTES HAUS

SCHLÜSSELBEGRIFFE

Freimütigkeit, Vitalität, Optimismus, Idealismus, Organisationstalent, stolz, großzügig, besonnen, Autorität, Religion, Gesetz, Reise- und Abenteuerlust, Ausland, Unabhängigkeit, mangelnde Ausdauer, Enthusiasmus, Präsident, Richter, Reporter, Kirchenmann

LIEBER SCHÜTZE,

IHR PLANET: Jupiter
IHR TAG: Donnerstag
IHRE FARBEN: Kobaltblau, Violett, Purpurrot, Türkis
IHR METALL: Zinn
IHRE PFLANZEN: Mohn, Zypresse, Pfirsichblüte, Nelke, Rose
IHRE DÜFTE: Pfirsichblüte, Nelke
IHRE STEINE: Türkis, Lapislazuli, Saphir
IHRE ZAHLEN: 5, 9, 14, 23
IHRE LÄNDER: Ungarn, Spanien, Australien

IHRE BEVORZUGTEN STERNZEICHEN

• Perfekte Harmonie: Löwe, Widder

• Liebesfreundschaft: Wassermann, Waage

• Leidenschaft (gegenseitige Ergänzung/Gegensatz): Zwillinge

EINIGE BERÜHMTE SCHÜTZE-GEBORENE:

- Winston Churchill
- Woody Allen
- Jacques Chirac
- Jane Fonda
- Frank Sinatra
- Edith Piaf
- Tina Turner
- Jim Morrison
- Keith Richards
- Steven Spielberg
- Kirk Douglas
- Gérard Philipe
- Jimi Hendrix
- Alfred de Musset
- Ludwig van Beethoven
- Henri de Toulouse-Lautrec
- Friedensreich Hundertwasser
- Hector Berlioz
- Hermann Hesse
- Stefan Zweig
- Rainer Maria Rilke
- Heinrich Heine
- Paul Klee
- Tsuguharu Foujita
- Francisco Franco
- Mark Twain
- Patricia Kaas
- Helmut Schmidt
- Vincent Cassel
- Brad Pitt
- Julianne Moore
- Jeff Bridges
- Britney Spears
- Raimu
- Jean-Louis Trintignant
- Philippe Bouvard
- Maria Callas
- Walt Disney
- Jane Birkin
- Curd Jürgens
- Johannes XXIII.
- Willy Brandt
- Jean Marais
- Pierre Brasseur
- Edward G. Robinson

SO LIEBT DER SCHÜTZE-MANN, SO DIE SCHÜTZE-DAME

»Liebe ist Lust, verbunden mit der Idee einer äußeren Ursache.«
SPINOZA, SCHÜTZE, GEB. AM 24. NOVEMBER 1632

»Geliebtsein heißt aufbrennen. Lieben ist: Leuchten mit unerschöpflichem Öle.«
RAINER MARIA RILKE, SCHÜTZE, GEB. AM 4. DEZEMBER 1875

Den Bogen Richtung Firmament gespannt, blickt der Zentaur prüfend zum fernen Horizont. Er braucht Raum und Freiheit, um sich lebendig zu fühlen. So zieht es ihn häufig in die Ferne: Als echter Nomade ist er, zusammen mit dem Widder, der Abenteurer und Globetrotter des Tierkreises.

Sehr häufig verliebt er sich dann in anderen Gefilden, weit fort von seinem Geburtsort. Oder zu Hause, aber in eine Ausländerin bzw. einen Ausländer. Alles Exotische fasziniert ihn, denn es ist für ihn gleichbedeutend mit Freiheit. Freiheit, geliebte Freiheit, welche Opfer würde er in ihrem Namen nicht alle bringen! Das geht gelegentlich so weit, dass er seine Chancen in Herzensangelegenheiten verpasst und lieber vor der Verantwortung flieht, die dem wilden Pferd, das in jedem Schützen schlummert, Fesseln anlegen und es domestizieren könnte. Nicht umsonst gibt es in diesem Sternzeichen, neben der egozentrischen und zurückhaltenden Jungfrau und dem zögerlichen und scheuen Steinbock, die meisten Singles.

Hat es jedoch in seinem großzügigen Herzen, herausgefordert von einer schönen, wagemutigen Amazone, erst einmal »geklingelt«, fängt der ungestüme Zentaur Feuer und ist bereit, jedes Risiko auf sich zu nehmen. Denn der Schütze, der immer wieder Projekte schmiedet, liebt im beruflichen Bereich wie in der Liebe das Risiko. Ob er nun zum rebellischen oder angepassten Typ gehört – man findet beide Varianten in diesem Doppelzeichen, halb Mensch, halb Pferd –, ob er frei ist oder nicht – er fühlt sich eigentlich immer frei, womit er sich eine Menge Probleme einhandeln kann –, spielt bei seiner Risikoliebe keine Rolle. Er macht sich auf zu einer aufregenden Gefühlsreise, denn Liebe ist für ihn gleichbedeutend mit neuer Freiheit, Ausbrechen aus der Routine, dem Bruch mit der Vergangenheit, Symbol für Veränderung und Entdeckung. Schluss mit romantischen und quälenden Dramen, nostalgischen Träumereien! Sein natürlicher Optimismus ist ansteckend, und Sie werden seinem Humor kaum widerstehen können, der untrennbar mit seiner Person verbunden ist. Der Humor ist ein unfehlbares Mittel, auf das der Schütze instinktiv zurückgreift und hinter dem er seine Sensibilität verbirgt – denn er ist verschlossener, als es scheint: Wie könnte der Herr des Olymp auch Schwächen zeigen?

Achtung: Zeus, alias Jupiter, ist empfindlich und seine Wutausbrüche in Form von Donner und Blitz sind schrecklich, gehen aber schnell vorüber. Der Grand Seigneur, der er nun einmal ist, kann verzeihen, wenn er gut aufgelegt ist, da er jedoch mit einem außergewöhnlichen Gedächtnis ausgestattet ist (wie der Krebs), vergisst er Kränkungen nicht. Hier ist er ähnlich wie die Löwen, Stiere und Skorpione, er gehört wie diese zu den »nachtragenden Zeichen« im Tierkreis. Sie sollten wissen, dass er sich, wie ein Elefant, noch Jahrzehnte später daran erinnern wird, falls Sie einmal seinen Stolz verletzt haben.

Dieser Genießer, der auf Luxus wert legt und alles Kleine und Kleinliche verabscheut, wird Sie ins beste Restaurant ausführen, die köstlichsten

Weine auswählen, und selbst wenn er damit über seine Mittel lebt, wird er in einem Fünfsternehotel absteigen, das Ihrer würdig ist – unter dem Vorwand, das Leben sei so kurz und man müsse es genießen. Er interessiert sich für alles, für Politik ebenso wie für Philosophie und natürlich für Reisen. Wenn Sie ihm also, nachdem Sie über Gott und die Welt gesprochen haben, eine Partie Golf vorschlagen – sein Lieblingssport – und sich am Wochenende Richtung Kasino aufmachen, wird sein Glück perfekt sein. Seine direkte und unkomplizierte Sensualität wird Sie fern aller materiellen Banalitäten, sehr weit, bis ans Ende des Regenbogens tragen … in eine völlig andere Welt!

Auf den Boden der Tatsachen zurückgekehrt, achten Sie unbedingt darauf, ihn nicht mit Lappalien zu langweilen, nicht endlos über Details alltäglicher Ärgernisse zu nörgeln, ihn nicht mit Dramen und Melodramen zu belästigen! Mit seiner abstrakten, um nicht zu sagen synkretistischen Intelligenz liebt er es, Probleme nur flüchtig zu streifen, und es ärgert ihn, bei Details verharren zu müssen. Zudem ist Geduld nicht gerade seine Stärke. Wenn Sie ihn/sie halten möchten, darf sich keine zu glatte Routine einschleichen! Es leben die Überraschungen, es lebe das Unvorhergesehene! Er liebt den Wandel, verabscheut Monotonie. Also raus aus den Pantoffeln, andernfalls werden Sie erleben, wie Ihr Hengst – oder Ihre Amazone – kehrtmacht und davongaloppiert.

Gefahr erkannt, Gefahr gebannt.

DIE SYMBOLISCHEN ENTSPRECHUNGEN DES STEINBOCKS

KARDINALZEICHEN – ELEMENT: ERDE – WEIBLICH – NACHT-ZEICHEN – ZEHNTES HAUS

SCHLÜSSELBEGRIFFE

Konzentration, Beherrschung, Geduld, Pflicht- und Verantwortungsbewusstsein, Frühreife, Kälte, Pessimismus, Realismus, Methode, Integrität, verdrängte Sensibilität, Ausdauer, Sparsamkeit, Ehrgeiz, Philosoph, Landwirt, Bergsteiger, Humorist

LIEBER STEINBOCK,

IHR PLANET: Saturn
IHR TAG: Samstag
IHRE FARBEN: Braun, Schwarz, dunkle Farben
IHR METALL: Blei
IHRE PFLANZEN: Mohn, Eiche, Distel
IHRE DÜFTE: Geißblatt, Rose
IHRE STEINE: Onyx, Bernstein, schwarze Perle
IHRE ZAHLEN: 3, 9, 14, 16, 25
IHRE LÄNDER: Bulgarien, Indien, Mexiko

IHRE BEVORZUGTEN STERNZEICHEN

- Perfekte Harmonie: Stier, Jungfrau

- Liebesfreundschaft: Skorpion, Fische

- Leidenschaft (gegenseitige Ergänzung/Gegensatz): Krebs

EINIGE BERÜHMTE STEINBOCK-GEBORENE:

- Jeanne d'Arc
- Juan Carlos von Spanien
- Heinrich IV.
- Louis Pasteur
- Johannes Kepler
- Isaac Newton
- Tycho Brahe
- Martin Luther King
- Anwar Sadat
- Mao Tse-Tung
- Heilige Thérèse von Lisieux
- Albert Schweitzer
- Alexander Skrjabin
- Pierre Bérégovoy
- Pierre Mendès France
- Konrad Adenauer
- Josef Stalin
- Hanna Schygulla
- Elisabeth von Österreich (Sissi)
- Elvis Presley
- Dalida
- David Bowie
- Cary Grant
- Faye Dunaway
- Michelle Obama
- Marlene Dietrich
- Federico Fellini
- Humphrey Bogart
- Edgar Allan Poe
- Donna Summer
- Annie Lennox
- Faye Dunaway
- Simone de Beauvoir
- Madame de Pompadour
- Joan Baez
- Diane Keaton
- Grock
- Elizabeth Arden
- Helena Rubinstein
- Carla Bruni
- Françoise Hardy
- Max Roach
- Louis Jouvet
- Chaim Soutine
- Paul Cézanne
- Maurice Utrillo
- Howard Hughes
- Joseph Losey
- Molière
- Maurice Herzog
- Charles de Secondat, Baron de Montesquieu
- Michel Piccoli
- Giovanni Pergolesi
- Khalil Gibran
- Umberto Eco
- Isaac Asimov

SO LIEBT DER STEINBOCK-MANN, SO DIE STEINBOCK-DAME

»Glück bedeutet, alleine zu sein … Von Natur aus zieht mich … alles Melancholische an …, Mein Naturell ist weder liebenswert noch schöntuerisch … Der Misanthrop ist mir wohlbekannt …«
PAUL LÉAUTAUD, STEINBOCK, GEB. AM 18. JANUAR 1872

»So sprach die Weisheit …: ›Geh voran. Zögere nicht. Vorangehen bedeutet, auf dem Weg zur Vollkommenheit zu gehen. Geh und fürchte nicht die Dornen oder spitzen Steine auf dem Weg des Lebens‹.«

KHALIL GIBRAN, STEINBOCK, GEB. AM 6. JANUAR 1883

Die Chancen stehen sehr gut, dass die schicksalhafte Begegnung mit einem Steinbock in seiner beruflichen Umgebung stattfinden wird, und das hat seinen Grund: Der Steinbock fühlt sich in der Berufswelt am wohlsten und wird sich folglich dort am vorteilhaftesten präsentieren. Wenn schon nicht durch seine äußere Erscheinung, die sich der Steinbock-Geborene klassisch und diskret, wenn nicht gar unauffällig wünscht, so beeindrucken die Ernsthaftigkeit, der Realismus und die ruhige Tatkraft sowie der Pragmatismus – egal ob beim Steinbock-Mann oder der Steinbock-Dame. Aber erträumen Sie sich nicht zu viel, denn die Chancen sind sehr gering, dass sich eine umwerfende Liebe auf den ersten Blick ergibt – es sei denn, der Aszendent steht in einem Feuer- oder Luftzeichen. Dies gilt jedenfalls für den Steinbock-Geborenen. Und wahrscheinlich auch für Sie. Es sei denn, Sie wären unbewusst auf der Suche nach dem Vater und wären hingerissen von dem, was jede andere eher abschrecken könnte. Dann werden Sie die Herausforderung annehmen und den Mut haben, diesen scheinbaren Eisblock zum Schmelzen zu bringen. *Steter Tropfen höhlt den Stein*, bohren Sie unauffällig immer wieder nach, so werden Sie ihn zähmen. Durch Wertschätzung und gegenseitigen Respekt wird es Ihnen gelingen, sein Vertrauen zu gewinnen und – wer weiß? – das Eis zum Schmelzen zu bringen.
Kein Wunder, dass dieses Sternzeichen die Liste der Singles im Tierkreis anführt. Verliebt in seine Zurückgezogenheit und ehrgeizig, verfolgt er als vorrangiges Ziel, sich eine Zukunft aufzubauen und auf der sozialen Leiter hochzuklettern, was er dank seiner Ausdauer meist auch schaffen wird. Dabei bleibt er am liebsten integer, ihm ist die Anständigkeit auf den Leib geschrieben. Dasselbe gilt auch für die Steinbock-Dame, die das Hohe und Absolute schätzt und deren wichtigstes Ziel, anders als beispielsweise bei der Waage, nicht die Ehe ist. Sie ist eine eigenständige Frau, die ihr Eigenleben braucht (wie Simone de Beauvoir) und den anderen bewundern können muss, um ihn lieben zu können – wie eine typische Löwe-Dame. Das ist für sie eine unerlässliche Bedingung! Sie wird dann eine perfekte Ehefrau sein, die ihre bessere Hälfte anzustacheln versteht, die ihrem Ehemann zu sozialem Erfolg verhelfen wird. Denn ihr Ehrgeiz reicht für zwei.

Auf der Gefühlsebene ist der Steinbock zurückhaltend – seine Kindheit war häufig frustrierend, und er wird sich erst mit zunehmendem Alter erwärmen, entspannen und an Sicherheit gewinnen – und fürchtet, verwundbar zu sein, wenn er sich verliebt. Einer enttäuschenden Verbindung zieht er die Melancholie einer kompromisslosen Einsamkeit vor – nicht ohne perverse Wonnen zu genießen. Insbesondere wenn sein Horoskop Dissonanzen mit Saturn aufweist (wie bei Paul Léautaud), könnte man sagen, dass er vor der Liebe flieht, Angst vor ihr hat. Er zieht es vor, sich einem großen Werk zu widmen (wie zum Beispiel Louis Pasteur, Johannes Kepler, Nostradamus, Isaac Newton), häufig auf Kosten seines Gefühlslebens.

Er ahnt voraus, dass man umso tiefer fallen kann, je höher man aufgestiegen ist, und dass das Gesetz des Karmas eine metaphysische Realität ist. So ist dieser saturnische Mensch von einem unklaren Gefühl der Fatalität durchdrungen, die seinem Sternzeichen eigen ist, und er ist sich der verrinnenden Zeit schmerzlich bewusst: Ist nicht schließlich Chronos (der griechische Name für Saturn) sein Meister? Daher hat er es eilig, die objektive Wahrheit der Welt zu entdecken, und er ist ängstlich darauf bedacht, in der Gesellschaft und für die Gesellschaft eine Rolle zu spielen.

Sie haben es wohl verstanden: Unmotivierte Verführungsspiele, Getändel, Schöntuerei und sonstige Kapriolen sind in seinen Augen verlorene Zeit und uninteressant. Nichts für ihn (oder sie)!

Soll das etwa bedeuten, dass die scheinbar kalte »Ziege des Tierkreises«, sittsam, logisch und rational, ein unsensibles Wesen ist? Ganz und gar nicht! Diese Flucht vor der Liebe ist recht häufig symptomatisch für eine verdrängte Verletzlichkeit – und somit ist diese Liebe vielleicht umso stärker. Lässt man die Fälle von Gefühlskälte (zusätzliche Dissonanzen mit Saturn) einmal außen vor, die zu einer Vernunftehe oder Ehelosigkeit aufgrund von heftiger Egozentrik oder einem obskuren Minderwertigkeitsgefühl führt (*Ich verdiene es nicht, geliebt zu werden*), handelt es sich zumeist um eine *»kaltgestellte« leidenschaftliche Person*, die ihre wahre Natur verbirgt und ihre Triebe beherrscht. Der Steinbock-Mann gehört zu den Menschen, die sorgfältig ein fehlerloses Verteidigungssystem entwickelt haben, einen Panzer aus Erz – Verzeihung, aus Blei, sein Metall! – aus Angst, sonst leiden zu müssen. Aber seien Sie beruhigt, man kann wetten, dass sein Herz im Geheimen ebenso aufgewühlt ist wie sein Kopf ruhig, sicher und pragmatisch handelt. Und er ist übrigens recht häufig mit einem trockenen, spöttischen Humor begabt. Diese Selbstbeherrschung geht natürlich zulasten einer vielleicht attraktiveren Spontaneität, aber der Steinbock, so, wie er eben ist, kann mit leichter und oberflächlicher Begeisterung wenig anfangen. Haben Sie ihn hingegen gezähmt und in Ihr Bett gelockt, kann sich diese Kälte ins Gegenteil verkehren: Liebesleidenschaft, anspruchsvolle Wollust, blinde sexuelle Gier: Gott Pan lässt grüßen!

Der Steinbock ist ähnlich wie der Skorpion fähig zu exzessiven Reaktionen und kann abwechselnd Phasen der Strenge, der Askese und Phasen von Exzess/Bulimie durchleben, und zwar auf allen Gebieten. Wie Howard Hughes, der Milliardär und »Sammler« sowie »Konsument« der schönsten Frauen Hollywoods, der sich am Ende seiner Tage in völliger Menschenfeindlichkeit verschloss, ein Sklave seiner Phobien war; wie Karl V. (Aszendent Steinbock, Sonne Fische), der sich nach einem Leben als allmächtiger Monarch in ein Kloster zurückzog.

Der typische Steinbock-Mann liebt die Berge und nichts kann ihm mehr Freude machen als ein Wochenende im Gebirge. Ein Kletterkurs wird ihn schlichtweg dahinschmelzen lassen. Falls Sie selbst nicht schwindelfrei sind, lassen Sie ihn seinen Lieblingssport besser alleine betreiben … Auf jeden Fall, wenn Sie ihn durch Ihre sanfte und heitere Anwesenheit beruhigen, wird er plötzlich feststellen, dass Sie für sein Glück unverzichtbar geworden sind. Womit Sie seine zögerliche Zurückhaltung ebenfalls gut besiegen können, sind gute kleine Speisen, die der eingefleischte saturnische Steinbock bestimmt zu schätzen weiß – und da ist er bestimmt nicht allein. Er wird sich dann nicht mehr lange hinter moralischen Prinzipien oder hieb- und stichfester Argumentation – er ist ein Meister der Logik – verschanzen. Haben Sie dann endlich sein Vertrauen und seine Zuneigung gewonnen, können Sie ganz ruhig sein: Sie werden in ihm einen ernsthaften und beständigen Ehemann, einen wahren Fels in der Brandung haben, auf den Sie sich verlassen können. Mit der Zeit wird sein Freund Chronos – die Zeit –, der ihn reifen lässt wie einen guten Wein, dafür sorgen, dass er es hält wie der Efeu, *der dort stirbt, wo er sich einmal festgeklammert hat.*

Nutzen Sie es nicht aus!

DIE SYMBOLISCHEN ENTSPRECHUNGEN DES WAS-SERMANNS

FIXZEICHEN – ELEMENT: LUFT – MÄNNLICH – TAGZEICHEN – ELFTES HAUS

SCHLÜSSELBEGRIFFE:

Idealismus, Erfindungsgabe, Altruismus, Originalität, Fortschritt, Unabhängigkeit, neugierig und avantgardistisch, Wissenschaft, exzentrisch, Verstandesmensch, Elektronik, Geselligkeit, Extremismus, Freude an Veränderung, Science-Fiction, Ingenieur, Gelehrter, Erfinder

LIEBER WASSERMANN,

IHRE PLANETEN: Saturn (traditionell), Uranus
IHR TAG: Samstag
IHRE FARBEN: Dunkelgrau, Schwarz, Weinrot, Beige
IHR METALL: Blei
IHRE PFLANZEN: Lorbeer, Olive, Geranie, Flieder
IHRE DÜFTE: Farn, Flieder
IHRE STEINE: Saphir, Turmalin, Kristall, Zirkonia
IHRE ZAHLEN: 2, 7, 13, 14
IHRE LÄNDER: Arabien, Schweden, GUS

IHRE BEVORZUGTEN STERNZEICHEN

- Perfekte Harmonie: Waage, Zwillinge

- Liebesfreundschaft: Widder, Schütze

- Leidenschaft (gegenseitige Ergänzung/Gegensatz): Löwe

EINIGE BERÜHMTE WASSERMANN-GEBORENE:

- Francis Bacon (Philosoph)
- Wolfgang Amadeus Mozart
- Franz Schubert
- Paul Klee
- Georges Mathieu
- Jackson Pollock
- Fernand Léger
- Clark Gable
- Virginia Woolf
- Colette
- Lee Marvin
- Jennifer Aniston
- Roger Vadim
- Nicolas Sarkozy
- Valéry Giscard d'Estaing
- Abraham Lincoln
- Charles Lindbergh
- Charles Dickens
- Stendhal
- Lewis Carroll
- René Barjavel
- Ronald Reagan
- Charlotte Rampling
- Jeanne Moreau
- François Truffaut
- Pierre Augustin de Beaumar-chais
- Serge Lama
- Michel Serrault
- Raymond Domenech
- Valérie Trierweiler
- Matt Dillon
- Juliette Gréco
- Jacques Prévert
- Joseph Mankievicz
- Lana Turner
- Kim Novak
- Marthe Keller
- Farrah Fawcett
- James Dean
- Simone Weil (Philosophin)
- Christian Dior
- Claude François
- Felix Mendelssohn-Bartholdy
- Paul Newman

SO LIEBT DER WASSERMANN-MANN, SO DIE WASSERMANN-DAME

>»Schweift umher, so werden sich an eure Seiten die Flügel des Auguriums heften!«<
ANDRÉ BRETON, WASSERMANN, GEB. AM 19. FEBRUAR 1896

Sei es durch seine lässige, ja sogar einen Hauch burschikose Art, seine eher brüske Gestik oder seine Kleidung, die keine Exzentrik scheut – Herr Wassermann bleibt kaum je unbemerkt. Man muss wissen, dass er es, anders als sein Vorgängerzeichen, der Steinbock, verabscheut, auszusehen wie jedermann. Die Wassermann-Dame ist gerne modern oder gar avantgardistisch und – warum nicht? – rundweg *fashionista*. Liebhaber des eleganten Stils sollten sich fernhalten! Der Wassermann ist ein Original, ein Unabhängiger mit Vorreitermentalität. Fügt man noch hinzu, dass er voller Erfindungsgeist steckt, so sind das einige gute Gründe, warum er sich gerne in seiner Andersartigkeit bestärkt sieht. Ansonsten, man ahnt es bereits, ist er ein mehr oder weniger aufmüpfiger Geist, der das Paradoxe liebt und die braven Bürger gerne mal schockiert. Hinter dieser Maske verbirgt sich jedoch ein Wesen, das es nach Universalität, nach dem sozialen Ideal(zustand) dürstet und das dem humanistischen Gedanken des Teilens verpflichtet ist. Über alles liebt er Zusammenkünfte mit Freunden, bei denen man die Welt neu ordnet, Gedanken austauscht – dabei sind die kühnsten willkommen, solange sie Aussicht haben, fruchtbar zu sein und die Welt zu verändern. Denn Sie müssen wissen: Er lebt für das Morgen, für die Zukunft, für die Veränderung. Falls Sie vorhaben, ihn zu erobern und zu halten, lassen Sie ihm seine Unabhängigkeit, haben Sie Verständnis für seine Provokationen, seine Risikofreude, die ihn zu Autorennen oder anderen Extremsportarten ziehen kann, akzeptieren Sie, dass er Sie mit dem Internet oder seinen elektronischen Spielereien »betrügt« – der Wassermann ist das Sternzeichen der Spitzentechnologien. Vermeiden Sie vor allem, ein gemütliches Wochenende daheim oder bei seinen (künftigen?) Schwiegereltern mit ihm zu planen – er hasst es! Improvisieren Sie eine Party oder planen Sie alles, ohne dass er etwas davon merkt, denn er verabscheut umständlich Geplantes. Er wird hingerissen und Ihnen dankbar sein. Dies setzt voraus, dass Sie selbst ebenfalls nicht ungesellig sind und kein Problem damit haben, nicht unbedingt der Star des Abends zu sein: Besitzergreifende, Finger weg!

Theater, Kino (er liebt Science-Fiction-Filme und -Romane), Konzert (ein Musikliebhaber, siehe die Liste an Komponisten in diesem Sternzeichen!), Vorträge – ihn interessiert einfach alles. So verkörpert er aufs Schönste den Ausspruch von Aristoteles: »Der Mensch ist ein soziales Wesen.« Lassen Sie ihn über seine Projekte sprechen und geben Sie ihm die Rolle Pygmalions, hören Sie auf seinen Rat, er liebt das! Er besitzt eine intuitive Intelligenz, hat glänzende, originelle, oft sehr erfinderische, manchmal auch utopische, völlig unrealistische Ideen. Es verlangt ihn nach Neuem? Also überraschen Sie ihn!

Allerdings kann ihn sein Wunsch nach dem Hyperbewusstsein gelegentlich in eine Art Paranoia führen, verbunden mit den entsprechenden Maßlosigkeiten: Mythomanie, Lügen, Größenwahn … Dann kann es, auf Kosten der Sensibilität, zu einer Art Bruch zwischen Affekt und Intellekt kommen. Das reine Paradoxon, wenn man bedenkt, dass er das Glück und den Fortschritt der Menschheit möchte … sei es auch auf Kosten seines Umfelds. So zumindest könnten es seine Nächsten empfinden. Sie müssen verstehen, dass in jedem Wassermann die Seele von Prometheus schlummert. »Ich bin ein Mensch, nichts Menschliches ist mir fremd«, könnte seine Devise lauten.

Und wie steht es mit dem Sex? Dieser ist kein Pfeiler seines Lebens, weit davon entfernt. Er möchte verführen, fesseln, interessieren, Sie zur besten Freundin/zum besten Freund machen, eventuell seine Eroberungen sammeln (aber ja, er braucht die Abwechslung!), häufig handelt es sich jedoch nur um Liebesfreundschaften. Seien Sie also ebenso tolerant, wie es der Wassermann zu sein versteht: Ignorieren Sie vorübergehende Eskapaden, die Ihnen nichts von Ihrer gegenseitigen Verbundenheit wegnehmen. Natürlich nur, wenn Sie sich dazu in der Lage sehen ...

Man spricht vom Idealismus des Wassermanns, diesem Luftzeichen, das der Schwerkraft des Erdenlebens entkommen und sich in himmlische Höhen aufschwingen möchte. Simone Weil hat dies sogar als Titel für eines ihrer Bücher gewählt: *Schwerkraft und Gnade*. Auch Mozart verkörperte diese Dualität. Immer wenn er ein erhabenes Werk fertiggestellt hatte, fand er sich in den Niederungen des Lebens wieder. Mozart sagte von sich selbst: »Ich bin aus dem Himmel und aus der Erde geboren, aber ich gehöre dem Himmel.« Ob er wohl wusste, dass Blaise Pascal geschrieben hatte: »Der Mensch ist weder Engel noch Tier und das Unglück will es, dass, wer einen Engel aus ihm machen will, ein Tier aus ihm macht«?

Man sollte allerdings nicht glauben, dass jeder Wassermann ein feinsinniges, ätherisches, mehr oder weniger wirklichkeitsfremdes Wesen ist. Weit gefehlt! Das hängt natürlich vom Planetenkontext seines Horoskops ab. Es gibt sogar Wassermann-Geborene, die eher grobklotzig, ja sogar recht derb sind, denen es völlig an Feingefühl fehlt, an diesem Raffinement und ätherischen Idealismus, der dem elften Sternzeichen eigen ist. Es handelt sich hier um Tendenzen des reinen Sternzeichens, die in der Realität so gut wie nie vorkommen. Wer weiß, vielleicht treffen Sie sogar auf einen materialistischen, schwerfälligen Wassermann mit einem dicken Fell?

Wie ist jedoch der Stand, wenn wir einmal rekapitulieren? Der Wassermann ist kein Mann (oder keine Frau) für Sie, wenn Sie seine Freunde nicht ertragen (Sie müssen wissen, dass Freunde in seinem Leben die wichtigste Rolle spielen), wenn er seine Freunde der Familie vorzieht, wenn Sie nicht sein bester Freund/seine engste Vertraute, seine Seelenverwandte sind, wenn Sie weder Partys noch Abenteuer und Unvorhergesehenes lieben. Vor allem jedoch sollten Sie Gastfreundlichkeit unter Beweis stellen – gerne im Sinne kulinarischer Wunderwerke. Sie sollten das Gesellschaftsspiel mitspielen, wenn er (oder sie) unangekündigt Freunde oder Freundinnen zum Essen mitbringt. So etwas wird er schätzen, und es kann für ihn entscheidend sein, ob er das Leben und die Liebe mit Ihnen wagen will oder nicht. Also, sind Sie bereit?

DIE SYMBOLISCHEN ENTSPRECHUNGEN DER FI-SCHE

BEWEGLICHES ZEICHEN – ELEMENT: WASSER – WEIBLICH – NACHTZEICHEN – ZWÖLFTES HAUS

SCHLÜSSELBEGRIFFE

Schüchtern, gütig, Mystizismus, Hingabe, Sensibilität, Ängstlichkeit, Großzügigkeit, Mitleid, morbide Vorlieben, Intuition, Unentschlossenheit, Inspiration, träumerisch, anpassungsfähig, hingezogen zu künstlichen Paradiesen, menschenfreundlich, kosmopolitisch, Krankenpfleger, Seemann, Sozialhelfer, Musiker

LIEBE FISCHE,

IHRE PLANETEN: Neptun, in der Tradition auch Jupiter
IHR TAG: Donnerstag
IHRE FARBEN: Marineblau, Königsblau, Violett
IHR METALL: Zinn
IHRE PFLANZEN: Majoran, Lilie
IHRE DÜFTE: Nelke, Rose, Salbei
IHRE STEINE: Amethyst, Aquamarin, Mondstein, Türkis
IHRE ZAHLEN: 5, 11, 12, 19
IHRE LÄNDER: Portugal, Skandinavien

IHRE BEVORZUGTEN STERNZEICHEN

- Perfekte Harmonie: Krebs, Skorpion

- Liebesfreundschaft: Stier, Steinbock

- Leidenschaft (gegenseitige Ergänzung/Gegensatz): Jungfrau

EINIGE BERÜHMTE FISCHE-GEBORENE:

- Albert Einstein
- Michel de Montaigne
- Karl V.
- Michelangelo
- Arthur Schopenhauer
- Hans-Dietrich Genscher
- Maurice Ravel
- Frédéric Chopin
- Georg Friedrich Händel
- Mircea Eliade
- Rudolf Steiner
- Raoul Walsh
- Nikolai Rimski-Korsakow
- George Harrison
- John Irving
- Glenn Close
- Luis Bunuel
- André Courrèges
- Isabelle Huppert
- Sharon Stone
- Elizabeth Taylor
- Ornella Muti
- Ursula Andress
- Michèle Morgan
- Rudolf Nurejew
- Vaslav Nijinsky

- Jennifer Jones
- Anna Magnani
- Jean Harlow
- Auguste Renoir
- Victor Hugo
- John Steinbeck
- Raymond Aron
- Stéphane Mallarmé
- Sacha Guitry
- Jacques Chaban-Delmas
- Liza Minelli
- Jacques Rivette
- Claude Sautet
- Cyd Charisse
- Galileo Galilei
- Nikolaus Kopernikus
- Anaïs Nin
- Edgar Cayce
- Jerry Lewis
- Boris Vian
- Pier Paolo Pasolini
- Juliette Binoche
- Louise Michel
- Alain Prost

SO LIEBT DER FISCHE-MANN, SO DIE FISCHE-DAME

> *»Es gibt auf dem Wege des menschlichen Lebens der schlimmen Stellen so viele, dass man um größerer Sicherheit willen nur leicht und oberflächlich auftreten muss; dass es besser ist, hinüberzugleiten als einzusinken.«*
> **MICHEL DE MONTAIGNE, FISCHE, GEB. AM 28. FEBRUAR 1533**

In diesem Zitat des Autors der *Versuche* findet man das gesamte Universum der Fische, angefangen bei ihrem Pessimismus (auch Schopenhauer, der Papst dieser Philosophie, ist in diesem Sternzeichen geboren) über sein großes Sicherheitsbedürfnis, das mit einer gewissen Verwundbarkeit verbunden ist, mit seiner Weigerung, sich einzulassen und einer zu rauen Welt die Stirn zu bieten. Letzteres grenzt für manche an Feigheit, während für andere diese Flucht ein Zeichen höchster Weisheit hier auf Erden darstellt, die einzige Weisheit, die mit dem Menschen vereinbar ist, der das Leben relativiert und sich zum Zuschauer der Welt macht. Schließlich reicht sein Universum bis zu seiner Gleichgültigkeit, Distanziertheit und seiner Formbarkeit. Daraus ergibt sich eine für dieses komplexe Sternzeichen sehr typische Dualität: die eines Schlafwandlers. Hat er Sie mit seiner Miene eines Außerirdischen, der seinen Träumen nachhängt, neugierig gemacht und vielleicht betört? Oder hat seine unkonventionelle, fast etwas nachlässige Art Ihre Aufmerksamkeit erregt? Unwichtig. Aber wer ist er nun wirklich? Wie können Sie diesen rätselhaften Fische-Geborenen mit dem eigenartigen Charme, dem stets etwas im Ungewissen verlorenen Blick, als sei er auf eine unzugängliche innere Welt konzentriert, festhalten, wie können Sie ihn in Ihrem Netz fangen? Das Symbol seines Sternzeichens sagt viel aus über dieses Geheimnis …

Die beiden Fische, die in entgegengesetzte Richtung schwimmen, sind durch eine Art Nabelschnur miteinander verbunden, wie die spirituelle und die materielle Welt, die an der Seele eines Wesens zerren, das zwischen zwei Polen schwankt. Es handelt sich um das zwölfte und letzte Tierkreiszeichen und steht am Ende der menschlichen Evolution. Es strebt mehr oder weniger bewusst an, mit dem Kosmos zu verschmelzen, eins zu werden mit dem Universum. Dies kann zulasten der Kohärenz des Ich und des Gefühls der Identität des Betroffenen geschehen, der mit dem, was er nicht ist, insbesondere mit dem anderen, verschmelzen möchte. Daraus ergibt sich die Gabe extremer Empathie. Der Fische-Geborene neigt zu Einsatzbereitschaft, Altruismus, Hingabe, was gegebenenfalls bis zur Aufopferung geht. Dieser sensible und altruistische Menschentyp, der stets etwas Mystisches an sich hat, spielt gern den Samariter.

Die Fische- Dame ist die Nixe im Tierkreis, und sie wird von dem erobert, der den Mut besitzt – oder die List anwendet –, seine Schwächen offenzulegen, seine Mängel einzugestehen, an ihre Hilfe und Unterstützung zu appellieren. Daraufhin wird sie von Mitgefühl überschwemmt sein und ihm zu Hilfe eilen. Möglicherweise macht sie ihn sogar zum Sinn ihres Lebens. Dieses sanfte Geschöpf, die Verkörperung des ewig Weiblichen, wird sich, wenn es die Situation verlangt, als die hingebungsvollste Krankenschwester erweisen …

… was sie jedoch nicht daran hindern wird, mit einem unerwarteten Schlag ihrer Schwanzflosse genau in dem Moment dem Geliebten zu entschlüpfen, als er dachte, sich endlich in ihre ozeanischen Augen versenken zu können. Apropos: Fische-Frauen sind für ihre schönen Augen bekannt, und Jean Gabin sagte zu Michèle Morgan: »Du hast so schöne Augen, weißt du…« Sie ist die geborene Verführerin, genau die furchterregende Sirene, die Odysseus in ihren Fängen hatte. Hinter ihrer sanften und verletzlichen Miene ist sie eine gefährliche Rivalin. Da sie nicht unter einem übermäßig ausgeprägten moralischen Empfinden leidet, sollten Sie es vermeiden, eine Fische-Freundin Ihrem Ehemann oder Verlobten vorzustellen! Alles wird ganz sanft geschehen und Sie werden die Letzte sein, die es mitbekommt. Die Fische-Frau, die angeborene Geheimnisse besitzt, ist immer auch ein wenig Hexe; ihre starke Sinnlichkeit erledigt den Rest. Übrigens: Nachdem ihre Füße eine wichtige erogene Zone sind, wissen Sie, Monsieur, wo Sie mit dem Liebesspiel zu beginnen haben: an der Schwanzflosse der Sirene. Wundern Sie sich nicht über ihre scheinbare Passivität; wenig mitteilsam verinnerlicht sie ihre Eindrücke und Empfindungen sehr stark. Sie ist sensibel und formbar und wird sich Ihnen ganz natürlich anpassen, wird sich mit Lust Ihren Stempel aufdrücken lassen. Bis hin zum Masochismus. Ihre beinahe mystische Ekstase kann geradezu ungeahnte Höhen erreichen.

Das Tierkreiszeichen Fische besitzt nämlich die größte Begabung dafür, mit dem anderen und durch ihn mit dem Universum, mit dem Kosmos, zu verschmelzen – das kann bis zur Selbstaufgabe, bis zum Identitätsverlust gehen. Oder zu einer Art Schizophrenie führen, wenn sich die materielle und reale Welt mit der Welt der Illusion und der Fantasien vermischt. So kommt es, dass der Fische-Geborene, der gerade noch mit einem Nirwana liebäugelt, für das es keine Worte gibt, ohne Vorwarnung seine materielle, pragmatische oder gar materialistische Seite hervorkehrt und mit einer Wirklichkeit Kontakt aufnimmt, der er sich sofort anpasst. Dabei kann dieser Gegensatz seine Umgebung, vor allem den anderen, völlig aus dem Konzept bringen. Auch grundsätzlich kann die häufige Schweigsamkeit des Fische-Geborenen das geliebte Gegenüber verunsichern.

Kurz, der Fische-Geborene ist ein wandelndes, schwer greifbares Paradoxon und versteht es, Sie selbst noch in seiner Rätselhaftigkeit und mit seinen wechselnden Stimmungen zu faszinieren. Es ist dieses Paradoxon von Gleichgültigkeit, Flucht und Verschmelzung … Die Gleichgültigkeit entfernt ihn von der Realität und kann auf die anderen wie

Desinteresse wirken. Gelingt es Ihnen jedoch, sein Selbstgefühl wieder zu wecken und Kontakt herzustellen, gibt es niemanden, der empfänglicher und mitfühlender sein könnte als er (oder sie). Wenn Sie eine starke Persönlichkeit sind, ein Widder, Löwe, Skorpion oder Steinbock beispielsweise, werden Sie von selbst die Macht übernehmen und den Fische-Geborenen faszinieren oder beschützen – wonach dieser mit seinem ganzen verletzlichen Wesen strebt. Aber trauen Sie dem Anschein nicht: Wenn Sie glauben, er sei Ihnen nun komplett und endgültig verfallen, kann er ganz plötzlich unter einem Stein verschwinden, in der geheimnisvollen Welt der unendlichen Meerestiefen, die nur er kennt.

II. TABELLE DER VERSCHIEDENEN KOMBINATIONEN IM TIERKREIS

Harmonien/Affinitäten und Dissonanzen/Herausforderungen:

	Widder	Stier	Zwillinge	Krebs	Löwe	Jungfrau	Waage	Skorpion	Schütze	Steinbock	Wassermann	Fische
Widder	☻	☺	⌣	⚡	♡	⊖	∞	⊖	♡	⚡	⌣	☺
Stier	☺	☻	☺	⌣	⚡	♡	⊖	∞	⊖	♡	⚡	⌣
Zwillinge	⌣	☺	☻	☺	⌣	⚡	♡	⊖	∞	⊖	♡	⚡
Krebs	⚡	⌣	☺	☻	☺	⌣	⚡	♡	⊖	∞	⊖	♡
Löwe	♡	⚡	⌣	☺	☻	☺	⌣	⚡	♡	⊖	∞	⊖
Jungfrau	⊖	♡	⚡	⌣	☺	☻	☺	⌣	⚡	♡	⊖	∞
Waage	∞	⊖	♡	⚡	⌣	☺	☻	☺	⌣	⚡	♡	⊖
Skorpion	⊖	∞	⊖	♡	⚡	⌣	☺	☻	☺	⌣	⚡	♡
Schütze	♡	⊖	∞	⊖	♡	⚡	⌣	☺	☻	☺	⌣	⚡
Steinbock	⚡	♡	⊖	∞	⊖	♡	⚡	⌣	☺	☻	☺	⌣
Wassermann	⌣	⚡	♡	⊖	∞	⊖	♡	⚡	⌣	☺	☻	☺
Fische	☺	⌣	⚡	♡	⊖	∞	⊖	♡	⚡	⌣	☺	☻

Legende:

☻ = Zwillingspaare, ⌣ = Liebesfreundschaft, ⚡ = explosive Paare, ♡ = leidenschaftliche Paare, ⊖ = freie Paare, ∞ = sich magnetisch anziehende Paare, ☺ = verwandte Seelen

🐧 Zwillingspaare → 5
♡ Leidenschaftliche Paare → 4
♂ Sich magnetisch anziehende, (komplementäre) Paare → 3
☺ Liebesfreundschaft → 3
☻ Verwandte Seelen → 2
⊖ Freie Paare → 1
♄ Explosive Paare (wie Hund und Katze) → -3

Anmerkung: Diese Skala (Anzahl, die dem Verhältnis zuzuordnen ist) lässt sich auf alle planetaren Faktoren und Aszendenten anwenden mit Ausnahme von Venus/Mars.

III. DIE VERSCHIEDENEN PAAR-KATEGORIEN IN DER GEOMETRIE DES HIMMELS

1. DIE LEIDENSCHAFTLICHEN PAARE oder SCHICKSALHAFTE ANZIEHUNG

Diese Paarkategorie, die sich auf bestehende Affinitäten zwischen Tierkreiszeichen ein und desselben Elements gründet, ist theoretisch diejenige, die ein Höchstmaß an Harmonie aufweist. Man könnte von dem perfekten Paar sprechen, wenn es völlig unverfälschte Sternzeichen gäbe, was jedoch nicht der Fall ist. Bekanntlich haben auch die anderen Planetenfaktoren der beiden Geburtshoroskope ein Wörtchen mitzureden und können gelegentlich sogar die Ausrichtung und die Folge des Ganzen mehr oder weniger stark verändern. Zudem muss man wissen, dass die beiden Geburtssonnen nicht unbedingt im Trigon zueinander stehen müssen, um sich im selben Element (Feuer, Luft, Erde oder Wasser) zu befinden, auch wenn dies die Harmonie natürlich noch verstärkt, sondern dass eine am Beginn des Sternzeichens und die andere am Ende des Sternzeichens in demselben Element stehen kann, was der Kombination einen Wermutstropfen beschert. Beispiel: Ein Widder vom Ende (3. Dekade) und ein Löwe vom Anfang (1. Dekade) des Tierkreiszeichens: Da sie demselben Element (Feuer) angehören, bildet der Aspekt, der sie verbindet, tatsächlich ein Quadrat (dissonant), denn es ist genauso, als stünde die Sonne des Ersten im Stier.

Aber bleiben wir hier bei der allgemeinen Theorie, denn im ersten Teil dieses Buches sind die Elemente zu finden, mit denen die Gegenüberstellung verfeinert werden kann. Genauso spielen – weiter unten beschrieben – die Kreuzungen zwischen Mars und Venus eine Rolle – sie tragen wesentlich zur Beurteilung des Einvernehmens zwischen zwei Menschen bei.

Es gibt vier Elemente (Feuer, Erde, Luft, Wasser) und jedes Element enthält drei Tierkreiszeichen (das Element Feuer zum Beispiel Widder, Löwe und Schütze), die im Tierkreis jeweils 120° voneinander entfernt sind (also im Trigon stehen). Es handelt sich somit um eine Dreiteilung des Tierkreises (360°). Beginnen wir mit der ersten Trilogie, in diesem Fall dem Feuer, das mit dem Widder, dem ersten Zeichen des Tierkreises das kosmische Jahr eröffnet. Dabei sind drei Paarkombinationen möglich: Widder/Löwe, Widder/Schütze und Löwe/Schütze. Sie werden von Leidenschaft beseelt, vom Feuer entfacht und verzehrt, sie leben im selben beschleunigten Rhythmus – man denke nur an den Film *Der Antiquitätenjäger* des Löwen Paul Morand. Dabei stellt sich jedoch eine Frage: Führt die Leidenschaft notwendigerweise in die Ehe? Und wenn ja, hat diese zwangsläufig Bestand? Könnte man sich Tristan und Isolde als Ehepaar vor dem Kaminfeuer vorstellen? Da müssen die Gestirne schon weitere Zutaten liefern, um einem solchen Paar Dauer und Stabilität zu verleihen, sonst handelt es sich nur um eine feurige Romanze – und das aus gutem Grund: Das Feuer verschlingt und verzehrt sie.

TRILOGIE DES FEUERS

WIDDER–LÖWE: Zwei Feuerzeichen – die Amour fou, die stürmische und entfesselte Leidenschaft, die dieses Paar entflammt, kann sie sehr weit tragen. Weit in Richtung eines Ideals, weit im Exzess oder weit in Richtung eines Erfolges, je nachdem. Der auffallende Ehrgeiz des Löwen, verbunden mit der Lebensenergie des Widders und die Leidenschaft ihrer beiden Charaktere wird sie zu einem Leben voller Taten und Herausforderungen führen, wobei der Löwe Richtung Zukunft strebt, der Widder sich im Hier und Jetzt voll entfaltet. Was für ein Team! Aber wer wird der Chef sein, der anführende Widder oder der Löwe, der sagt: »Der Staat bin ich«? ... *das ist die Frage.*

Beispiel berühmter Paare:
- *Sean Penn,* Löwe/Aszendent Schütze, Mond im Krebs, geb. am 17. August 1960, und *Robin Wright,* Widder, geb. am 8. April 1966 – Ihre Sonne greift jedoch den sehr empfindlichen Mond von Sean Penn an. Er hatte zuvor die Löwe-Dame Madonna (geb. am 15. August 1988) geheiratet, mit der er ein Zwillingspaar gebildet hatte.

WIDDER–SCHÜTZE: »Da ist sie, die verwandte Seele!«, sagt sich der Widder, wenn er Sie trifft, liebe(r) Schütze-Geborene. Und umgekehrt. Ihre beiden Sternzeichen lodern und strahlen nämlich mit ein und demselben Feuer. Gemeinsam streifen Sie durch die weiten Ebenen, nach Neuem dürstend. Der Schütze ist ein Fernreisender, der geborene Globetrotter. Auch der Widder liebt das Abenteuer, die Erkundung unbekannter Wege. Verständnisinnig und von ähnlicher Vitalität und ähnlichem Lebenshunger beseelt, haben Sie immer neue Ideen und Projekte im Kopf, die einen aufregender als die anderen. Mit Ihnen wird es garantiert nie langweilig!

Beispiel berühmter Paare:
- *Alec Baldwin,* Widder, geb. am 3. April 1958, und *Kim Basinger,* Schütze, geb. am 8. Dezember 1953

LÖWE–SCHÜTZE: Zwei Feuerzeichen, verliebt in Erfolg und Macht. Hinter seinem gelegentlich eigenwilligen Äußeren schätzt der Schütze die Privilegien der Hierarchie und kann eine herablassende Autorität an den Tag legen. Über schwierige Themen weiß er häufig besser Bescheid als andere. Es besteht die Gefahr, dass diese bei ihm zum guten Ton gehörende Bevormundung dem empfindlichen Löwen missfällt, der das Verbrechen der Majestätsbeleidigung nicht schätzt und der auch dem Humor nur etwas abgewinnen kann, solange er nicht dessen Zielscheibe ist. Abgesehen davon bilden diese beiden in den Erfolg verliebten Sternzeichen ein unwiderstehliches, aufsehenerregendes Team, das von einem Enthusiasmus reinsten Wassers beseelt wird.

TRILOGIE DER ERDE

STIER–JUNGFRAU: Eine solide Gemeinschaft. Der Eigensinn, die praktische Veranlagung und das Organisationstalent des Stiers erregen bei der weitblickenden und vernünftigen Jungfrau Bewunderung, die diese Qualitäten sehr zu schätzen weiß. Der sinnliche und das Leben genießende Stier seinerseits kann die schüchterne oder gar puritanische Jungfrau etwas freier machen … die nur darauf wartet, um sich in eine törichte Jungfrau zu verwandeln. Beide müssen die Falle der gemütlichen Monotonie meiden. Warum aber, wenn sie damit zufrieden sind?

Beispiele berühmter Paare:
- *Salvador Dalí,* Stier/Aszendent Fische, geb. am 11. Mai 1904, und *Gala,* Jungfrau, geb. am 7. September (anderen Quellen zufolge am 26. August) 1894 – Die Komplementarität des Aszendenten des Malers und der Sonne der von ihm immer verehrten Frau verstärkte die Bindung zwischen beiden.

- *Christian Clavier*, Stier/Aszendent Löwe, geb. am 6. Mai 1952, und *Marie-Anne Chazel*, Jungfrau/Aszendent Wassermann (und Mond im Löwen), geb. am 19. September 1959

- *Martine Carol*, Stier/Aszendent Waage (also doppelt unter dem Einfluss der Venus und damit besonders verführerisch), geb. am 16. Mai 1950, und der Regisseur *Christian-Jaque*, Jungfrau, geb. am 4. September 1904 – seine vier (anderen Quellen zufolge mindestens 5) Ehefrauen hatte er sicher seinem flatterhaften Mond im Zeichen Zwillinge zu verdanken!

STIER–STEINBOCK: Von außen betrachtet mag es vielleicht nicht besonders lustig sein, dieses ruhige, überorganisierte und wenig mitteilsame Paar zu beobachten. Aber sie sind ja so sittsam! Alle beide treu, konstruktiv und solide in ihrer Lebensplanung verstehen sie es, nach und nach Güter anzuhäufen, was ihnen Sicherheit gibt und ihr Vorankommen auf der sozialen Leiter gewährleistet. Denn der ehrgeizige Steinbock kommt gerne voran, und der mehr oder weniger materialistische Stier liebt es zu horten: Sie werden es weit bringen. Ihre Devise: »Um glücklich zu leben, leben wir verborgen.« Sexuell ist es die perfekte Verbindung, die leidenschaftliche Zärtlichkeit des Stiers bringt die Hemmungen des Steinbocks zum Schmelzen.

Beispiel berühmter Paare:
- *Jacques Dutronc*, Stier/Aszendent Fische, geb. am 28. April 1943, Mond im Wassermann, und *Françoise Hardy*, Steinbock/Aszendent Jungfrau, geb. am 17. Januar 1944, Mond in der Waage (genau im Trigon mit dem Mond von Jacques Dutronc, woraus ihre gleichgeartete Sensibilität resultiert, die sie unzertrennlich machen sollte)

JUNGFRAU–STEINBOCK: Erde plus Erde – eine Kombination voller Realismus, praktischer Veranlagung, Organisationstalent … und unwiderstehlicher Anziehungskraft! Der Steinbock ist ein Arbeitstier, seine Disziplin wird von der Jungfrau bewundert, die zögerlicher und gelegentlich exzessiv gewissenhaft ist. Beide sind sehr verantwortungsbewusst, legen Wert auf gute Arbeit und perfekte Organisation, die ihnen Sicherheit gibt. Dabei verfolgt der individualistische und eher zum Spekulieren aufgelegte Steinbock ehrgeizigere Ziele, während die unauffälligere Jungfrau die Schattenregionen und Dienstleistungen vorzieht. Ein gemeinsames Unternehmen muss diesem Paar einfach gelingen, das mit beiden Beinen fest auf der Erde steht. Das hindert sie jedoch nicht daran, eine berauschende Sinnlichkeit/Sexualität zu genießen, denn beide schwingen im selben Rhythmus. Alles in allem ein feines Team!

Beispiele berühmter Paare:
- *Humphrey Bogart*, Steinbock, geb. am 25. Dezember 1899, und *Lauren Bacall*, Jungfrau, geb. am 16. September 1924.

- *Marlene Dietrich*, Steinbock/Aszendent Jungfrau, geb. am 27. Dezember 1901, und *Erich von Stroheim*, Jungfrau/Aszendent Skorpion, geb. am 22. September 1885, dessen sensibler Mond im Zeichen Fische den Aszendenten der Schauspielerin wunderbar ergänzt, die zwischen dem Bedürfnis nach Rampenlicht ihres Mondes im Löwen und der in ihren späten Jahren vorherrschenden Neigung, im Schatten zu leben (Aszendent Jungfrau) hin- und hergerissen war. Ein perfektes Paar.

- *Michel Drucker*, Jungfrau, Mond in der Waage, geb. am 12. September 1942, und *Dany Saval*, Steinbock, geb. am 5. Januar 1942, Mond im Löwen – Sein Aszendent und ihr Mond im Löwen fördern zudem die Liebesfreundschaft und das Einvernehmen.

TRILOGIE DER LUFT

ZWILLINGE–WAAGE: Diese heikle Mischung zwischen Venus und Merkur ist voller Charme, aber … sie ist möglicherweise etwas zu leichtgewichtig, um Unbilden standzuhalten. Beide sind gesellig und extrovertiert, sie können sowohl das unkonventionelle Paar schlechthin bilden als auch ein Duo raffinierter Ästheten, das auf keiner Vernissage, in keinem Konzert fehlt. Sie gehen gerne aus und laden gerne Freunde zu sich ein. Vernunftgesteuerter und gewandter als seine romantische Gefährtin, wird der Zwilling ihre subtileren Gemütszustände aber sehr gut verstehen. Der ideale Einklang für eine Romanze, bei der der Geist und der Austausch mit dem anderen eine wesentliche Rolle spielen.

Beispiele berühmter Paare:
- *Heidi Klum*, Zwillinge, geb. am 1. Juni 1973, und *Seal,* Wassermann, geb. am 19. Februar 1963

- *Marilyn Monroe,* Zwillinge/Aszendent Löwe und Mond im Wassermann, geb. am 1. Juni 1926, und *Arthur Miller,* Waage/Aszendent Waage, geb. am 17. Oktober 1915, Mond im Wassermann – Sie hatten alle Voraussetzungen, um glücklich zu sein, aber … (siehe Teil Drei, Kap. 3).

- *Marilyn Monroe,* Zwillinge/Aszendent Löwe und Mond im Wassermann, geb. am 1. Juni 1926, und *Yves Montand,* Waage/Aszendent Löwe, geb. am 13. Oktober 1921 – Marilyn Monroe wird mit einer weiteren Waage rückfällig … eine Romanze, während er seine Ehe mit der Widder-Geborenen Simone Signoret weiterführt – gegenseitige Ergänzung und *magnetische Anziehungskraft* spielen hier eine Rolle.

- *Danièle Delorme,* Waage, geb. am 9. Oktober 1926, und *Yves Robert,* Zwillinge/Aszendent Krebs, geb. am 19. Juni 1920

- *Paul McCartney,* Zwillinge, geb. am 18. Juni 1942, und *Linda,* Waage, geb. am 24. September 1941

- *Jean Dujardin,* Zwillinge/Aszendent Zwillinge, geb. am 19. Juni 1972, Mond in der Waage, und Sonne in der Waage von *Alexandra Lamy,* geb. am 14. Oktober 1971, Mond im Löwen (Schauspiel) in harmonischem Einvernehmen mit dem Horoskop ihres bevorzugten Zwillings, dessen schelmischer und vielgestaltiger Charme (Zwillinge) erwiesen ist.

ZWILLINGE–WASSERMANN: Zwei Luftzeichen, zwei Verstandesmenschen, zwei Anarchisten – zwei Freigeister? Beide vergöttern tatsächlich Freiheit und Toleranz, sodass es ihrer Beziehung an Zusammenhalt, an besitzergreifender Leidenschaft fehlen kann. Sie brauchen jedoch diesen spirituellen und psychologischen (Frei-)Raum und empfinden füreinander spontane Sympathie und Anziehung. Der Zwilling, das anpassungsfähige Chamäleon, *Comediante* und *Tragediante,* wird den plötzlichen und häufig unerklärlichen Wandlungen des Wassermanns folgen. Zwei Verständnisinnige, für die das gesellschaftliche Leben lebenswichtig ist: Ihr Haus wird nie leer sein, das Unvorhergesehene wird bei ihnen immer König sein!

WAAGE–WASSERMANN: Dieses Paar ist vielleicht die ideale Verbindung zweier Luftzeichen, die um die Wette gesellig sind, die gerne ausgehen und Gäste empfangen und zugleich auch kulturelle und/oder humanitäre Anliegen teilen. Diese beiden Idealisten können sich zudem perfekt über ein künstlerisches Projekt verständigen, Politik betreiben oder, einfacher, ihre Großzügigkeit in den Dienst einer Gemeinschaft stellen. Hier haben wir ein Duo, das es zwar hervorragend versteht, mit Freunden zu feiern, sich aber auch äußerst tatkräftig erweisen kann. Dabei liefert der prometheische Wassermann der Waage einen Schwung und eine Dynamik, die sie in harmonisches Handeln umzusetzen vermag. Die Waage wiederum liefert dem Wassermann, der gelegentlich zu schroff, etwas extravagant, aber überaus erfinderisch ist, ihr Taktgefühl, ihre Eleganz und Flexibilität. In der Liebe verraten sie sich trotz ihrer Freiheitsliebe nicht, und selbst wenn die Zufälle des Lebens sie voneinander entfernen, bleiben sie ihrer Freundschaft bedingungslos treu.

Beispiele berühmter Paare:
- *Roger Vadim*, Wassermann, geb. am 26. Januar 1928, und *Brigitte Bardot*, Waage/Aszendent Schütze, geb. am 28. September 1934

- *Roger Vadim*, Wassermann, geb. am 26. Januar 1928, und *Catherine Deneuve*, Waage/Aszendent Steinbock, geb. am 22. Oktober 1943, Mond im Löwen (Schauspiel)

- *Brigitte Bardot*, Waage/Aszendent Schütze, geb. am 28. September 1934, und *Sacha Distel*, Wassermann/Aszendent Krebs, geb. am 29. Januar 1933 – Dessen Wasser-Aszendent ist jedoch in Dissonanz mit dem Luft-Aszendent von Brigitte Bardot, deren Feuer-Aszendent den Mond in den Fischen von Sacha Distel angreift.

- *Clark Gable*, Wassermann/Aszendent Steinbock, Mond im Krebs (zaghafte/sensible Komponente), geb. am 1. Februar 1901, und *Carole Lombard*, Waage, geb. am 6. Oktober 1908, Aszendent + Mond in den Fischen – Sensibilität als Reaktion auf die sensible Seite von Clark Gable – ein perfektes Paar?

- *John Lennon*, Waage, geb. am 9. Oktober 1940, und *Yoko Ono*, Wassermann, geb. am 18. Februar 1933

TRILOGIE DES WASSERS

KREBS–SKORPION: Entgegen allem Anschein ist der Krebs sentimental und verletzlich und zudem ein wenig masochistisch. Daher weckt die dominante bis tyrannische Leidenschaft des finsteren Skorpions in ihm die Bereitwilligkeit zur Opferbereitschaft. Der Skorpion seinerseits kann auf den sehr sensorischen Krebs eine starke Faszination ausüben, was zu leidenschaftlichen Liebesspielen führt. Eine ausgezeichnete Verbindung also für alle, die der Meinung sind, die Liebe sei in erster Linie eine köstliche Qual. Man hüte sich jedoch vor einem Machtmissbrauch! Mit der Zeit könnte sich der insgeheim verletzte Krebs endgültig vor dem mehr oder weniger bissigen Gebaren des zerstörerischen Skorpions verschließen und sich endgültig in sein Gehäuse flüchten. Nicht ohne glühende Erinnerung an ihre Umarmungen, die er in seinen Träumen sehnsüchtig bewahrt, während der Skorpion, begierig auf heiße sexuelle Erfahrungen, auf die nächsten Opfer lauern wird.

Beispiele berühmter Paare:
- *Prinz Charles von England,* Skorpion/Aszendent Löwe, geb. am 14. November 1948, und *Lady Diana,* Krebs/Aszendent Schütze, Mond im Wassermann, geb. am 1. Juli 1961 – Diese beiden hatten – scheinbar – alles, um glücklich zu sein, der freiheitsliebende und moderne Mond von Lady Di hat jedoch den Skorpion/Löwen erzürnt, der seit Langem für einen anderen Krebs entbrannt war.

- *Prinz Charles von England,* Skorpion/Aszendent Löwe, geb. am 14. November 1948, und *Camilla,* Duchesse of Cornwall, Krebs, geb. am 17. Juli 1947

- *Claude Chabrol,* Krebs/Aszendent Steinbock, geb. am 24. Juni 1930, und *Stéphane Audran,* Skorpion/Aszendent Jungfrau, geb. am 8. November 1932 – Theoretisch ein perfektes Paar angesichts der zusätzlich befreundeten Aszendenten. Die Himmelsmitte von Claude Chabrol im Skorpion zeigt, gemeinsam mit seinem saturnischen Aszendenten, seine Vorliebe für Drama, Geheimnis und Verbrechen, seine Sonne im Krebs spiegelt den gerne intimen/familiären Charakter seiner Filme.

- *Marcel Cerdan,* Krebs/Aszendent Löwe, geb. am 22. Juli 1916, und Edith Piaf, *Schütze,* und vor allem Aszendent *Skorpion!*, geb. am 19.

Dezember 1915, wobei der Aszendent von Marcel Cerdan die Leidenschaft hervorrief, indem er sich mit der Sonne der Sängerin im Schützen verbündete – und umgekehrt! Ein hübsches Hin und Her bei einem freien Paar (Krebs/Schütze).

- Präsident der Französischen Republik *Georges Pompidou*, Krebs/Aszendent Löwe, Mond im Skorpion, geb. am 5. Juli 1911, und *Claude Pompidou*, Skorpion, geb. am 13. November 1912, Mond im Steinbock – Viele schöne Sternresonanzen, aber der zaghafte Mond von Claude Pompidou, der in Opposition zur Sonne des Präsidenten stand, genau wie ihre Sonne, die in Dissonanz mit dem Aszendenten ihres Mannes stand, hatten nicht nur glückliche Auswirkungen. Man denke an die Skandale, die sie auszustehen hatten (Markovic-Affäre), insbesondere in Zusammenhang mit Frau Skorpion (siehe Sex).

KREBS–FISCHE: Mit dem mütterlichen, kindlichen und verträumten Krebs wird der verletzliche und leicht mystisch veranlagte Fische-Geborene sicher nicht in eine andere Welt versetzt. Sensibel wie dieser, ist auch er geheimnisvoll und kompliziert. Eine Welt, in der Empfindungen vorherrschen, wird sie einander näherbringen und später in völliger Übereinstimmung verbinden. Zwischen diesen beiden Wasser-Zeichen kann eine große Liebe entstehen, auch wenn ihre Beziehung nie eindeutig sein wird, ihre Grenzen immer unbestimmt bleiben werden und sie in den Augen ihrer Umgebung ein ziemlich seltsames Paar abgeben. Sie werden die Einzigen sein, die sich in einem Universum geheimnisvoller Wassertiefen wiederfinden, die anderen verwehrt sind, und wo die Kunst und ein eifersüchtiges *cocooning* eine so wertvolle wie vorherrschende Rolle spielen.

Beispiele berühmter Paare:
- *Frédéric Chopin*, Fische/Aszendent Jungfrau, geb. am 22. Februar 1810, Mond in der Waage, und *George Sand*, Krebs, geb. am 1. Juli 1804, Aszendent Fische (genau in der Sonne von Frédéric Chopin, was für dieselbe Wellenlänge! spricht), Mond im Widder (vermännlichend) – Die entgegengesetzten Aszendenten und Monde verleihen einer großen Komplementarität Ausdruck, die sich, unter gewissen Aspekten, in eine Konfrontation verwandeln kann.

- *Johnny Cash*, Fische, geb. am 26. Februar 1932, und *June Carter*, Krebs, geb. am 23. Juni 1929

- *Kurt Cobain,* Fische, geb. am 20. Februar 1967, und *Courtney Love,* Krebs, geb. am 8. Juli 1964

SKORPION–FISCHE: Aus Barmherzigkeit und Selbstlosigkeit oder einfach aus Empathie sind die sensiblen, häufig von einem starken Mystizismus beseelten Fische zu jedem Opfer bereit, wenn sie glauben, dadurch eine »verirrte Seele« retten oder eine verzweifelte Lage verbessern zu können. Eine traumhafte Gelegenheit für den Skorpion, als Vorwand die subtile List seines Despotismus und seinen angeborenen Sinn für Dramatik auszuleben! Sein Fische-Partner wird, obgleich tausendfach gedemütigt und gequält, nach mehr verlangen; er wird jeden Affront im Namen der erlösenden, etwas masochistisch angehauchten Liebe ertragen. Denn seine leicht mediale Intuition sagt ihm, wie sehr sie beide auf der Ebene einer tiefen Sensibilität doch absolut auf derselben Wellenlänge liegen. Die Nacht wird zu ihrem zauberhaften Königreich, erfüllt von köstlichen Qualen und machtvollem Zauber, der sie verrückt nacheinander macht. Wie der Dichter sagt: »Immer und immer wieder werden sie sich lieben.« Kurz, ihre Liebesspiele werden entweder etwas Zerstörerisches an sich haben oder gar nicht stattfinden!

Beispiele berühmter Paare:
- *Elizabeth Taylor,* Fische/Aszendent Waage, geb. am 27. Februar 1932, das ewig Weibliche, gekreuzt mit Kühnheit und Eroberungsgeist (Konjunktion Sonne/Mars), und *Richard Burton,* Skorpion/Aszendent Krebs, geb. am 10. November 1925, ein sensibler Skorpion, dessen Geburtshoroskop auf Machtverhältnisse in der Paarbeziehung hinweist (Jupiter/Pluto auf Aszendent/Deszendent) – In beiden Horoskopen stellt man einen dissonanten Neptun fest, der auf Suchtverhalten (Alkohol?) und Unstetigkeit hinweist. Daraus entstanden wiederholte Zerfleischung, Gewalt und wiederkehrende Trennungen, während sie doch füreinander bestimmt waren (siehe Teil Drei, Kap. 3 der Ausnahmen).

- *Demi Moore,* Skorpion, geb. am 11. November 1962, und *Bruce Willis,* Fische, geb. am 19. März 1955

- *Etienne de la Boétie,* Skorpion, geb. am 1. November 1513, Mond in den Fischen, und *Michel de Montaigne,* Fische/Aszendent Krebs, geb. am 28. Februar 1533, Mond im Stier – Alles in allem das perfekte Paar! Man versteht das berühmte Argument des Autors der *Versuche*, der erklärt: »... weil er er war, weil ich ich war.«

2. DIE LIEBES-(?)FREUNDSCHAFTEN oder DIE VER-WANDTEN SEELEN

Hierbei handelt es sich um Paare im Sextil, deren Geburtssonnen in einem (harmonischen) Winkel von 60° zueinander stehen. Anders gesagt: um eine Teilung des Tierkreises durch sechs, was es mit sich bringt, dass entweder *Feuer/Luft* oder *Erde/Wasser* – grundsätzlich harmonisch – verknüpft sind, zurückgehend auf den griechischen Gelehrten und Philosophen Eratosthenes. Wie die *leidenschaftlichen Paare* bringen sich auch diese *Paare verwandter Seelen* sehr viel Sympathie entgegen. Für sie gilt der Spruch »Gleich und Gleich gesellt sich gerne«. Im Gegensatz zu den leidenschaftlichen Paaren stützen diese Paare sich jedoch vor allem auf Freundschaft, diese besondere und sanfte Zuneigung, diese Erfindung des Zen, die man mit dem Ausspruch definieren könnte »No sex, no cry«. Was nicht ausschließt, dass dieses Paar im siebten Himmel sein, sogar eine Amour fou erleben kann, wenn weitere Faktoren mitmischen (Aszendenten im Trigon, Venus/Mars in Harmonie etc.).

Man erhält dabei zwölf verschiedene Paarkombinationen, wie beispielsweise die Paare Widder–Zwillinge, Stier–Fische oder auch Stier–Krebs oder Skorpion–Steinbock. Hier folgen die verschiedenen – und glücklichen – Sternzeichenkombinationen:

WIDDER–ZWILLINGE ODER ZWILLINGE–WIDDER (FEUER–LUFT)

Der Erste ist enthusiastisch und energisch (Widder), der Zweite schelmisch und lebhaft (Zwillinge). Insgesamt kommt dank zahlreicher Gemeinsamkeiten keine Langeweile auf. In diesem Paar leben beide ein hohes Tempo, sind originell und unabhängig, kennen keine Angst vor Abenteuern. Einziges Hindernis: Der kompromisslose und häufig pedantische Widder wird Probleme haben, den unkonventionellen Dilettantismus des Zwillings zu verstehen ... dem wiederum der pedantische und autoritäre Charakter des Widders gelegentlich auf die Nerven gehen wird. Aber da er sich rasch etwas anderem zuwendet ...

WIDDER-WASSERMANN ODER WASSERMANN-WIDDER (FEUER-LUFT)

Zwei, die zusammenhalten wie Pech und Schwefel, in Gesellschaft zwei Stimmungskanonen – kein Wunder also, dass sie im Freundeskreis begehrt sind! Hier haben wir es mit einer spontanen, ganz natürlichen Beziehung zu tun, in der Kameradschaft, Einvernehmen und das Unvorhergesehene die Grundlagen des Einvernehmens bilden. Falls nicht andere Elemente in ihren jeweiligen Horoskopen vorhanden sind, zum Beispiel eine heiße Beziehung zwischen Mars und Venus, werden sie wahrscheinlich nicht von sexueller Leidenschaft verbunden, sondern eher durch die Freude am Abenteuer, am gemeinsamen Tun. Eines ist nämlich sicher: Keiner von beiden ist für die Monotonie bestimmt! Der Widder genießt das Hier und Jetzt, der Wassermann denkt an morgen. Beide leben von Hoffnungen, von Plänen, von einer rosigen Zukunft und verrückte, überraschende Ideen ängstigen sie nicht. Wie beispielsweise ein nächtlicher Ausflug im Auto von Paris nach Deauville, von dem sie am nächsten Tag – vielleicht mit etwas Verspätung – direkt an ihren Arbeitsplatz zurückkehren. Aber wenn dies nun einmal der Preis für das Vergnügen ist … In diesem umtriebigen Duo wird jedenfalls keiner zurückstehen, wenn es darum geht zu feiern!

Beispiele berühmter Paare:
- *Caroline von Monaco,* Wassermann/Aszendent Fische, geb. am 23. Januar 1957, und *Philippe Junot,* Widder/Aszendent Widder, geb. am 19. April 1940 – Mond/Neptun im Skorpion im achten Haus zeigen den frühen und von einem Geheimnis umgebenen Tod der Mutter an.

- *Roger Vadim,* Wassermann, geb. am 28. Januar 1928, und *Marie-Christine Barrault,* Widder, geb. am 21. März 1944

STIER-KREBS ODER KREBS-STIER (ERDE-WASSER)

… und sie wurden glücklich und bekamen viele Kinder. Die Familie ist ihnen heilig! Ein Teil ist treu und besitzergreifend, der andere braucht Zärtlichkeit und Sicherheit. *Home, sweet home!* Sie lieben einander zärtlich und rufen sich mit 70 Jahren, oder auch schon früher, »Papa« und »Mama«. Wegen der Emotionalität und Sensibilität dieses Tierkreiszei-

chens einerseits und andererseits wegen des dirigistischen und organisierten Charakters des Stiers, der mit allen vier Hufen fest auf dem
Boden steht, wäre es vielleicht günstiger, wenn die Frau Krebs ist. Ach,
beinahe hätte ich es vergessen: Wir haben es hier mit dem Feinschme-
ckerduo im Tierkreis zu tun. Wahrscheinlich steht der Krebs am Herd,
und der genießerische Stier kostet. Lassen Sie sich von diesem Paar ein-
laden, Sie werden es nicht bereuen, auch wenn es sich am nächsten Tag
auf der Waage nicht verleugnen lässt …

Beispiele berühmter Paare:
- *Senta Berger,* Stier, geb. am 13. Mai 1941 (Mond im Schützen, spiegelt das internationale Ansehen), und *Michael Verhoeven,* Krebs,
geb. am 13. Juli 1938 – Das genaue Sextil zwischen ihren Sonnen
verstärkt das schöne Einvernehmen.

- *Jack Nicholson,* Stier, geb. am 22. April 1937, und *Anjelica Houston,*
Krebs, geb. am 8. Juli 1951

STIER-FISCHE ODER FISCHE-STIER (ERDE-WASSER)

Zwischen einem realistischen, aber gefühlsbetonten Stier und einem
verträumten, sensiblen Fische-Geborenen kann eine große Zärtlichkeit entstehen … bis hin zu einer echten sinnlichen Leidenschaft. Voraussetzung ist, dass der Fisch es lernt, von Zeit zu Zeit aus seinen
Träumen aufzutauchen, um den anderen nicht zu verärgern, dass er
Verantwortung übernimmt und dass der Stier sich eher als Beschützer denn als Haustyrann gegenüber seinem verletzlicheren Gefährten
erweist. Denn sonst heißt es Vorsicht, dieser könnte andere geheimnisvolle Welten erkunden, ungreifbar werden, was unvermeidlich die
Eifersucht des besitzergreifenden Stiers hervorrufen würde. Ansonsten ein ausgewogenes Paar, denn beide lieben es, zu verwöhnen und
verwöhnt zu werden.

Beispiele berühmter Paare:
- *Eva Longoria,* Fische, geb. am 15. März 1975, und *Tony Parker,* Stier,
geb. am 17. Mai 1982

- *Penélope Cruz,* Stier, geb. am 28. April 1977, und *Javier Bardem,* Fische, geb. am 1. März 1969

- *Michèle Morgan,* Fische/Aszendent Stier, geb. am 29. Februar 1920, Mond im Krebs, und der Regisseur *Gérard Oury,* Stier/Aszendent Jungfrau, geb. am 24. April 1919 – Die Elemente Wasser und Erde entsprechen sich perfekt.

ZWILLINGE-LÖWE ODER LÖWE-ZWILLINGE (LUFT-FEUER)

Der Zwilling hat Sinn für das Spiel, der Löwe für das Schauspiel, gemeinsam machen sie sich einen Spaß daraus, eine Show abzuziehen. Der nervöse Zwilling, der mit der Gabe der Allgegenwärtigkeit begabt zu sein scheint, ist ständig auf der Suche nach irgendetwas; im Löwen findet er eine ermutigende Präsenz, eine ruhige Sicherheit. Dem vergnügten Löwen – der König amüsiert sich! – schmeichelt im Gegenzug das Vertrauen, das ihm der Zwilling entgegenbringt, was ihm endgültig jeden Zweifel über seine ohnehin offensichtliche Überlegenheit nimmt. Sie werden ein begeisterndes gesellschaftliches und intellektuelles Leben genießen, werden gemeinsame Vorlieben teilen – Golf, Tennis, Kino, Theater … – und sich ständig auf Achse wohlfühlen. Ein gutes Team, bei den Freunden beliebt.

Beispiele berühmter Paare:
- *John F. Kennedy,* Zwillinge/Aszendent Wassermann, geb. am 29. Mai 1917, und *Jacqueline Kennedy-Bouvier,* Löwe, geb. am 28. Juli 1929

- *Johnny Halliday (Jean-Philippe Smet),* Zwillinge, geb. am 15. Juni 1943, und *Sylvie Vartan,* Löwe, geb. am 15. August 1944

KREBS-JUNGFRAU ODER JUNGFRAU-KREBS (WASSER-ERDE)

Bei diesem Gespann gewinnen sicher die traditionellen Werte: die Familie, das Haus, die Organisation des Alltags. Beide Sternzeichen haben die Liebe zu ihrem Zuhause, Pflichtbewusstsein und Freude an einem gut organisierten Haushalt gemeinsam. Der wunderliche Krebs kann nur dabei gewinnen, wenn ihn die realistische Jungfrau »organisiert«. Eine ideale Verbindung für eine ruhige und häusliche Paarbeziehung. Der von Schwermut bedrohte empfindliche Krebs wird in Gesellschaft der praktischen, realistischen, aber zärtlichen Jungfrau besänftigt. Der Krebs seinerseits versteht es, ihm gemütliche Fernsehabende bei einem schmackhaften Häppchenteller zu bescheren. Achtung: Der Krebs isst gerne viel und gut, was der klugen Jungfrau wohl bekannt ist!

Beispiele berühmter Paare:
* *Gustav Mahler,* Krebs, geb. am 7. Juli 1860, und *Alma,* Jungfrau, geb. am 31. August 1879

LÖWE-WAAGE ODER WAAGE-LÖWE (FEUER-LUFT)

Diese beiden überaus geselligen Ästheten sind füreinander gemacht: Kunst, schöne Objekte, mondänes Gesellschaftsleben, Empfänge, Konzerte und Ausstellungen wirken auf beide gleich anziehend. Mode und Eleganz sind für diese verständnisinnigen Wesen keine abstrakten Begriffe. Beide schätzen es – nicht ganz ohne Eitelkeit –, wenn schon kein Vorbild in ihren Kreisen, so doch zumindest tonangebend in ihrer Umgebung zu sein, wo sie gemeinsam glänzen werden. Kurz: Während beide die Freuden des Gesellschaftslebens zu schätzen wissen, wobei sie in einigen Fällen auch zu dessen Sklaven werden können, und während sie die schönen Dinge des Lebens genießen (mit mehr oder weniger Luxus), werden sie es grundsätzlich verstehen, eine gewisse Idealvorstellung ihrer Lebenskunst aufrechtzuerhalten, die sie vor jedem Mittelmaß schützt. Beide betrachten Gewöhnlichkeit als größte Sünde. In gutem Einvernehmen und verliebt ins Leben und dessen Freuden werden sie den Nektar genießen.

Beispiel berühmter Paare:
* *Stone* und *Eric Charden,* dieses unzertrennliche Gesangsduo, gehörte auch den Sternen nach zusammen: Sie ist Löwe, geb. am 31. Juli 1947, ihr Mann *Eric* Waage/Aszendent Skorpion, geb. am 15. Oktober 1942 – Der Mond im treuen Steinbock (Erde) von Stone verstärkte die Seelenverwandtschaft des Paares angesichts des Aszendenten Skorpion (Wasser) von Eric.

JUNGFRAU-SKORPION ODER SKORPION-JUNGFRAU
(ERDE-WASSER)

Wenn es ein Tierkreiszeichen gibt, das in der Lage ist, die vernünftige Jungfrau auf Abwege zu bringen, dann ist es der Skorpion! In jeder Jungfrau verbirgt sich nämlich eine geheime Wehrlosigkeit gegenüber dem Höllenreich des Skorpions, und allem Anschein zum Trotz haben beide Zeichen viele Gemeinsamkeiten: Ihre vereinte kritische Intelligenz kann sich zerstörerischen Spielen widmen oder ihrer Weltsicht eine verächtliche Färbung verleihen. Bei dieser Kombination, die auf intellektueller und auch praktischer Ebene hervorragend ist, bedarf es einer gewissen moralischen Wachsamkeit. Sie sind im Übrigen ausgezeichnete Mannschaftskameraden, die auf eine gewisse Perfektion achten, wobei die vorausschauende Organisation der Jungfrau auf das Wunderbarste die Entschiedenheit des ehrgeizigen und hartnäckigen Skorpions ergänzt … der dabei häufig auf seine Jungfrau-Partnerin/seinen Jungfrau-Partner einen gewissen Einfluss ausübt. Man kann darauf wetten, dass in der Intimität ihres Schlafzimmers der Skorpion, alias *sex-machine*, mit seiner ausgeprägten Sexualität die Schamhaftigkeit der Jungfrau wunderbar ins Wanken bringen wird. Diese wird mit einem Entzücken, unter das sich gelegentlich Entsetzen mischt, erotische Zonen und Spielarten entdecken, die ihr bislang unbekannt waren. Aber Vorsicht: Die Eifersucht des mimosenhaften Skorpions könnte die Beständigkeit des Paars gefährden, bei dem die Freundschaft der wichtigste Kitt sein sollte.

Beispiele berühmter Paare:
- *König Ludwig XVI.,* Jungfrau, geb. am 23. August 1754 mit dem Mond im Skorpion, und *Königin Marie-Antoinette,* Skorpion, geb. am 2. November 1755 – Sie müssen durch eine quasi asexuelle Kameradschaft verbunden gewesen sein, betrachtet man einerseits den energischen Charakter der Königin aufgrund der vermännlichenden Dissonanz Mond/Mars und andererseits den Aspekt der Einsamkeit bzw. der affektiven Frustration und das wahrscheinliche Desinteresse für Liebesdinge des Königs (Venus/Saturn). Die Symbolik des Skorpions in Zusammenhang mit dem Tod sollte im Fall dieser tragisch miteinander verknüpften Schicksale Bedeutung erlangen, denn beide endeten auf dem Schafott.

- *Frédéric Beigbeder,* Jungfrau, geb. am 21. September 1965, mit einem verspielten Aszendenten in den Zwillingen und dem Mond im

Löwen, der Freude am Schauspiel hat, und *Laura Smet*, Skorpion/ Aszendent Widder, geb. am 15. November 1983, so kämpferisch-aggressiv (?) wie sensibel angesichts ihres verletzlichen Mondes in den Fischen …

WAAGE-SCHÜTZE ODER SCHÜTZE-WAAGE (LUFT-FEUER)

Ein schönes Gespann, das Hand in Hand im selben Rhythmus geht. Der Schütze muss jedoch bereit sein, gelegentlich sein Tempo etwas zu drosseln und die Augen vom faszinierenden Horizont zu wenden und sich mehr für den raffinierten Charme seiner lieben Waage zu interessieren. Sonst wird sich diese, die sich solche Mühe gibt, verführerisch zu sein, vergessen und vernachlässigt fühlen. Denn es dürstet sie nach zärtlicher Liebe, nach Streicheleinheiten, Küssen und erotischen Liebkosungen. Sie findet Abenteuer zwar sehr romantisch, wenn sie jedoch jeden Urlaub in einer verlassenen Gegend – ohne Friseur! – beim Camping verbringen soll, wird ihr dies sehr unkomfortabel erscheinen. Beide haben einen ausgeprägten Sinn für das gerne auch mondäne Gesellschaftsleben – Konzerte, Ausstellungen, Empfänge! –, aber auch für die Philosophie. Sie können sich harmonisch zu einem intellektuellen, künstlerischen oder humanitären Projekt zusammentun. Ihre Freundschaft, ob amourös oder nicht, kann perfekt sein, fröhlich, bereichernd und anregend, wobei der Humor des Zentauren bei der subtilen Waage mit Sicherheit gut ankommt.

Beispiele berühmter Paare:
- *Michel Berger,* Schütze, geb. am 28. November 1947, Aszendent und Mond in den Zwillingen, also Luft/Feuer, und *France Gall*, doppelte Waage (Sonne und Aszendent), geb. am 9. Oktober 1947, deren Mond im Löwen eine glückliche Verbindung mit der Sonne von Michel Berger eingeht – auch sie Luft/Feuer. Alles in allem das ideale Paar ...

- *Monica Bellucci,* Waage/Aszendent Steinbock (wie Catherine Deneuve), geb. am 30. September 1964, und *Vincent Cassel*, Schütze, geb. am 23. November 1966

SKORPION–STEINBOCK ODER STEINBOCK–SKORPION (WASSER–ERDE)

Eine interessante und fruchtbare, aber auch nicht ganz einfache Verbindung, da der Steinbock kaum zu den Konzessionen bereit sein wird, die der Skorpion einfordert. Schroffe Urteile, bittersüßer Humor, ein gewisser trockener Umgangston und ein scharfer und kritischer Verstand können eine ansonsten begeisternde und leidenschaftliche Beziehung vergiften. Unter der Asche glimmt das Feuer! Diese beiden Naturen haben Gefallen am Absoluten, aber es mangelt beiden an Toleranz und Flexibilität. Jedoch sind sie als ausgezeichnete Spekulanten Freunde fürs Leben und bilden im geschäftlichen Bereich eine brisante Verbindung. Denn obgleich beide misstrauisch sind, haben sie zueinander Vertrauen, was übrigens berechtigt ist, denn sie wissen, dass sie grundsätzlich loyal und integer sind. (Dies hängt natürlich auch von ihren persönlichen Geburtshoroskopen ab.) Der Realismus und der Scharfsinn des Steinbocks passen wunderbar zusammen mit dem Kampfgeist und dem ausgeprägten Instinkt des Skorpions, dessen stark ausgeprägter Sexualität es gelingen wird, die zaghafte Ziege des Tierkreises zu wecken/zu erwärmen, indem er sie zur Erkundung der unerforschten Regionen ihrer zu vernünftigen Natur mitnimmt. Sie wird den erotischen Spielereien des Skorpions, der zum Meister in Cupidos Kunst geworden ist, sofort verfallen. Die gezähmte kleine Ziege wird nach mehr verlangen … Die Zeit wird dazu beitragen, dass sie bis in alle Ewigkeit Freunde bleiben.

Beispiele berühmter Paare:
* *Pascal Obispo,* Steinbock/Aszendent Jungfrau, geb. am 8. Januar 1965, und *Jenifer,* Skorpion, geb. am 15. November 1982 – Eine harmonische Mischung von Erde und Wasser.

* *König Juan Carlos von Spanien,* Steinbock/Aszendent Stier, Mond im Wassermann, geb. am 5. Januar 1938, und *Sophia von Griechenland,* Skorpion, geb. am 2. November 1938 – Wenn auch der Mond im Luftzeichen des Königs das Wasserzeichen seiner Skorpion-Ehefrau mehr oder weniger stört, so beobachtet man ansonsten eine schöne Ergänzung von Stier und Skorpion.

* Der Regisseur *Henri-Georges Clouzot,* Skorpion/Aszendent Stier, geb. am 20. November 1907 (umgekehrte Mischung wie der Psychoanalytiker Freud, mit dem er eine gewisse Obsession für das

Syndrom der Sexualität/eine gewisse sexuelle Besessenheit teilt) und seine Ehefrau *Véra,* treue (und in seinen Bann geschlagene) Steinbock-Dame, geb. am 30. Dezember 1913

SCHÜTZE-WASSERMANN ODER WASSERMANN-SCHÜTZE (FEUER-LUFT)

Zwei Abenteurer des Lebens, zwei Forscher, zwei Reisende, von denen jeder (Frei-)Raum und Neues braucht. Der Alltagstrott ist beiden ein Graus. Großzügig und neugierig, wie sie sind, interessieren sie sich auch für die großen Probleme der Menschheit und werden gegebenenfalls auch gemeinsam für eine gute Sache kämpfen. Gesellschaftliches Leben und Freunde sind für sie keine sinnentleerten Begriffe: Ihr Haus wird Freunden immer offen stehen, und mit diesen werden sie die Welt neu erfinden. Die – zum Glück nur zyklische – saturnische Melancholie des Wassermanns wird im optimistischen Schützen, der genau wie sein Partner immer bereit ist, sich in ein neues Abenteuer zu stürzen, jemanden haben, an dem er sich wieder wärmen kann. Zwei einvernehmliche Seelen also, die es beide nach Neuem dürstet und die keine Langeweile kennen dürften, was auch im Bett gelten wird …

Beispiele berühmter Paare:
- *Jane Fonda,* Schütze, geb. am 21. Dezember 1937, und *Roger Vadim,* Wassermann, geb. am 28. Januar 1928

- *Rainer Maria Rilke,* Schütze/Aszendent Jungfrau, geb. am 4. Dezember 1875, und *Lou Andreas-Salomé,* Wassermann, geb. am 12. Februar 1861, mit einem sensiblen und poetischen Mond in den Fischen, der den Aszendenten des Dichters wunderbar ergänzt, dabei aber auch ein wenig seine Sonne im Feuerzeichen reizt. Daraus ergibt sich eine Seelenverwandtschaft, in der auch Spannungen auftreten, die der Beziehung Würze geben.

- *Edith Piaf,* Schütze/Aszendent Skorpion, geb. am 19. Dezember 1915, und ihr Ehemann *Théo Sarapo,* Wassermann, geb. am 26. Januar 1936

- *Raymond Domenech,* Wassermann/Aszendent Jungfrau, geb. am 24. Januar 1954, und *Estelle Denis,* Schütze, geb. am 10. Dezember 1976

STEINBOCK-FISCHE ODER FISCHE-STEINBOCK (ERDE-WASSER)

Der reservierte und sittsame Steinbock wird unter der Süße und Zärtlichkeit der Fische-Frau dahinschmelzen. Er wird seine Sirene vor allen Unbilden des Lebens schützen wollen, und diese wird sich dabei sehr wohlfühlen. Sie werden sicher eine lange Liebesgeschichte erleben, wobei der eine im sicheren Kielwasser des anderen schwimmt, einander näher, als man glauben könnte: Besitzt nicht die Steinbock-Ziege eine Schwanzflosse, wie das Symbol dieses Sternzeichens in der Tradition dargestellt wird? Wenn Sie, lieber Fische-Mann, hingegen eine Steinbock-Dame betört haben, ist die Situation weniger einfach. Selbst wenn Sie sich auf philosophischer Ebene glücklich begegnen – Sie haben dieselbe realistische bis pessimistische Weltsicht –, besteht die Gefahr, dass Frau Steinbock etwas verärgert sein wird über das, was sie bei Ihnen gerne als Überempfindlichkeit bezeichnet. Hüten sie sich um jeden Preis vor mürrisch ausgeführten Gefälligkeiten! Ihre ausgeprägte Sinnlichkeit wird die Ziege im Tierkreis jedoch sicher rühren und in ihr ein Echo finden, denn sie ist selbst sinnlicher, als sie glaubt: Es liegt an Ihnen, dies zu entdecken und diese unerwarteten Ressourcen offenzulegen, über die Sie beide erstaunt sein könnten ... und, wer weiß, die Sie ins Paradies führen könnten, auch wenn es künstlich wäre. Ein typisches Fische-Universum ...

Die realistische Ziege bleibt dennoch Frau, also Achtung – vor allem wenn ihr sonstiges Horoskop in diese Richtung weist: Es wird der Tag kommen, an dem sie genug davon hat, die Hosen anzuhaben, und sich an die starke Schulter eines Mannes lehnen möchte, der präsenter und beschützender ist.

Beispiele berühmter Paare:

- *Kate Moss,* die »*Bohnenstange«,* Steinbock, geb. am 16. Januar 1974, und *Pete Doherty,* Fische, geb. am 12. März 1979 – Sie heiratet schließlich den Schützen *Jamie Hince* (geschwisterliches Paar).

- *Michael Schumacher,* Steinbock, geb. am 3. Januar 1969, und seine Frau *Corinna,* Fische, geb. am 2. März 1969

- *Federico Fellini,* Steinbock/Aszendent Jungfrau, geb. am 20. Januar 1920, und *Giulietta Massina,* Fische, geb. am 22. März 1920 – Ihr Sternzeichen steht in Opposition zum Sternzeichen des Filmemachers, ergänzt jedoch seinen Aszendenten Jungfrau. Fellini, obgleich ewig gequält und auf der Suche nach dem Absoluten, das seiner stark träumerischen Vorstellung entspräche, wird seine Ehefrau immer als verwandte Seele betrachten.

• *Henry Miller,* Sonne und Mond im Steinbock/Aszendent Widder, geb. am 26. Dezember 1891, und *Anaïs Nin,* Fische/Aszendent Waage und Mond im Steinbock, geb. am 21. Februar 1903, Große Verführerin und leidenschaftliche Geliebte, die lange mit dem Schriftsteller korrespondierte, der begierig auf Neues war (Widder) – Beide waren sie auf ihre Art ihrer Leidenschaft unterworfen, nach starken Empfindungen ausgehungert, hingen jedoch zugleich auch an ihrem Alleinsein (Steinbock), wobei der Fisch immer wieder entglitt, um den besitzergreifenden Steinbock letztlich besser an sich zu binden.

• *Laurent Gerra,* Steinbock/Aszendnet Wassermann, geb. am 29. Dezember 1967 mit dem Mond im Schützen (Tierkreiszeichen des Humors schlechthin), und *Virginie Lemoine,* Fische/Aszendent Steinbock, geb. am 26. Februar 1961 – Ihr schönes Einvernehmen treibt sie dazu, gemeinsam aufzutreten, aber werden nicht der Aszendent Wassermann des Humoristen, der Freunden den Vorzug gibt, und der feierwütige Mond im Feuerzeichen auf lange Sicht das Wasser des Mondes in den Fischen seiner Gefährtin brüskieren, durch ihren Aszendent Steinbock eher zurückhaltend.

3. PAARE, DIE SICH MAGNETISCH ANZIEHEN, MITEINANDER VERSCHMELZEN UND/ODER KOMPLEMENTÄRE bzw. AMBIVALENTE PAARE

Da sie im Tierkreis einander gegenüberstehen, also durch einen 180°-Winkel voneinander getrennt sind, wird leicht verständlich, dass zwischen diesen Duos eine fatale Anziehung durch Komplementarität besteht. In gewisser Weise handelt es sich um zwei Magnete, die sich unwiderstehlich anziehen, um eine Einheit, einen Verbund von Gegensätzen zu bilden, die sich in wesentlichen Punkten unterscheiden. Hier haben wir es mit dem Kern der Verbindung von Yin und Yang zu tun, die sich zyklisch anziehen und abstoßen wie die Wellen des kosmischen Meeres. Teilt man den Tierkreis durch zwei, so erhält man sechs Paare, jeweils gebildet aus der Verbindung Feuer–Luft oder Erde–Wasser, also aus grundsätzlich affinen Elementen. Man muss jedoch wissen, dass diese Paare bei bestimmten Konfigurationen (bei aggressiven Planetentransiten) sehr verletzlich werden und die unwiderstehliche Anziehung sich in Abscheu oder gar Zurückweisung verwandeln kann, die eventuell irreversibel wird (siehe Kapitel am Ende des Buchs in Teil Drei, Kap. 3).

WIDDER–WAAGE ODER WAAGE–WIDDER

Die schönste Allianz? Es ist die Verbindung von Venus (die die Waage regiert) und Mars (Meister des Widders), DIE Komplementarität schlechthin. Allerdings ist sie nur gefestigten Waagen zu empfehlen, die in der Lage sind, die Stöße des Widders auszuhalten, ohne ihr schönes Gleichgewicht zu verlieren. Der Widder hält es nämlich für verlorene Zeit, ein Problem oder eine Situation von zwei Seiten zu betrachten. Seine Devise lautet: »Ich lege ein hohes Tempo vor, also bin ich.« Er bespöttelt das Zögern und die Unentschlossenheit der Waage. Im Bett jedoch welches Feuer, welches Ungestüm! »Du hast das, was mir fehlt«, wird jeder sagen, der sich vom anderen ergänzt fühlt, und es wird himmlisch, geradezu perfekt!

Beispiele berühmter Paare:
- *Marion Cotillard,* Waage/Aszendent Jungfrau, geb. am 30. September 1975, mit einem mütterlichen Mond im Krebs, und *Guillaume Canet,* Widder/Aszendent Waage, geb. am 10. April 1975, ebenfalls mit dem Mond im Krebs (daraus ergeben sich ähnliche Empfindlichkeiten) – Marion Cotillard verkörpert – und besänftigt grundsätzlich dank des Mondes in Harmonie mit dem Aszendenten – die Widersprüche von Guillaume Canet, der zwischen dem eiligen Widder, der zögerlichen Waage und dem zurückweichenden Krebs hin- und hergerissen wird. Ein Paar, dessen Ausgewogenheit so schön wie zerbrechlich ist.

- *Simone Signoret,* Widder, geb. am 25. März 1921, Aszendent Steinbock und Mond in der Waage, diese steht in der Sonne ihres Ehemanns *Yves Montand,* Waage/Aszendent Löwe, geb. am 13. Oktober 1921, Mond in den Fischen – Viele schöne Planetenresonanzen mit harmonischen Monden in den Wasserzeichen, die etwas Milde und Verständnis in Simone Signorets Herz bringen sollten, denn sie ist durch ihr Geburtshoroskop ein zerrissenes Wesen. Ihr einsamer und frustrierter Mond im Steinbock litt mit Sicherheit gewaltig unter den außerehelichen Eskapaden ihres verführerischen Mannes … der ihr alles in allem verbunden blieb aufgrund seines Horoskops, das in Harmonie mit der Sonne seiner Widder-Ehefrau stand.

- *Paul Verlaine*, Widder/Aszendent Skorpion, geb. am 30. April 1844, Mond im ästhetischen Tierkreiszeichen Löwe, und *Arthur Rimbaud*, geb. am 20. Oktober 1854, der venusische Dichter schlechthin, so genial wie schön, eine waschechte Waage, denn Aszendent und Mond stehen ebenfalls in diesem delikaten und raffinierten Zeichen, das in alles Schöne verliebt ist. Wir können wetten, dass er sehr unter dem marsischen Verlaine gelitten hat, dessen Bissigkeit bis hin zur Aggressivität ihn verletzt haben dürfte, während der Aszendent Skorpion eine sexuelle Faszination auf den Dichter ausübte, in dessen Brust zwei Seelen wohnten.

- *Bonnie Parker*, Waage, geb. am 1. Oktober 1910, und *Clyde Barrow*, Widder/Aszendent Widder, geb. am 23. März 1909 – Der doppelte Widder des bekannten kriminellen Paars *Bonnie and Clyde* musste durch seinen Aszendenten mächtigen Einfluss auf seine Waage-Gefährtin ausüben, die völlig fasziniert gewesen sein dürfte von der Entschiedenheit und dem Mut ihres Gefährten, der alles riskierte, keine Angst kannte und für den nur das Abenteuer das Salz des Lebens sein konnte.

STIER–SKORPION ODER SKORPION–STIER

Zunder, sei gegrüßt! Diese beiden Sternzeichen, die einander gegenüberliegen, ziehen sich mit der Kraft zweier Magnete stark an. Der venusische Stier, verbunden mit den Lebensenergien des Frühlings, verbindet sich mit dem düsteren Herbst und dem gequälten Skorpion: Eros und Thanatos, unwiderstehlich komplementär, verkörpern Tag und Nacht, Leben und Tod. Dies ist im Tierkreis das sexuelle Paar schlechthin: magnetische Anziehung garantiert! Die eigensinnige Langsamkeit des Stiers reizt jedoch den stets sprudelnden Skorpion… Und dann kommt es schon vor, dass der einfache, pragmatische und genießerische Stier angesichts der Neugier seines *Alter Ego*, seines Skorpion-Partners, auf alles Fremde und Geheimnisvolle seufzend fragen wird, warum man sich denn immer für die Kehrseite der Medaille, für »die andere Seite der Dinge« interessieren muss? Wetten, dass ihre Meinungsverschiedenheiten – denn diese wird es zyklisch jede Woche geben, wenn sich der Mond vorübergehend in Quadratur mit ihren jeweiligen Sonnen befindet – eine ebenso wunderbare wie leidenschaftliche Lösung im Bett finden werden? Dort, zu zweit, werden sie das Universum umarmen, wobei die Lebenskraft des Tages und die Abgründe der Nacht miteinander verschmelzen, dann kann nichts sie mehr trennen. Man darf nämlich das Pseudonym des Nacht-Zeichen-Skorpions nicht vergessen: *sex-machine!*

Beispiele berühmter Paare:

- *Pierre Curie,* Stier, geb. am 15. Mai 1859, und *Marie Curie,* Skorpion, geb. am 7. November 1857 (Nobelpreis für Physik 1903 und für Chemie 1911) – Marie Curie war die erste Frau, die den Nobelpreis erhielt. Ihr Instinkt, Scharfblick und kämpferischer Geist, die typisch sind für dieses Tierkreiszeichen, ermöglichten es ihr, mithilfe ihres Ehemanns das Radium zu entdecken. Nicht erstaunlich für eine Tochter Plutos – des Planeten, der den Skorpion regiert, und das Atom – des Gestirns, das erst 1930 entdeckt werden sollte. Ein schönes Beispiel für die fruchtbare Zusammenarbeit zweier komplementärer Naturen.

- *Alain Delon,* Skorpion/Aszendent Waage, geb. am 9. November 1935, Mond im Widder, und *Mireille Darc,* Stier/Aszendent Waage, geb. am 15. Mai 1938 (Mond im Schützen) – Diese beiden mit ihrem identischen Aszendenten und ihren Monden im Trigon in den Feuerzeichen hatten alles, wirklich alles, um lebenslang verbunden zu bleiben. Hat der jähzornige Mars im Steinbock, der für den Betroffenen selbst bereits schwer zu ertragen ist, den Aszendenten Waage der Schauspielerin zu sehr angegriffen? Konnte andererseits ein Saturn, der auf dem Mond von Alain Delon lastete und ihn mehr oder weniger hemmte, bei bestimmten Transiten bereits ausreichen, alles vergessen zu machen, was sie miteinander verband? Vielleicht ein Beispiel dafür, dass man in der Astrologie manchmal »den Wald vor lauter Bäumen nicht sieht«? Nicht immer zum Besten …

- *Bernard-Henri Lévy,* Skorpion/Aszendent Löwe (derselbe Cocktail wie bei Napoléon!), geb. am 5. November 1948, Mond im zaghaften Steinbock, und *Arielle Dombasle,* Stier/Aszendent Schütze (kosmopolitisch), geb. am 27. April 1953 (oder 1958?), Mond in der künstlerischen Waage – So entsteht ein glücklicher Austausch zwischen ihren beiden Horoskopen. Der Stier versteht den Mond im Erdzeichen ihres ehrgeizigen Ehemanns und ihre Aszendenten in den Feuerzeichen stehen für ähnliche Temperamente, einer so leidenschaftlich wie der andere.

ZWILLINGE-SCHÜTZE ODER SCHÜTZE-ZWILLINGE

Ikarus' Sohn und ein Zentaur lieben sich zärtlich. Man könnte meinen, sie hätten die Gabe der Allgegenwärtigkeit, denn es hält sie nicht an einem Ort, und wenn man glaubt, sie hätten sich endlich niedergelassen – ups! – schon sind sie zu neuen Horizonten aufgebrochen. Reisen, Abenteuer und alles Neue sind für sie einfach unwiderstehlich. Beide finden sie Geschmack an Bewegung und Austausch und ergänzen sich wunderbar. Wenn sie nicht unverblümt gegeneinander opponieren, denn auch dazu kann es kommen, wenn ein oder mehrere boshafte Planeten in doppelter Quadratur mit ihren Sonnen diese angreifen. Interessiert am aktuellen Geschehen und dem gegenwärtigen Moment, neugierig auf alles, machen sich die Zwillinge kaum Gedanken um philosophische Spekulationen und pfeifen auf die hochgesteckten Ziele dieses gelegentlich mystischen Zentauren. Der Schütze seinerseits gliedert seine Gedanken gerne hierarchisch und ordnet sie in ein kohärentes moralisches oder philosophisches System ein. Ihn interessiert nur eine Synthese, also die Schlussfolgerung, für komplizierte Analysen hat er nichts übrig! Auch wenn er Abenteuer und Reisen liebt, so nimmt er sich doch die Zeit, alles gut zu organisieren, er versetzt sich in die Zukunft, während sein luftiges *Alter Ego* seinen Koffer im Handumdrehen gepackt hat: Sein Reich ist die Gegenwart, diese hat er im Griff, hier kann er glänzen. Wetten wir jedoch, dass beide sich bestens verstehen und gemeinsam Vergnügen und Freude bei ihren Fluchten, in dieser ständigen Bewegung finden werden, die sie davonträgt!

Beispiele berühmter Paare:
- *Angelina Jolie*, Zwillinge/Aszendent Krebs, geb. am 4. Juni 1975, mit dem Mond im Widder, der ebenfalls in Harmonie mit der Sonne im Schützen von *Brad Pitt* steht, geb. am 18. Dezember 1963 – Sein Aszendent Steinbock ergänzt den Aszendenten der hinreißenden Schauspielerin ebenfalls wunderbar, deren sensibles Herz (Mond

im Krebs) für Kinder schlägt und in ihrem Mann, einem großzügigen Schützen, Widerhall findet. Eine doppelte Komplementarität also und eine doppelte und unwiderstehliche Anziehung leiten diese Allianz, offensichtlich das ideale Paar! Natürlich sind auch Zusammenstöße im Spiel angesichts der Dissonanzen Widder–Steinbock. Aber soll man in einer Verbindung, wie bereits Nietzsche riet, nicht vor allem die *Langeweile* meiden?

- *Marilyn Monroe*, Zwillinge/Aszendent Löwe, geb. am 1. Juni 1926, Mond im Wassermann, und *Joe DiMaggio*, Schütze/Aszendent Schütze, geb. am 25. November 1914 – Luft und Feuer, die ideale Kombination … es sei denn, der sensible Mond in den Fischen bringt eine Wasser-Note mit, die mit der Luft der Zwillinge im Konflikt steht. In diesem Fall endete es in einer Scheidung, jedoch das Mitgefühl des großen Sportlers erklärt, der fast als Einziger bei der Beerdigung seiner Ex-Geliebten anwesend war.

KREBS–STEINBOCK ODER STEINBOCK–KREBS

Auch hier wieder die Verbindung zweier Gegensätze, die sich – obgleich sie sehr unterschiedlich sind – fast unwiderstehlich anziehen. Wie die Wendekreise des Krebses und des Steinbocks, die sich von ihren gegenüberliegenden Positionen aus betrachten, hat diese Komplementarität etwas Schicksalhaftes und beinah Kosmisches. Wenn jedoch der launische Krebs einfach so, ohne Grund schmollt, ärgert dies den rationalen Steinbock aufs Äußerste, denn er verabscheut Launen; dann befindet sich tatsächlich jeder in einer anderen Welt. Am nächsten Tag herrscht wieder die totale Harmonie, die Verschmelzung zweier mimosenhafter Empfindsamkeiten, die sich ergänzen, vorausahnen, in einer erstaunlich heißen Fusion aufgehen. Kurz, es ist ein Wechselbad der Gefühle, das jegliche Monotonie ausschließt!

Beispiel berühmter Paare:
- *Prinz William*, Krebs, geb. am 21. Juni 1982, und *Kate Middleton*, Steinbock, geb. am 9. Januar 1982

LÖWE-WASSERMANN ODER WASSERMANN-LÖWE

Dieses Paar wird durch seine Unterschiede aneinander gebunden und voneinander angezogen. Hier wirken nämlich die Verschiedenheiten als stärkste Anziehung: »Du bist, was mir fehlt« könnte die Devise dieses Paares lauten, bei dem der eine auf sich selbst konzentriert ist, eine zentripetale Persönlichkeit besitzt und gerne seinen Hofstaat um sich versammelt, während der andere altruistisch und offen für andere ist und auch gut alleine sein kann. Und doch haben sie auch Gemeinsamkeiten: Beide leben in der Zukunft, haben Idealvorstellungen und liegen auf derselben Wellenlänge. Sie ergänzen sich also ideal. Und während das Ideal des dennoch großzügigen Löwen etwas egozentrisch ist, ist das des Wassermanns humanitär und revolutionär (er möchte die Welt verändern), was zur Bereicherung der zu einseitigen Weltsicht des Löwen beitragen kann. Wie lange wird diese Faszination, die nichts anderes als die Faszination der Gegensätze ist, anhalten? Wie dem auch sei, eine herrliche Komplementarität verbindet sie, insbesondere wenn weitere positive Planetenfaktoren zu den Horoskopen dieses Duos hinzukommen.

Beispiel berühmter Paare:
- *François Hollande,* französischer Präsident, Löwe/Aszendent Zwillinge, geb. am 11. August 1954, mit einem ernsten/zurückgezogenen Mond im Steinbock, und *Valérie Trierweiler,* Wassermann/Aszendent Löwe, geb. am 16. Februar 1965 – Ein gutes Team, denn die Aszendenten sind harmonisch und der Aszendent von Valérie Trierweiler begegnet der Sonne im Löwen ihres Partners. Eine für beide bereichernde Komplementarität.

JUNGFRAU-FISCHE ODER FISCHE-JUNGFRAU

Zwischen diesen beiden Sternzeichen würde man einen permanenten Widerspruch oder gar eine Inkompatibilität erwarten, zwischen der Überempfindlichkeit, der äußerst ausgeprägten Affektivität des einen und dem rigorosen Rationalismus des anderen. Es wird auch tatsächlich so sein, dass sie einander zyklisch (wenn die Planeten in doppelter Dissonanz mit dem einen und dem anderen stehen, die 180° voneinander entfernt sind) äußerst auf die Nerven gehen und einander völlig fremd erscheinen. In der Regel jedoch und wie dies häufig der Fall ist, wenn die Gegensätze so klar definiert sind, kann diese extreme Unterschiedlichkeit in einer schönen Komplementarität glücklich gelebt werden: Die ausgeprägte Hingabe des Fische-Geborenen zieht die schamhafte Ergebenheit der Jungfrau nach sich. Die Jungfrau wirkt ausgleichend auf ihren Partner, der sich von den stürmischen Strömungen seiner Empfindsamkeit etwas zu sehr davontragen lässt. Der Fisch wiederum wird durch seinen Sinn für das Unendliche die etwas engstirnigen Anschauungen seiner pragmatischen besseren Hälfte erweitern und es verstehen, sie im stillen Kämmerlein zu verführen und in seine Traumwelt mitzunehmen, der stets etwas Kosmisches anhaftet: Der siebte Himmel ist zum Greifen nah!

Beispiele berühmter Paare:
- *Richard Gere,* Jungfrau/Aszendent Krebs, geb. am 31. August 1949, mit dem Mond im Schützen, und *Cindy Crawford,* Fische/Aszendent Krebs, geb. am 20. Februar 1966 – Trotz einer schönen Komplementarität hat die Dissonanz von Sonne und Mond des Schauspielers – Abbild eines gewissen Unbehagens – das Pulverfass zum Explodieren gebracht und zur Scheidung geführt.

- *Paul Guth,* Fische, Romanautor und Pamphletist, geb. am 5. März 1910, und seine geliebte Ehefrau *Juliette*, diese aufopfernde Jungfrau, die ihn viele Jahrzehnte lang begleitet und liebt ... bis zu seinem Tod.

4. DIE EXPLOSIVEN PAARE ODER WIE HUND UND KATZE

Auf ihren Unterschiedlichkeiten gründend, die die Rolle von Anziehung und Zurückweisung übernehmen, widerlegen diese Paare das Sprichwort »Gleich und Gleich gesellt sich gern«. Sie würden sich eher für die Devise entscheiden: »Ich liebe dich, ich dich auch nicht«, die Gainsbourg und Birkin in ihrem Hit besungen haben. Es handelt sich hier nämlich um eine Teilung des Tierkreises in vier Quadrate (90°), die traditionell als dissonant gelten, anders gesagt als Aspekte, die Spannungen oder Konflikte hervorrufen. So erhält man beispielsweise die Verbindung Krebs–Waage, Fische–Zwillinge oder Löwe–Skorpion. Anders gesagt: Die negative Allianz von Feuer und Wasser oder von Erde und Luft, die auf längere Sicht sehr häufig schachmatt setzt, denn die Ungleichheit ist einfach zu groß. Eines Tages zieht man es in einem Wutanfall und bei einer aggressiven Konfiguration vor, diesen gordischen Knoten lieber zu durchtrennen, als sich weiterhin mit einem ungleichen Bündnis zufriedenzugeben, in dem sich, wie in La Fontaines Fabel, das Kaninchen und der Karpfen zusammengetan haben, eine Verbindung, die man auch als *low-cost*-Paar bezeichnen könnte.

Auf der anderen Seite behauptet die Volksweisheit, dass auf der Gefühlsebene alles besser sei als Gleichgültigkeit. Das Mindeste, was man zu diesen Paaren sagen kann, ist, dass sie keine Melancholie hervorrufen. Häufig wird nach einer mehr oder weniger kurzen Phase der wahnsinnigen körperlichen Anziehung die Zeit des Schreiens und Zähneknirschens und harter Sprüche folgen, die Qualen sadomasochistischer Beziehungen und der Zickenkrieg, gefolgt von feierlichen Versöhnungen, unterbrochen von den Abgründen der Einsamkeit, in denen man zu Recht vorausahnt, dass der andere zu einem anderen Planeten gehört … Aber bei all diesen Psychodramen wird es zumindest keine Langeweile geben. Und da diese, laut Nietzsche und anderen, das unheilbare Gift der Ehe ist, darf man hoffen.

Was ein solches Gespann zusammenhalten kann, findet sich zwangsläufig im weiteren Kontext der beiden Horoskope. Bei den zwölf möglichen Paarkombinationen kann man nämlich davon ausgehen, dass andere Faktoren der beiden Geburtshoroskope gleichzeitig kompensierende Harmonien bilden – falls man eine gewisse Eintracht (oder eine sichere Eintracht in Extremfällen, in denen zusätzliche überkreuzte positive Affekte vorherrschen) erklären möchte. Insbesondere die Harmonie von Mond und Venus, die also Komplizen sind, von befreundeten Aszendenten oder von Merkur, die sich verstehen und beispielsweise eine intellektuelle Beziehung versprechen, bei der man auf derselben Wellenlänge ist – all dies sind mögliche Brücken, die es diesen »Fremden« erlauben, trotz aller Differenzen zusammenzukommen und sich zu verstehen, trotz genau der Differenzen, die sie in der Anfangszeit fasziniert und angezogen haben. Das gleicht der Raserei von Schlafwandlern, die vom Unbekannten angezogen wurden, Sklaven einer zwingenden Begierde, auf die sie keinen Einfluss hatten, vielleicht vernichtet, zerstört von einer Leidenschaft, die sie überwältigte.

Die Reibungen werden natürlich bestehen bleiben, die Spannungen, die sich aus den Unterschieden ergeben, werden anhalten, genau wie die erschöpfenden Kräfteverhältnisse. Diese Elemente können aber gleichzeitig auch der Beziehung Würze verleihen. Diese wird sich unterschiedlich entwickeln, je nach den Planetentransiten, von denen das

Paar betroffen ist. Dieses Paar wird geschwächt, wenn langsame Planeten ein Quadrat – also eine Dissonanz – zu den beiden Geburtssonnen bilden, was die Lunte ans Pulverfass legt. Dann wird jeder der beiden, wahrscheinlich in unterschiedlicher Stimmung, heimlich zu sich sagen: »Also gut! Und es ist so weit, entweder es hält, oder es bricht!«
Schauen wir uns nun diese Paare an, die wie Hund und Katze sind:

WIDDER-KREBS ODER KREBS-WIDDER

Zwei Charaktere, die weder auf derselben Wellenlänge noch im selben Rhythmus leben. Der Krebs, den die Vitalität des Widders eine Zeit lang fasziniert, wird rasch feststellen, dass er diesem nicht weit folgen kann, da er mehr oder weniger um die Zärtlichkeit gebracht wird. Der Widder wiederum, neugierig gemacht durch diese geheimnisvolle, etwas passive Natur, wird das Leben schließlich eintönig und zu kompliziert empfinden und sich aus dem Staub machen. Es sei denn …

Beispiele berühmter Paare:
- *Angela Merkel*, Krebs/Aszendent Schütze, geb. am 17. Juli 1954, und *Joachim Sauer*, Widder, geb. am 19. April 1949 –Mit Sicherheit ist der Feuer-Aszendent der deutschen Kanzlerin zusammen mit der Sonne im Feuerzeichen ihres Ehemanns ein starkes Bindeglied.

- *Dany Boon*, Krebs/Aszendent Löwe, geb. am 26. Juni 1966, Mond in der Waage, und *Judith Godrèche*, Widder, geb. am 23. März 1972 – Hat das Feuer des ungestümen Widders der Überempfindlichkeit des Krebses (Wasser) zu sehr zugesetzt? Obgleich dieses Tierkreiszeichen in Resonanz mit dem Aszendenten Löwe des Schauspielers und Komikers steht, scheint das Wasser das Feuer doch recht schnell gelöscht zu haben …

WIDDER-STEINBOCK ODER STEINBOCK-WIDDER

Ein Widder entbrennt in Liebe zu einem Steinbock. Er strengt sich an, mobilisiert alle seine Verführungskünste. Vergebliche Mühe! Der Steinbock versinkt in seiner melancholischen Skepsis. Wie kann man einen Eisberg mit dem knisternden Feuer des Widders vereinen? Der

Steinbock wird dem Enthusiasmus des Widders beim ersten Blick eine kalte Dusche verpassen. Dieser wird mitten im Lauf innehalten, plötzlich seiner Trümpfe beraubt und entwaffnet. Was aber ist ein entwaffneter eroberungswilliger Widder wert? Sie werden große Mühe haben, weiterzukommen – es sei denn, das Übrige ihrer Horoskope sorgt für Komplementarität.

Beispiele berühmter Paare:

- *Céline Dion,* Widder/Aszendent Löwe, geb. am 30. März 1968, Mond im Widder – also dreifaches Feuer! –, und *René Angélil,* Steinbock, geb. am 16. Januar 1942, Mond im Steinbock – Bei den Angélils-Dions wird es nicht alle Tage sehr ruhig zugehen, und es dürften Teller fliegen angesichts der vielfältigen Reibereien zwischen Feuer und Erde … Mit ihren 26 Jahren Altersunterschied hat die sprudelnde Céline in ihrem René möglicherweise einen Vater gesucht. Und das hat die Ungleichheiten noch lange nicht verschwinden lassen …

- *Emil Steinberger,* Schweizer Humorist-Geschäftsmann, Steinbock/Aszendent Schütze, geb. am 6. Januar 1933, und seine Widder-Ehefrau *Niccel,* geb. am 13. April 1965 – Das Feuer des Aszendenten von Emil Steinberger verbündet sich mit dem Feuer der Sonne seiner Frau, was Hindernisse einebnet … und der Beziehung Würze verleiht? Der Altersunterschied scheint wie bei dem Paar Céline Dion/René Angélil ein Frieden stiftendes Element zu sein.

- *Miranda Kerr,* Widder, geb. am 20. April 1983, Mond im Krebs, und *Orlando Bloom,* Steinbock, geb. am 13. Januar 1977 – Der Gegensatz bzw. die Komplementarität ist wahrscheinlich der Kitt bei diesem Paar. Wie weit wird das gehen angesichts der Tatsache, dass obendrein noch das Wasser des Krebses dazu neigt, das Feuer des Widders zu löschen?

STIER–LÖWE ODER LÖWE–STIER

Zwischen diesen beiden, einerseits dem Stier, der die Natur, seine Gewohnheiten und seine Bequemlichkeit mehr liebt als das mondäne Leben, diesem Erdbewohner, der jede Künstlichkeit und komplizierte Situationen verabscheut, und andererseits dem geselligen Löwen, der sich mehr oder weniger in seinen vielfältigen Rollen verheddert, der sich vorzugsweise mit einem Hofstaat umgibt, in dessen Mitte er gerne glänzt, wird der Dialog zur Schwerarbeit. Der Stier ist bockig, der Löwe stolz. Hier kommt es zur Konfrontation zweier Mächte: der statischen Kraft des Stiers mit dem Element Erde und der dynamischen Kraft des Löwen, der vom Element Feuer geprägt ist. Wer wird zuerst einknicken?

Beispiel berühmter Paare:
- *David Halliday*, Löwe, geb. am 14. August 1966, und *Estelle Lefébure*, Stier, geb. am 11. Mai 1966. – Hat das Feuer die Erde des Stiers verbrannt oder hat diese das Feuer des Löwen erstickt?

STIER–WASSERMANN ODER WASSERMANN–STIER

Der Stier lebt in der Gegenwart und in der Realität; der Wassermann liebt die Improvisation und versetzt sich in die Zukunft. Die Stier-Dame wird nur sehr wenig Verständnis dafür haben, dass Herr Wassermann dem gebieterischen Ruf seiner Kumpel weder Tag noch Nacht widerstehen kann. Und der fortschrittliche Herr Wassermann wird äußerst genervt von der konservativen Ader seiner Partnerin sein. Die Moral von der Geschicht': Die Erde (des Stiers) und die Luft (des Wassermanns) kommen *a priori* nicht sehr gut miteinander aus, und beide werden ihre Ansprüche sehr zurückschrauben müssen!

Beispiel berühmter Paare:
- *Adolf Hitler*, Stier/Aszendent Waage, geb. am 20. April 1889, und *Eva Braun*, Wassermann/Aszendent Steinbock, geb. am 6. Februar 1912 – Halten wir fest, dass sein Aszendent Luft mit der Sonne von Eva Braun zusammenpasst, deren Aszendent Erde sich im wilden und strengen Mond im Steinbock Hitlers widerspiegelt. Dies sind Elemente, die die unterschiedlichen Temperamente ihrer jeweiligen Sonnen mit Sicherheit ausgeglichen haben.

ZWILLINGE–JUNGFRAU ODER JUNGFRAU–ZWILLINGE

Da Merkur beide Tierkreiszeichen regiert, dürfte dies ihre Unterschiedlichkeit mehr oder weniger abschwächen und dieser Kombination ein ausgezeichnetes Einvernehmen auf geistiger Ebene verleihen. Weisen wir darauf hin, dass die umfassende Neugier des Zwillings mit Extensivkultur verglichen werden kann, während die stärker polarisierte der Jungfrau mit Intensivkultur zu vergleichen ist. Zwei Tierkreiszeichen, die sich gut für die Berufszweige Handel und Kommunikation oder auch für wissenschaftliche Tätigkeiten eignen. Die Jungfrau (Erde), ausgewogener und pragmatischer als der Zwilling (Luft), schätzt die Mobilität und Fröhlichkeit ihres jugendlichen Gefährten, auch wenn sie durch seine Verzettelungen genervt ist. Sie wird vergeblich versuchen, ihn zu etwas mehr Vernunft zu bringen, während der Zwilling, der die »Leichtigkeit des Seins« schätzt, auch wenn sie gelegentlich *unhaltbar* ist, sein *Alter Ego* als schrullig, pedantisch und als zu nüchtern empfinden wird. Warum, so fragt sich dieses Kind von Castor und Pollux, das gerne in der Gegenwart lebt, warum um jeden Preis die Zukunft bis in kleinste Detail planen, wo doch, wie man sehr wohl weiß, die Dinge ohnehin anders ablaufen als geplant? Die Sache droht ein böses Ende zu nehmen …

Beispiel berühmter Paare:
- *Clara Schumann,* Jungfrau/Aszendent Krebs, geb. am 13. September 1819, und *Robert Schumann,* Zwillinge/Aszendent Steinbock, geb. am 8. Juni 1810, mit dem Mond in der Jungfrau – Ihre dissonanten Sonnen (ihre verzögerte Heirat wird von Claras Vater abgelehnt) wurden teilweise durch die Konjunktion des Mondes des Komponisten mit der Sonne seiner ergebenen Ehefrau (Jungfrau) kompensiert, die ihren schwer depressiven Ehemann viele Jahre lang bemutterte (Aszendent Krebs). Diese Anziehung hielt vor allem (siehe ihre komplementären Aszendenten) lange genug, um ihnen acht Kinder zu schenken!

ZWILLINGE–FISCHE ODER FISCHE–ZWILLINGE

Wenn diese beiden völlig unterschiedlichen Naturen anfangs auch voneinander angezogen werden, ist es doch selten, dass der Reiz nicht nach kurzer Zeit vergeht. Die Emotionalität und Überempfindlichkeit des Fische-Geborenen bringen den spielerischen Zwilling zum Schmunzeln, dessen Sensibilität sich eher nervös als affektiv äußert und der kein Verständnis für den träumerischen und realitätsfernen Teil seines Gefährten haben wird. Der Fisch wiederum wird einen Gefährten wenig zu schätzen wissen, den es ständig in die Ferne zieht. Ausnahmen natürlich ausgenommen …

Beispiel berühmter Paare:
- *Johnny Halliday (Jean-Philippe Smet)*, Zwillinge, geb. am 15. Juni 1943, und *Laetitia*, Fische, geb. am 18. März 1975, deren – für ihr Sternzeichen typische – Aufopferung für den Sänger während seiner gesundheitlichen Probleme niemandem entgangen ist.

KREBS–WAAGE ODER WAAGE–KREBS

Hierbei handelt es sich um die (schwierige) Verbindung von Wasser und Luft. Der introvertierte Krebs verdrängt seine Sensibilität und schwingt in intimeren und narzisstischeren als rein ästhetischen Emotionen. Unserer eleganten Waage fehlt es bei so vielen geheimen Träumen etwas an der Verbindlichkeit. Für sie ist es weniger wichtig, sehr viel zu empfinden, sie legt vor allem Wert darauf zu teilen, sich auszudrücken, einander zu zieren, im Dialog zu sein. Sie meint, ihr Freund Krebs koche ein wenig zu sehr im eigenen Saft. Ihre gemeinsamen Herzensqualitäten vereinen sie jedoch in einer gewaltfreien, romantischen Vorstellung über das Leben. Wird das ausreichen?

LÖWE–SKORPION ODER SKORPION–LÖWE

Feuer und Wasser … das Abenteuer ist riskant! Schließen Sie zuerst eine gute Versicherung gegen Körperverletzung ab, bevor Sie sich in das Unwetter stürzen. Zwei Machtwillen stehen sich hier gegenüber, die sich nur im Bett bei einer heißen Umarmung aussöhnen. Der stolze und narzisstische Löwe verabscheut Kritik und Befehle, während der bissige Skorpion seinen etwas exhibitionistischen Partner, der sich ständig produzieren muss, mit Ironie beurteilt. Beide jedoch respektieren ihre Kraft und ihr Talent. Bis zu welchem Punkt?

Beispiele berühmter Paare:
- *Bill Clinton*, Löwe/Aszendent Waage, geb. am 19. August 1946, und *Hillary*, Skorpion, geb. am 26. Oktober 1947, deren Aszendent Löwe der Sonne des Ex-Präsidenten der USA entspricht und einen guten Aspekt mit seinem Aszendenten bildet. Dies ist ein weiterer Annäherungsfaktor, zu dem noch ihre einvernehmlichen Monde (Erde/Wasser) hinzukommen: im spielerischen Stier bei Bill, in den ergebenen und etwas passiven, ja aufopfernden Fischen bei Hillary – ein

Abbild ihres Ehedramas mit weltweiten Auswirkungen (man denke an die Affäre mit Monica Lewinsky). Die Spannungen zwischen Löwe und Skorpion erreichten dabei ihr ganzes Ausmaß.

- *Alain Delon,* Skorpion/Aszendent Waage, geb. am 9. November 1935, mit einem kampflustigen Mond im Widder, und *Nathalie,* Löwe, geb. am 1. August 1941 – Unvermeidlich kommt es zwischen dem Wasser des Skorpions und dem Feuer des Löwen, der allerdings von der Luft des Aszendenten Waage des Filmstars betört wird, zu Machtkämpfen.

- *Jan Josef Liefers,* Löwe, geb. am 8. August 1964, und *Anna Loos,* Skorpion, geb. am 18. November 1970 – Wer behält die Oberhand, wenn die Teller fliegen?

- *Yves St. Laurent,* Löwe/Aszendent Wassermann, geb. am 1. August 1936, mit einem wilden Mond im Steinbock. Dieser Mond ist es, der den großen Modeschöpfer und sein diffuses Unbehagen (Sonne in Opposition zum Aszendenten) mit dem Kunstsammler und -liebhaber *Pierre Bergé* verbindet, Skorpion/Aszendent Steinbock, geb. am 14. November 1930, Mond in der Jungfrau – das typische Porträt des Geschäftsmanns bzw. einer grauen Eminenz, eine Rolle, die er beständig spielt.

JUNGFRAU–SCHÜTZE ODER SCHÜTZE–JUNGFRAU

Feuer und Erde, zwei Elemente, die auf den ersten Blick wenig kompatibel erscheinen. Das Bündnis findet eher in abstrakten Bereichen statt, denn sowohl der Schütze als auch die Jungfrau neigen zu Analyse und Reflexion, der Schütze jedoch mit größerem Wagemut und Gefühl für die Synthese als die Jungfrau. Die Jungfrau interessiert sich für die philosophischen Eröffnungen des Schützen – auch wenn sie das Mikroskop dem Teleskop vorzieht! –, hat jedoch kaum Verständnis für seine ständige Suche nach dem Abenteuer und fernen Horizonten. Ihr graut es so sehr vor Veränderung! Die Frage ist: Wird es dem ungestümen Zentaur gelingen, das fundamentale Sicherheitsbedürfnis seiner bevorzugten Jungfrau zu erfüllen? Und wird die andauernde Kritik der Jungfrau – aus Sicht des olympischen Gottes wegen Lappalien – seine Geduld nicht sehr schnell überstrapaziert haben?

Beispiele berühmter Paare:
- *Sofia Loren*, Jungfrau/Aszendent Schütze, geb. am 20. September 1934, und *Carlo Ponti*, Schütze/Aszendent Fische, geb. am 11. Dezember 1912 – Der Aszendent Fische (Wasser) von Carlo Ponti steht in Opposition bzw. Komplementarität zur Sonne in der Erde der Schauspielerin, was einen Anziehungspunkt innerhalb dieses Paares darstellt, das nichtsdestotrotz den Turbulenzen und Spannungen zwischen Jungfrau, Schütze und Fische ausgesetzt ist.

- *Edouard Baer,* Schauspieler, Schütze (mit Mond im sensiblen Krebs), geb. am 1. Dezember 1966, und *Lou Doillon,* Jungfrau, geb. am 4. September 1982 – Festzustellen ist die ausgleichende Harmonie zwischen dem Wasser im Krebs und der Erde in der Jungfrau, die eine gewisse Verwandtschaft in der Weltsicht des Paares gewährleistet.

- *Jean-Luc Godard,* Schütze/Aszendent Waage, geb. am 3. Dezember 1930, und *Anna Karina,* Jungfrau, geb. am 22. September 1940 (Mond in den Zwillingen, komplementär zur Sonne des Regisseurs)

WAAGE–STEINBOCK ODER STEINBOCK–WAAGE

Zwei anfangs eindeutig widersprüchliche Naturen – wo jedoch steht geschrieben, dass die diplomatische Waage niemals das Geheimnis des delikatesten Einvernehmens finden wird? Sie versteht es so gut, ihre Welt zu betören und auch der ernste Steinbock wird nicht umhin können, dem vollendeten Charme seines venusischen Partners zu erliegen. Ruhig, unerbittlich, eifrig und realistisch wird der Steinbock zusammen mit der Waage Zugang zu Freuden und Raffinessen erhalten, die er alleine nie kennenlernen würde. Was er jedoch nicht liebt, sind die flatterhaften, lauen oder kapriziösen Naturen. Wenn die Waage die Wertschätzung ihres saturnischen Partners behalten möchte, wird sie die Irrungen ihrer poetischen Seele und ihres zögerlichen Geistes etwas beherrschen und bei Bedarf ihre Leichtfertigkeit unter Verschluss halten müssen, auf die Gefahr hin, mehr oder weniger im eigenen Saft zu kochen und auf ihr gesellschaftliches Leben zu verzichten. Aber wer liebt, rechnet nicht auf … bis zu einem gewissen Punkt zumindest. Bis zum Punkt ohne Wiederkehr, denn das *carpe diem* ist für dieses venusische Wesen ein Muss.

Beispiel berühmter Paare:

- *Franz Liszt,* Waage/Aszendent Löwe, geb. am 22. Oktober 1811, Mond im Schützen, also eine Mischung aus Feuer und Luft, der sein Leben als großer Verführer beendete, um sich der Religion zuzuwenden, wo er die niederen Weihen erhielt, und *Marie d'Agoult,* Steinbock/Aszendent Waage mit Mond im Widder (in Opposition bzw. Komplementarität zur Sonne des Komponisten), geb. am 31. Dezember 1805, eine komplexe Persönlichkeit aus den Elementen Erde, Luft und Feuer – Ein bewegtes Duo, bei dem die Faktoren der Anziehung ebenso stark waren wie die grundlegende Dissonanz der Geburtssonnen. Daraus ergaben sich in der Beziehung Herausforderungen, die bei diesem Paar, das als besonders sinnbildlich für ein romantisches Paar galt, anregend wirkten.

SKORPION–WASSERMANN ODER WASSERMANN–SKORPION

Wie bereits gesagt, der Konflikt zwischen Engel und Bestie, und wenn die Apokalypse uns lehrt, dass der Engel nach einem langen Kampf siegreich sein wird, bleibt dieser Ausgang auf alltäglicherem Gebiet zweifelhaft. Der Wassermann ist tatsächlich schlecht dafür gerüstet, die heimlichen und komplizierten Tricks des Skorpions zu vereiteln. Da er ein von Natur aus gutes und selbstloses Herz besitzt (wenn seine Geburtssonne harmonisch ist), ist er zu häufig vertrauensselig oder gar naiv. Allerdings sind nicht alle Skorpione Dämonen und nicht alle Wassermänner Engel und die Intelligentesten unter ihnen werden es verstehen, diese Mischung aus Fantasie, Kreativität und Weisheit zu respektieren, die – mit einem Körnchen Verrücktheit – ihrem Wassermann-Partner zu eigen ist. Es besteht jedoch die Gefahr, dass der intime Skorpion die wiederkehrende Invasion von Freunden nicht schätzen wird, die unangemeldet vor der Tür stehen, während er oder sie geplant hatte, ganz egoistisch zusammen mit ihrem *Alter Ego* einen aufregenden Film anzusehen und anschließend Eros zu huldigen. Da der Skorpion zudem zu einer gewissen sexuellen Besessenheit neigt, wird er nicht weit davon entfernt sein, seinen Engel zu verdächtigen, dieser suche und finde zweckmäßige Ablenkung von der zu anspruchsvollen Sexualität seiner besseren Hälfte. Ohne von Eifersucht zu sprechen, besteht die Gefahr, dass dieser Pfeffer sich in Gift verwandelt. Das führt möglicherweise zu Szenen, in denen schon einmal Teller fliegen könnten, noch dazu, da der Wassermann von Natur aus zur Hysterie neigt – das sollten wir nicht vergessen! Kurz, es besteht die Gefahr, dass sowohl im Alltag als auch in der Intimität Streitigkeiten, Eklats, Trennungen und hemmungslose Versöhnungen zum täglichen Brot dieses Paares gehören, solange es damit jedoch zufrieden ist … Eine hemmungslose und fantasievolle Sexualität wird die beiden dann vielleicht Hals über Kopf in das dämonische Reich der Wollust und der verbotenen Früchte stürzen. Vergessen wir nicht, dass Sacher-Masoch Wassermann mit Aszendent Skorpion war!

Beispiel berühmter Paare:
- *Demi Moore,* Skorpion, geb. am 11. November 1962, und *Ashton Kutcher,* Wassermann, geb. am 7. Februar 1978, verliebt in die Kommunikation – bekanntlich ist er der Twitter-König!

SCHÜTZE-FISCHE ODER FISCHE-SCHÜTZE

Ein Schütze, den seine hohen Ansprüche in gehobene Sphären tragen, und ein Fisch, der abwesend in einem Traum oder gar im Mystizismus lebt … Sicher können Sie sich wiederfinden – schließlich regierte Jupiter auch die Fische, bis man ihnen Neptun, den Gott der Meere, als Vater zuwies. Allerdings denkt man bei ihrem unterschiedlichen Temperament – Feuer und Wasser – unwillkürlich an die Verbindung von Katz und Maus. Fische-Geborene werden den Zentaur als rastlos empfinden und ihn um die spontane Sympathie beneiden, die er überall erntet; sie laufen Gefahr, ihn schnell oberflächlich, zu extrovertiert und verschwenderisch zu finden, während den Schützen die Passivität seines *Alter Ego* nerven wird, genauso wie dessen Überempfindlichkeit, die er rasch als Gefühlsduselei abtun wird. Die natürliche Tendenz der Fische, zu klagen, geht diesem Lebewesen voller Schwung und Vitalität gegen den Strich, es wird diese Schwäche als eine äußerst lästige und mürrische Kontemplation aburteilen. Während schließlich der etwas passive oder gar ängstliche Fisch Mühe hat, zur Tat zu schreiten, wird sich der aktive, ungeduldige und risikofreudige Schütze ärgern, wenn sein Kompagnon eine zu große Unentschiedenheit an den Tag legt. *Last but not least* besteht auch die Gefahr, dass der resignierte Pessimismus der Fische, der den Enthusiasmus des Schützen bremst, diesen nach und nach ermüden wird.

Beispiel berühmter Paare:
- *Francis Huster,* Schütze/Aszendent Wassermann, geb. am 8. Dezember 1947, und *Cristiana Reali,* Fische/Aszendent Waage, geb. am 19. März 1965 – Der Aszendent von Cristiana (Element Wasser) erklärt die Anziehung durch die Mischung aus Feuer und Luft des Schauspielers, dies war jedoch offenbar nicht genug, um das Paar dauerhaft zusammenzuhalten …

5. DIE ZWILLINGSPAARE oder EINANDER SPIEGELNDE PAARE

Wenn Sie die Grundprinzipien der Geometrie des Tierkreises durchgelesen haben, sind Sie bereits vertraut mit dieser Partnerkategorie, in der sich Gleich und Gleich gerne gesellt, wie ein Echo im anderen, ein mehr oder weniger getreues oder verzerrtes Spiegelbild, das dem eigenen Ich mehr oder weniger ähnlich ist. Anders gesagt werden sie von einem Wesen angezogen, das in demselben Tierkreiszeichen geboren ist. Auf den ersten Blick könnte man denken, dass in diesen Zeichen wie den Widdern, Krebsen oder Löwen, die mehr als andere untereinander angezogen werden, Egoismus und Narzissmus am stärksten ausgeprägt sein könnten. Diese Gespanne dürften daher in der Überzahl sein. Natürlich könnte nur eine spezifische und systematische Studie über eine solche Hypothese befinden.

Es handelt sich hier um eine Teilung des Tierkreises durch eins, denn diese Tierkreiszeichen stehen miteinander in Konjunktion, das heißt, in einem Winkel von null Grad. So erhält man zwölf Paare des gleichen Tierkreiszeichens: zwei Steinböcke oder zwei Jungfrauen etc. Ein Janus-Paar, benannt nach dem Gott mit den beiden symmetrischen Gesichtern, die sich ähneln und sich durch eine Art astropsychologische Zwillingsverwandtschaft entsprechen. Im Zentrum dieser spontanen Anziehung kann eine gewisse Ähnlichkeit der Wahrnehmung oder der Persönlichkeit stehen: als neige man dazu, die Lebewesen und die Dinge aus demselben Fenster, unter demselben Blickwinkel zu sehen. Das bleibt natürlich sehr relativ und ein solches Paar wird nur die groben Züge gemeinsam haben. Vergessen wir nicht, dass hier der planetare Kontext jedes Beteiligten mit seiner persönlichen Originalität hinzukommt (Aszendent, Mond, Venus, Mars etc.), dessen Unterschiedlichkeiten sich addieren und ein völlig originales Paar entstehen lassen. Diese Beiträge werden die Harmonie verstärken oder im Gegenteil

Diskrepanzen, Divergenzen, ja sogar Konfliktpunkte bei diesem Paar schaffen. Hinzu kommt, dass bei dieser Art astraler Zwillingsverwandtschaft, die einer Suche nach dem Doppelgänger, nach einer identischen verwandten Seele entspricht, der Spiegel der eigenen Fehler sich als ein Zerrspiegel erweisen kann. Es ist nämlich bekannt, dass wir vor allem auf das reagieren, was uns ähnelt. Daher werden wir besonders empfindlich auf die Fehler unseres eigenen Sternzeichens reagieren, gegebenenfalls unseres gemeinsamen Sternzeichens, und zwar auch dann, wenn wir dies nicht immer ausdrücken können. Wir empfinden diese Fehler in uns dann nur virtuell, im Geheimen verborgen, manchmal verdrängt und unbewusst. In diesem Fall sieht man im anderen, was man an sich selbst nicht sehen möchte und ablehnt. Das Identische – eine Bedrohung der Identität? Da es zusätzlich auch zwei Arten gibt, Widder, Skorpion oder ein anderes Zeichen zu sein, eine positive und eine negative Art, wobei eine stärker die Qualitäten des Sternzeichens verkörpert, die andere eher dessen Fehler – wie eine Medaille mit ihrer Kehrseite – kann das große Einverständnis, das anfangs in diesem wie Pech und Schwefel zusammenhaltenden Paar bestehen kann, zu einem »brudermörderischen« Kampf entarten. Die Trennung von dem anderen erscheint dann manchmal wie eine chirurgische Operation, mit dem Ziel, über sich hinauszuwachsen und zu gesunden. Letztendlich gehört das Orakel den Details im jeweiligen Horoskop der Partner (daher auch die Bedeutung einer individuellen Analyse wie von *Astrocouple*).

Schauen wir uns die verschiedenen Tierkreiskombinationen dieser Zwillingspaare an.

WIDDER-WIDDER

Zwei mutige Krieger, beseelt von der Leidenschaft und dem Temperament des Feuers, reizbar und autoritär, die sich von keinem Hindernis aufhalten lassen! Den besten Einklang erreichen Sie im gemeinsamen Handeln. Mars, Ihr beherrschender Planet, symbolisiert den aggressiven Trieb und die Libido. Daher der Wechsel von starker Begierde, heißer Leidenschaft und Rivalität, ja sogar Aggressivität: Wer wird die Hosen anhaben? Das ist hier die Frage! Kurz: Da können schon einmal Teller fliegen. Aber eines ist sicher: Sie werden sich und Ihre Freunde nie langweilen!

Beispiel berühmter Paare:
- *Ali MacGraw,* Widder, geb. am 1. April 1938, mit dem Aszendenten Stier, der schön harmoniert mit dem Ihres Mannes im Krebs, *Steve McQueen,* ebenfalls Widder, geb. am 24. März 1930.

STIER–STIER

Sie werden zusammen glücklich sein. Pragmatisch, gut organisiert und auf derselben Wellenlänge, werden sie ihren Urlaub (mindestens) ein Jahr im Voraus planen. Es wird ihnen großes Vergnügen bereiten, gemeinsam auf Trödelmärkten nach Nippes (am liebsten antik) oder Kunstgegenständen zu stöbern, um ihr *home, sweet home* zu verschönern. Verliebt richten sie sich ihr Nest ein, wenn möglich mit einem Garten und Zaun – jeder schön für sich, so ist es besser – und verbringen ihre Zeit damit, ihre Bäume zu pflegen und ihren Garten zu bestellen – auch im übertragenen Sinn, und zufrieden ihr Geld zinsbringend anlegen. Denn Material und Geld sind das Manna, ohne das, wie sie besser als jeder andere wissen, hier auf Erden nichts geht. Und dann ist da die Musik, die Musik, nach der sie beide begierig sind und die sie in ihrer Intimität wiegt. Beide sind treu und besitzergreifend, sie werden ein ruhiges, häusliches und gradliniges Leben führen, - *U-Bahn, Arbeit, Schlaf,* das schreckt sie nicht, im Gegenteil, sie mögen ihre Gewohnheiten. Erstickende Routine, würden andere sagen. Nicht so dieses Stier-Gespann, das im Leben vorankommt, mit allen vier Beinen fest auf dem Boden, ohne auch nur im Geringsten die Welt des Leichtsinns oder aushäusige Abenteuer zu vermissen, die ihren sanften Egoismus zu zweit nur stören könnten. Dies ist eine weitere Gemeinsamkeit, die ihre Verbindung festigen wird, die durch eine unzerstörbare gegenseitige Loyalität einbetoniert ist.

ZWILLINGE–ZWILLINGE

Castor und Pollux, zwei Schmetterlinge, die Nektar sammeln, herumwirbeln, sich verlassen, sich wiederfinden, das alles in einer fröhlichen und wilden Farandole. Maskenball und Bergamaskentänze, Sie wetteifern in witzigen Bemerkungen, spielen Komödie, wechseln von der Tragödie zur Posse, wobei Sie sich komplizenhaft zublinzeln. Niemand außer Ihnen wird etwas verstehen. Lässig oder mehr oder weniger zerstreut, wird der andere Sie verstehen und nicht den ersten Stein werfen, wenn Sie, Herr Zwilling, Ihren Schlüssel verlegt haben, oder Sie, Frau Zwilling, Ihre Handtasche in einem Geschäft vergessen haben. Es sei denn, diese Selbstspiegelung wird schließlich doch zu nervtötend. Aber im Bett, dessen Kulisse sich unendlich oft ändert – Sie lieben Hotels, Veränderung inspiriert Sie – finden Sie Ihre schelmischen Spielchen, Ihre jugendliche Anschmiegsamkeit wieder. Sie verkörpern ganz wunderbar den Ausspruch von Nicolas Chamfort: »Liebe ist der Austausch zweier Fantasien und die Berührung zweier Hautschichten.« Ihren Alltag improvisieren Sie, umgeben von Freunden, die von Ihrer natürlichen Fröhlichkeit begeistert sind. Häufig führen Sie ein Bummel- oder gar Vagabundenleben. Heißt »Wurzeln« schlagen nicht »sterben«? Täglich begeistern Sie sich für etwas anderes. Die Frage ist nur: Wer wird die Steuererklärung ausfüllen?

KREBS-KREBS

Haus, Familie, Rückzug, man weiß es bereits: »Um glücklich zu leben, leben wir im Verborgenen.« Eingeigelt in ihrem gemütlichen kleinen Universum, Türen und Fensterläden geschlossen, vor dem Kamin, genüsslich auf bequemen Kissen liegend, eine schnurrende Katze und einen schlafenden Hund zu Füßen, umgeben von einer Schar (artiger) Kinder, und das alles neben einem gut gedeckten Tisch – was will das Volk? (Vorsicht, eine Anmerkung: Die allgegenwärtige Existenzfrage dreht sich um gutes Essen!) Das Risiko dabei: die relative Isolierung. Dieses bequeme und auf sich selbst bezogene Leben kann den Horizont des Krebs-Paares einschränken, durch mangelnde Initiative, aus Faulheit oder heiterer Resignation. Aber letztlich, wenn das der Preis für ihr Glück ist …

LÖWE-LÖWE

Hier stehen sich zwei anspruchsvoll Ambitionierte gegenüber, zweimal gebieterischer Stolz, zweimal erbarmungsloser Wille, zweimal pure Leidenschaft, zweimal geborene Autokraten. Egal, was sie gemeinsam tun, es wird niemals banal, niemals unvollendet, niemals mittelmäßig sein. Der Zukunft zugewandt, die sie sich nicht anders als glänzend und verglichen mit der Gegenwart (noch) besser vorstellen können, werden sie keine Mühen scheuen und schrecklich effizient sein – hüte sich, wer ihren Weg kreuzt! »*There's nobody like us*«, wird ihre stolze Devise lauten. In der Intimität gibt es allerdings ein Problem: das Kräfteverhältnis dieses glänzenden Gespanns. Einer von beiden wird es lernen müssen, die Segel zu streichen und bestimmte Voraussetzungen zu erfüllen … aus Klugheit und um des lieben Friedens willen. Sollte dies unter heftigem Gebrüll erfolgen, das die Wände wackeln lässt, so ist das nicht schlimm: Da beide wissen, dass das einzige und unverzeihliche Verbrechen der Majestätsbeleidigung darin bestehen würde, den anderen zu demütigen, werden umgekehrt sein Respekt, seine Wertschätzung bis hin zur Bewunderung die ebenso originellen wie wirksamen erotisierenden Zutaten sein, die im Handumdrehen diesen Wutausbruch in ein genüssliches Schnurren verwandeln.

Beispiele berühmter Paare:
- *Sean Penn,* Löwe/Aszendent Schütze, Mond im Krebs, geb. am 17. August 1960, und *Madonna,* geb. am 15. August 1988, Aszendent im anarchistischen Wassermann und Mond in der Jungfrau – Hat die Löwin ihren sensibleren und verletzlicheren Gefährten wohl verschlungen? Sie ist nämlich am gleichen Tag geboren wie … Napoleon I.!

- *Antonio Banderas,* Löwe/Aszendent Fische, geb. am 10. August 1960, und *Melanie Griffith,* Löwe/Aszendent Stier und Mond im Wassermann, geb. am 9. August 1957 – Eine explosive Mischung liegt in dieser Persönlichkeit, die nur der Aszendent im aufopfernden Aszendenten Fische von Antonio beruhigen oder entschärfen kann! Es gibt aber auch noch die beiden harmonischen Aszendenten, um der Beziehung dieses sympathischen Paars die Aussicht auf einen gewissen Fortbestand zu geben.

JUNGFRAU–JUNGFRAU

Wie viel Ernsthaftigkeit, Klarheit, Ruhe und Effizienz … Eine unproblematische Verbindung, der es aber vielleicht ein wenig an Fantasie mangelt! Es sei denn, eine von beiden wäre eine »törichte Jungfrau«! Die mehr oder weniger introvertierte, kritische, ja skeptische und pessimistische Jungfrau braucht einen Gefährten, der sie mobilisiert. (Die Jungfrau La Rochefoucauld mit einer eher menschenfeindlichen Einstellung ist ein typisches Beispiel.) Eine ausgezeichnete Kombination in geschäftlichen Belangen oder bei einem karitativen Unternehmen im Dienste der leidenden Menschheit sind geeignete Tätigkeitsfelder. Bleibt zu wünschen, dass weitere astrale Zutaten in den Geburtshoroskopen diesem etwas zu braven Gespann eine Prise fantasievolle und spontane Würze zufügen. Dieses Paar findet sein Glück – etwas egozentrisch, das stimmt, aber durchaus köstlich – umgeben von seinen Hunden und Katzen, mit einem Häppchenteller vor dem Fernseher. Und im Bett? In die Intimsphäre dieser beiden Verschämten hatten wir leider keinen Einblick.

WAAGE–WAAGE

Zwei Turteltäubchen, die dieselbe Melodie singen, zusammen gurren und für die der Begriff »Vergnügen« keine leere Worthülse ist. Luxus, Ruhe und sinnliche Wonnen ... Es lebe das Motto *Carpe diem!* Abzuraten allerdings für ein Unternehmen, das Kühnheit oder Entscheidungsfreude verlangt. Bei so viel Romantik und Eleganz wäre es vernünftig, sich der Mitarbeit eines Menschen zu versichern, der realistischer und vor allem waghalsiger ist. Auf der Gefühlsebene ist dies ein ausgezeichnetes Gespann, das sich den romantischsten Ort aussuchen wird, um in den Hafen der Ehe einzulaufen. Ihnen ist das Wort »Ehe« heilig – trotz gelegentlicher Verstöße, die rein sinnlicher Art sind. Bedenken wir, dass die Waage als Tierkreiszeichen traditionell der Heirat zugeordnet wird. Schluss mit Mittelmaß und Hässlichkeit! Vulgarität und Taktlosigkeit sind Todsünden für diese beiden, die ein reges bis bewegtes Gesellschaftsleben führen werden. Ein Strudel, der sie beide davontragen wird. Gemeinsam werden sie gerne in Gesellschaft glänzen, mit ihren Freunden in Eleganz wetteifern, die ihnen ihre Eitelkeit verzeihen werden, denn sie sind einfach zu betörend! Eine Verbindung also, die Bestand haben kann, denen ihre Bindung heiliger ist als jedem anderen Tierkreiszeichen.

Beispiele berühmter Paare:
- *Michael Douglas*, Waage/Aszendent Skorpion, geb. am 25. September 1944, und als (beinahe) kosmischer Zwilling *Catherine Zeta-Jones*, Waage/Aszendent Schütze, ebenfalls geb. am 25. September, allerdings 1969 – Wetten, dass die Unabhängigkeit und der Schwung ihres Aszendenten Feuer die Exzesse (Aszendent Skorpi-

on!) des Schauspielers zurückhalten und gar zügeln können, diesem geborenen Verführer, der angeblich eine sexuelle Entziehungskur absolvieren musste?

- *Catherine Deneuve*, Waage/Aszendent Steinbock, geb. am 22. Oktober 1943, Mond im Löwen, und *Marcello Mastroianni*, Waage/Aszendent Steinbock, geb. am 24. September 1924 (Mond in der Waage) – Persönlichkeiten mit gegensätzlicher Natur, zugleich als Schauspielerin und Schauspieler der Welt ausgesetzt und von dieser zurückgezogen, mehr oder weniger introvertiert oder einsiedlerisch. Besitzt Marcello Mastroianni eine so außergewöhnliche Verführungskraft, weil er unter dem Neumond in der Waage geboren ist?

- *Brigitte Bardot*, Waage/Aszendnet Schütze, geb. am 28. September 1934, und *Samy Frey*, Waage, geb. am 13. Oktober 1937, Aszendent Steinbock – Verhinderte dieser Aszendent, der absolut antithetisch zur Luft in der Waage von Brigitte Bardot ist (und verantwortlich für eine Ungleichheit, die für Samy Frey schwer zu ertragen war), den Fortbestand dieser Verbindung?

SKORPION-SKORPION

Anders, als man denken könnte, kann diese Zwillingsbeziehung der Kinder Plutos äußerst positive und dauerhafte Ergebnisse bringen. Dank einer scharfsinnigen Intelligenz und einer anspruchsvollen kritischen Hellsichtigkeit bedient jeder sich des anderen als Modell, um sein Verhalten ständig anzupassen und zugleich seine Unbeugsamkeit oder gar gelegentliche Brutalität zu verstehen. Bis zu welchem Punkt? Denn es wird natürlich Momente geben, in denen die Spannung so extrem wird, dass man einen aufsehenerregenden Bruch erwarten könnte. Das wäre schade, denn diese Kombination, die von großem Arbeitspotenzial, von Kampflust, dem Geschmack an eifersüchtiger Ausschließlichkeit und absolut außergewöhnlicher Ausdauer beseelt wird, kann sich als bemerkenswert fruchtbar erweisen. Vorsicht jedoch vor Eklats und Streitereien! Das wäre explosiv. Ihre anspruchsvolle Sexualität wird zu ihrem Highlight, dabei werden sie sich immer wiederfinden – und es wird heiß sein, denn mit lauen Halbheiten geben sie sich nicht zufrieden, sondern sie werden sich in einem stürmischen Schweigen verste-

hen und umschlingen oder gar zerreißen, an der Grenze zur Vernich-
tung. Die Nacht ist ihr Königreich und wird nie enden, sondern sie in
schmerzlicher, köstlicher Wollust verschlingen. Hier treffen sich Eros
und Thanatos, Leben und Tod, hier werden beide ihre unerschöpfliche
Energie tanken. Schließlich ist der Skorpion das sexuelle Tierkreiszeichen schlechthin!

Beispiele berühmter Paare:
- *François Mitterrand,* der verstorbene Präsident der Franzosen,
  Skorpion/Aszendent Waage, geb. am 26. Oktober 1916, Mond in
  der Waage (der große Verführer), und seine Ehefrau *Danielle,* Skor-
  pion/Aszendent Jungfrau, geb. am 29. Oktober 1924 – Ihr Mond
  im Skorpion konnte sie wegen der Eroberungen ihres illustren Ehemanns eifersüchtig machen, aber die kluge und vernünftige Jungfrau verstand es, mit Würde die delikatesten Situationen zu akzeptieren.

- *Julia Roberts,* Skorpion/Aszendent Krebs (und Mond im Löwen),
  geb. am 28. Oktober 1967, und ihr Countrysänger *Lyle Lovett,* ebenfalls Skorpion, geb. am 1. November 1957, Mond in den sensiblen
  Fischen – Große Sympathien im Wasser, die bei Weitem die Zusammenstöße zwischen dem Mond im Feuer-Zeichen der Schauspielerin und das Wasser im Horoskop ihres Gefährten hätten aus-
  gleichen können … Theoretisch, aber Mars und Venus haben das
  letzte Wort!

- *Joseph Goebbels,* Hitlers Propagandaminister, Skorpion/Aszendent
  Löwe, geb. am 29. Oktober 1897 (der kraftvolle und ehrgeizige,
  umgekehrte Cocktail wie bei Napoleon I.), und seine Ehefrau *Mag-
  da,* Skorpion, geb. am 11. November 1901, geboren bei Neumond
  – Dieser sorgt immer für ein ungewöhnliches Schicksal. Magdas
  Ende, die sich mit ihren vielen Kindern und ihrem Mann vergiftete,
  entspricht perfekt dem tragischen Ende des selbstzerstörerischen
  Skorpions.

SCHÜTZE–SCHÜTZE

Zwei Schützen haben beste Aussichten, eine lebhafte, fröhliche Familie zu
gründen, in der man sich gut austauscht und in der jeder sich im Geist ge-

genseitiger Toleranz entfalten kann. Ihr Leben, das in chronischer Ruhelosigkeit stattfinden wird, braucht keine Monotonie zu fürchten! Herr Schütze wird sich zu abgehobenen philosophischen Reflexionen aufschwingen, Frau Schütze möchte die Welt erkunden … oder umgekehrt!? In beiden Fällen wird dieses Paar, das ständig auf Achse ist, aus diesen beiden Formen der Öffnung nach außen den besten Nutzen ziehen. Und im Bett? Stolz und verschämt wegen ihrer Gefühle – auch wenn sie bei Freunden oder in Gesellschaft prahlerisch oder sogar exhibitionistisch wirken mögen – das ist nur Show! – sind beide Feinde alles Lächerlichen und daher zügellos romantisch. Was sie nicht daran hindern wird, ihre ungestümen Naturen in gesunden und begeisterten und vor allem unkomplizierten Umarmungen zu vereinen. Der Humor wird ihr liebster Zeitvertreib sein und sie daran hindern, die Zufälligkeiten des Lebens tragisch zu nehmen.

STEINBOCK–STEINBOCK

Welche Affinitäten! Dies ist ein Paar, bei dem auf den ersten Blick kein Risiko besteht, dass es sich wieder trennt. Sie steuern in dieselbe Richtung und achten von Anfang an sorgfältig darauf, sich solide Grundlagen zu schaffen. Ihr gemeinsamer Ehrgeiz wird es Ihnen ermöglichen aufzusteigen und noch größere und weitere Ziele im Auge zu behalten. Aber Vorsicht, es könnte sein, dass es eines Tages wegen Ihrer Dominanzinstinkte zu Machtkämpfen kommen könnte. Oder dass Sie Leichtigkeit und Fantasie woanders suchen. Da Sie jedoch beständig und treu sind, wird es nicht schmerzlos sein, den gordischen Knoten – oder die Nabelschnur? – zu durchtrennen. Die Entscheidung – und das letzte Wort – wird Sache des Kontextes Ihrer jeweiligen Geburtshoroskope sein.

Beispiele berühmter Paare:
- *Jude Law,* Steinbock/Aszendent Schütze (und Mond in der Waage), geb. am 29. Dezember 1972, und *Sienna Miller,* Steinbock-Dame, geb. am 28. Dezember 1981, mit dem Luft-Mond im unabhängigen Wassermann (der sich mit dem Luft-Mond und dem Feuer-Aszendenten von Jude Law verbündet) – Ein Duo, das alles gehabt hätte, um sich zu lieben und zu schätzen.

- *Laurent Gerra,* Steinbock/Aszendent Schütze (eine astrale Mischung, die dem Humor gewidmet ist!), geb. am 29. Dezember 1967, und *Mathilde Seigner,* Steinbock/Aszendent Wassermann und

Mond im Löwen, geb. am 18. Januar 1968 – Zwei Steinböcke, die dafür gemacht sind, sich zu verstehen … scheinbar. Es sei denn, das Hin und Her ihrer jeweiligen Beziehungen zwischen Venus und Mars sagt etwas anderes?! (Siehe das Kapitel über die Ausnahmen, Dritter Teil, Kapitel 3).

WASSERMANN–WASSERMANN

Unabhängigkeit ist für Sie beide ein heiliger Begriff und untrennbar mit Ihnen verbunden. Es besteht daher die Gefahr, dass Ihre Beziehung ein ewiges Versteckspiel wird, da keiner sich zum Sklaven des anderen machen möchte. Da Sie jedoch beide das Abenteuer lieben, können Sie sich voller Enthusiasmus und in perfektem Einvernehmen für ein gemeinsames Unternehmen einsetzen (wissenschaftlich oder humanitär). Der andere ist für Sie gleichzeitig Bruder, Liebhaber und Freund. Von Freunden und Freundinnen umgeben, ist Ihr gemeinsames Credo die Freundschaft. Sie bilden ein originelles Paar, das in Gesellschaft wegen seines Geistes und seines Sinns für Humor und das Paradoxe begehrt ist. Eines ist sicher: In Ihrem Haus werden ständig Freunde zugegen sein. Es ist an Ihnen zu lernen, auch die Intimität zu pflegen. Dazu wird sicher die Musik beitragen, aber auch der philosophische Austausch und Science-Fiction-Filme – hatten Sie »Intimität« gesagt?

FISCHE–FISCHE

Schwer fassbar und vielfältig, wie Sie sind, streben Sie leidenschaftlich danach, einander kennenzulernen, miteinander zu verschmelzen und sich im anderen zu verlieren. Es verbindet Sie das Verlangen nach einem imaginären Anderswo, die Freude am Unendlichen und am Träumen sowie die Liebe für die Welt. Als ein Paar barmherziger Samariter, das von Großzügigkeit oder gar altruistischer Selbstaufgabe beseelt wird, zeigen Sie sich immer bereit, herrenlose Hunde ohne Halsband, Freunde oder Durchreisende in Ihrem offenen Haus aufzunehmen. Ihre beiden unkonventionellen und fantasievollen Naturen, Kunstliebhaber – vor allem die Musik – kommunizieren in einer gemeinsamen Ekstase, geprägt von starker, wenn auch stiller Sinnlichkeit, wobei Sie die Irrungen und Wirrungen Ihrer jeweiligen Fantasien teilen. Der angeblich stumme Karpfen ist bekanntlich ein Fisch. Unterm Strich eine ideale

Welt. Nur eine Frage bleibt offen: Wer wird die Steuererklärungen aus-füllen? Angesichts Ihres gemeinsamen Mangels an Realismus sollte die-se undankbare Aufgabe vielleicht besser einer dritten Person übertragen werden – vorzugsweise einer Jungfrau oder einem Stier.

6. BRÜDERLICHE PAARE, KOMPLIZEN

»Du hast/du bist, was mir fehlt« und umgekehrt ... Ja, bei diesem zu-gleich verständnisinnigen und verschiedenen Paar wirken die Unter-schiede wie Stimuli für das Verständnis einer anderen Welt und damit einem Sich-Öffnen für etwas, was dennoch mehr oder weniger vertraut sein kann. So sieht das recht komplexe Verhältnis dieser Paare benach-barter Sternzeichen aus, die man in der Gesellschaft massenweise fin-det. Fachlich gesprochen handelt es sich um ein Halbsextil, also einen 30°-Winkel im Tierkreis. Dieser gilt traditionell als ein (schwach) har-monischer Aspekt. Dabei ist festzuhalten, dass die benachbarten Tier-kreiszeichen entgegen der scheinbaren Logik nicht allzu viel gemeinsam haben; sie sind einander offen gesagt sogar recht unähnlich. Dabei er-klärt genau diese Unähnlichkeit den Wunsch, sich mit etwas vertraut zu machen, was einem eher fremd ist, um sich dessen Tugenden, Wir-kungen und Qualitäten anzueignen, insbesondere dann, wenn andere Faktoren dieser beiden Horoskope eine schöne Harmonie versprechen. Der andere, den man bezähmen möchte, um ihn besser kennen- und vielleicht auch lieben zu lernen, kann dann gleichbedeutend mit psy-chischem Gleichgewicht oder spiritueller Bereicherung werden. Unnö-tig zu präzisieren, dass der Begriff »brüderliche Paare« rein symbolisch gemeint ist und keinesfalls eine sexuelle Anziehung verhindert – vor allem, wenn Mars und Venus mit von der Partie sind! Nachfolgend wer-den nun diese zwölf brüderlichen Paare – Komplizen – etwas genauer betrachtet.

WIDDER–STIER

Ein eher seltenes Paar, möglicherweise wegen der abgrundtiefen Unter-schiede der Beteiligten. So ungestüm, draufgängerisch, schnell, mehr oder weniger lässig und halsbrecherisch der Widder ist, so langsam, be-sonnen und umsichtig ist der Stier. Der Widder ist ein Zorro, er tritt stets forsch auf, ist voll enthusiastischem Ehrgeiz und lebt im Augenblick; der

Stier ist pragmatisch und eher ein Stubenhocker – »*Home, sweet home*«, wird er stöhnen, wenn der Widder ihn zu einem ungeplanten Abenteuerausflug drängen möchte! Dort, wo der Widder, der seinem Stern vertraut, das Blaue vom Himmel verspricht, wünscht sich der Stier etwas Fundiertes, Belege und Pläne für eine genau geplante Zukunft. Ihre Komplementarität wird sie bereichern, wenn sie versuchen, sich zu verstehen und zu akzeptieren. Andernfalls werden ihre Zankereien den Dialogen Gehörloser ähneln. Ihre Beziehung wird auf beruflicher Ebene wirkungsvoller und einfacher sein als in der Liebe, denn das Grundproblem ist ein Problem des Lebensrhythmus: Da drückt der Schuh! Erinnern Sie sich an La Fontaines Fabel *Der Hase und die Schildkröte* … Alles in allem ist es besser, wenn die Frau im Stier geboren ist, dem venusischen/weiblichen und treuen Sternzeichen. Sie wird es verstehen, die unangebrachte Glut ihres von Mars bestimmten Partners zu besänftigen, der stets bereit ist, sich zu einer neuen Eroberung aufzumachen …

Beispiele berühmter Paare:
- *David Beckham,* Stier/Aszendent Stier, geboren am 2. Mai 1975 (mit dem Mond im Steinbock), und *Victoria Beckham,* Widder, geboren am 17. April 1974 – Ihr Aszendent Krebs, der zum Aszendenten ihres Mannes komplementär ist, verbindet sich harmonisch mit dessen Horoskop-Faktoren und kompensiert mehr oder weniger die Differenzen, die sich aus der Dissonanz zwischen dem Feuer des Widders und der Erde des Steinbocks ergeben können, Differenzen und Spannungen übrigens, die der Persönlichkeit Victorias innewohnen.

- *Katharine Hepburn,* Stier/Aszendent Skorpion, geboren am 12. Mai 1907 (Mond im Stier), und ihr Ehemann, der Widder/Aszendent Steinbock *Spencer Tracy,* geboren am 5. April 1900 – Der Aszendent Erde der Schauspielerin bildete die Brücke zu den Elementen Erde und Wasser ihrer besseren Hälfte und sicherte damit eine schöne Harmonie.

- *Charlie Chaplin,* Widder, geboren am 16. April 1889, mit Aszendent und Mond im Skorpion (daher eine ausgeprägte Sexualität und der kritische Geist), und seine *Oona,* Stier, geboren am 14. Mai 1925, komplementär zum Skorpion Ihres berühmten Mannes, dem sie eine Kinderschar schenkte – Das von Mars bestimmte Duo Widder–Skorpion erklärt die aggressiv-aufmüpfige Natur des Komikers.

• *Jean-Louis Borloo,* Minister unter Präsident Nicolas Sarkozy, Widder/Aszendent Jungfrau, geboren am 7. April 1951, Mond im Stier, und seine Ehefrau *Béatrice Schönberg,* Stier/Aszendent Fische, geboren am 9. Mai 1953 – Die zahlreichen Elemete Erde und Wasser, die das Duo der Geburtssonnen begleiten, sind Bindeglieder, Faktoren des Einverständnisses und guten Einvernehmens.

WIDDER–FISCHE

Der unerschrockene und beutelustige Widder kann sich leidenschaftlich für die Sirene begeistern, auch wenn sie männlich ist! Diese muss jedoch akzeptieren – und in der Regel wird sie darüber sehr erfreut sein –, dass der Widder als absoluter Herr und Meister im Alltag herrscht, die Entscheidungen trifft und zur Tat schreitet – gesagt, getan! Der Fisch, der sich mit Haut und Haaren seinem ungestümen Partner hingibt, kann sich hinter seinen Felsen zurückziehen und nach Lust und Laune träumen, fern von der Realität, die er häufig als zu anstrengend empfindet. Aber Vorsicht, der Widder, eine seltsame Mischung aus Egozentrik und Ritterlichkeit, wird seine natürliche Schroffheit herunterfahren müssen, die von seinem sehr (zu?) sensiblen *Alter Ego* leicht als ein Mangel an Taktgefühl oder gar als Brutalität empfunden wird. Wenn in dem Paar der Mann der Fische-Geborene ist, ist die Situation noch heikler. Wie soll die stürmische und etwas maskuline Widder-Frau sich mit der extremen Sensibilität ihres Fische-Manns arrangieren, der gerne in schmerzliches Schweigen verfällt, wenn er sich verletzt fühlt? Der Kontext der beiden Geburtshoroskope kann diese Einschätzungen jedoch verändern, beispielsweise wenn der Widder einen Wasser-Aszendenten oder der Fisch einen Feuer-Aszendenten hat. Jedenfalls wird der Widder, was auch immer die jeweiligen Horoskope sagen, seinen verletzlichen kleinen Fisch gerne beschützen … Es sei denn, dieser gehört zur fürchterlichen Spezies der Haie und macht mit seinem vierbeinigen *Alter Ego* kurzen Prozess, vor allem wenn dieser einen sensiblen Aszendenten im Krebs oder in den Fischen hat.

Beispiele berühmter Paare:
• *Victor Hugo,* Fische, geboren am 26. Februar 1802, und *Juliette Drouet,* Widder, geboren am 10. April 1806 – Beinahe 50 Jahre lang war sie seine Geliebte im Hintergrund. Die Ungleichheit der Elemente Wasser und Feuer wird hier besänftigt und auf ideale Wei-

se kompensiert durch den Aszendenten Stier und den Mond im Steinbock von Juliette, zwei Erdlementen der Stabilität, Treue und unerschütterlichen Diskretion in harmonischer Symbiose mit dem Wasser der Fische.

- *Helmut Kohl,* Widder/Aszendent Widder, geboren am 3. April 1930, und seine Frau *Hannelore,* Fische, geboren am 7. März 1933 – Wetten, dass das Feuer des mächtigen Bundeskanzlers mit seiner Ehefrau, dem kleinen Fisch, kurzen Prozess machte, die sich wegen einer schweren Krankheit und/oder einer chronischen Depression in Zusammenhang mit dem Gefühl, im Stich gelassen zu sein, das Leben nahm?

STIER–ZWILLINGE

Zwar hegen die Erde und die Luft traditionell keine große Sympathie füreinander, diese beiden hier werden nichtsdestotrotz hervorragende Kameraden sein, sollte jedoch das Horoskop keine Affinitäten zeigen, wird es auch dabei bleiben. Der Stier wird genervt sein durch die Zerstreutheit, die Neugier, den Leichtsinn und die Energieverschwendung des Zwillings, während dieser sich dabei aufarbeiten wird, bei seinen Erfahrungen und Abenteuern dieses Konzentrat an statischer Kraft mitzuziehen, wobei der Stier seinen gehörnten Kopf schütteln, seine Hufe fest in den Boden drücken und versuchen wird, seinen unvernünftigen Freund zur Vernunft zu bringen. Ein zum Scheitern bestimmtes Unterfangen, es sei denn, der Merkur des einen hätte eine Affinität zum Merkur des anderen. Die einflussreiche Alchemie von Venus/Mars kann natürlich alles – oder fast alles ändern. Am besten einfach so lange wie möglich genießen!

Beispiele berühmter Paare:
- *Steffi Graf,* Zwillinge, geboren am 14. Juni 1969, und *André Agassi,* Stier, geboren am 29. April 1970

- *Königin Elisabeth II. von England,* Stier/Aszendent Steinbock, geboren am 21. April 1926, Mond im Löwen – normal!, – und *Prinz Philip,* Duke of Edinburgh, Zwillinge, geboren am 10. Juni 1921, dessen Sonne mit dem Mond seiner königlichen Ehefrau harmoniert – In der Langlebigkeit der Königin, der die Zeit scheinbar nichts anhaben kann, spiegelt sich die Erde, die bei ihrer Geburt vorherrschte, wobei der Mond im Löwen die herrliche Vitalität beisteuert.

ZWILLINGE–KREBS

Diese Allianz von Luft und Wasser ist auf den ersten Blick kein gutes Omen. Der Krebs ist nämlich passiv und ängstlich, der Zwilling mobil und verspielt – was den introvertierten Krebs faszinieren kann. Allerdings werden sie in ihrer gemeinsamen ewigen Jugendlichkeit, ihrer Erfindungsgabe und ihren Launen zueinanderfinden. Denn der Zwilling ist der ewige Jüngling, während der Krebs gerne Kind bleibt … Auf intellektueller Ebene ergänzen sie sich, der Humor und die geistige Beweglichkeit des einen verbinden sich mit der Fantasie und dem trockenen Humor des anderen. Aber wie sieht es in der Intimität aus? Der Krebs wird gelegentlich frustriert sein, da sein Zwilling-Partner mehr Geschmack an beißender Schalkhaftigkeit und Denkspielereien als an starker Sinnlichkeit und zärtlicher Romantik findet und abenteuerliche Eskapaden einer hausbackenen Sesshaftigkeit vorzieht. Vergessen wir nicht, dass beim Krebs die Liebe durch den Magen geht und er befriedigende Schlemmereien zu seinem Glück braucht, während diese für den Zwilling nur sehr bedingt eine Rolle spielen – man denke an den Philosophen Blaise Pascal, einen Zwilling, der behauptete, keinerlei Freude am Essen zu haben. Der Zwilling als Tochter oder Sohn der Luft wird seinen mehr oder weniger hypochondrischen Gefährten gelegentlich etwas bedrückend und weinerlich empfinden. Bitte, lieber Krebs, schlucken Sie Ihr Gejammer herunter, wenn Sie es wieder einmal mit dem Magen zu tun haben. Die Litanei »Mama, Wehweh!« ist absolut nicht das Ding eines Zwillings. Abschließend können wir sagen: Das letzte Wort wird der Kontext der Geburtshoroskope haben, er wird die Langlebigkeit dieses Duos gewährleisten oder begrenzen.

Beispiele berühmter Paare:
- *Duke of Windsor* (bis zu seiner Abdankung Eduard VIII.), Krebs/ Aszendent Wassermann, geboren am 23. Juni 1894, Mond in den Fischen, und *Wallis Simpson,* Zwillinge/Aszendent Wassermann, geboren am 19. Juni 1896, Mond in der Waage – Festzuhalten ist bei beiden der Aszendent des unabhängigen und nonkonformistischen Wassermanns, hinzu kommt bei beiden die Himmelsmitte (MC = Schicksal) im freiheitlichen Schützen. *Last but not least* sind

ihre Sonnen in enger Konjunktion, auch wenn sie in verschiedenen Sternzeichen stehen (beim Duke zu Beginn des Krebses, bei Wallis Simpson am Ende der Zwillinge), woraus sich gemeinsame Ansichten ergeben. Man kann sich gut vorstellen, dass sich König Eduard VIII., der in sich ruhenden (Luft), leichten und charmanten, verführerischen (Aszendent Waage) und fantasievollen Persönlichkeit des Zwillings Wallis Simpson nicht entziehen konnte.

- *Nicole Kidman,* Zwillinge/Aszendent Skorpion, geboren am 20. Juni 1967, Mond im Schützen, und *Tom Cruise,* Krebs/Aszendent Skorpion, geboren am 3. Juli 1962, Mond im Löwen – Diese beiden weisen zahlreiche planetare Harmonien auf, insbesondere durch ein ähnliches Temperament (derselbe Aszendent) und den Mond jeweils in einem Feuerzeichen. Offensichtlich hat jedoch der Mond im Löwen des Schauspielers den eifersüchtigen Aszendenten Skorpion von Nicole Kidman zu sehr gereizt, was zu ihrer Trennung führte.

- *Johnny Halliday (bürgerlich Jean-Philippe Smet),* Zwillinge, geboren am 15. Juni 1943, und *Nathalie Baye,* Krebs/Aszendent Krebs (und Mond im Krebs!), geboren am 6. Juli 1948 – Die übergroße Sensibilität der Schauspielerin sowie ihre Neigung zum »Heimchen am Herd«, die ein Feind des Nachtschwärmerlebens ist, wie es dem Zwilling zusagt, der nur zu gerne mit Freunden feiert – vielleicht sind dort die Gründe für ihre Trennung zu finden.

KREBS-LÖWE

Zwar stimmt es, dass Wasser und Feuer traditionell nicht gut zusammenpassen, in diesem Fall muss man jedoch unterstreichen, dass der Löwe es liebt, den Krebs zu beschützen, der wiederum jemanden, den er liebt, gerne auch bewundern möchte. Daraus kann ein angenehmer *Modus Vivendi* entstehen, bei dem jeder zufrieden ist. Der Löwe wird sich zeitweise vielleicht über die Passivität und den etwas negativ gefärbten Fatalismus des Krebses beklagen, wird jedoch auch erkennen, dass der Krebs dickköpfig durchzieht, wozu er sich entschlossen hat, und dass es kein besseres Zeichen im Tierkreis gibt, um eine Familie zu managen. Sie werden ihre Pläne in die Tat umsetzen, der eine beherzt, der andere eigensinnig, sodass sie geschickt und bequem nach dem leben können, wonach beide streben. Auch wenn die ganz große Leidenschaft fehlt ... Vorsicht, dass das Wasser des Krebses das Feuer des Löwen nicht löscht; in diesem Fall wären beide Verlierer.

Beispiele berühmter Paare:
- *Napoleon I.*, Löwe/Aszendent Skorpion, geboren am 15. August 1769, und *Josephine de Beauharnais*, Krebs, geboren am 23. Juni 1763

- *Gisele Bündchen*, Topmodel, Krebs, geboren am 20. Juli 1980, und *Tom Brady*, Löwe, geboren am 3. August 1977

- *Roman Polanski*, Löwe/Aszendent Waage, geboren am 18. August 1933, Mond im Krebs, und *Emmanuelle Seignier*, Krebs/Aszendent Schütze, geboren am 22. Juni 1966 – Hier ist festzuhalten, dass ihr Feuer-Aszendent sich glücklich mit der Sonne im Feuer ihres Mannes verbindet und dass der Mond des Regisseurs mit der Sonne der Schauspielerin übereinstimmt, was die mögliche Kluft oder ein Fremdheitsgefühl, das sich aus der Verbindung von Wasser und Feuer ergibt, bei Weitem wettmacht.

LÖWE–JUNGFRAU

Diese beiden ergänzen sich tatsächlich recht gut. Gemeinsam ist ihnen ein gutes Organisationstalent, bei der Jungfrau für Detailfragen, während der Löwe eher den großen Überblick bevorzugt. Auch ihren Perfektionismus teilen sie, ihre Freude für eine gut getane Arbeit und ihre Loyalität. Die hingebungsvolle, respektvolle und bescheidene Jungfrau, die gerne die graue Eminenz spielt, versteht es geschickt, hinter dem Löwen zurückzutreten, dieser glänzt eher und fühlt sich in Gesellschaft sehr wohl, vor allem umgeben von einem Hofstaat. Von Natur aus klug und ein Schlauberger, amüsiert sich die Jungfrau dabei. Sie ist die ideale Sekretärin für diesen anspruchsvollen, aber großherzigen Chef, der den scharfen Verstand seiner scharfsinnigen und spitzfindigen Assistentin zu nutzen weiß, wobei er ihr jedoch zu verstehen geben sollte, dass er ohne sie nicht auskäme – sie braucht es nämlich, sich unverzichtbar zu fühlen. Fügen wir noch hinzu, dass die Jungfrau, die von Natur aus wenig zu Komplimenten neigt, sich von Zeit zu Zeit etwas anstrengen, ihre eventuelle Kritik hinunterschlucken sollte und diesem herrlichen und großzügigen Löwen schmeicheln und die Mähne streicheln sollte, wenn sie sich daran erinnert, dass dessen überempfindliche Selbstliebe das Verbrechen einer Majestätsbeleidigung nicht duldet (ist er nicht der König der Tiere?). Es ist also Vorsicht geboten, seine übergroße Empfindlichkeit nicht zu reizen! Und im Bett? Falls keine erotisierenden Elemente in den beiden Geburtshoroskopen vorhanden sind, wird es keinen Vulkanausbruch geben, weit gefehlt!

Beispiele berühmter Paare:
- *François Hollande,* Löwe/Aszendent Zwillinge, geboren am 11. August 1954, mit einem ernsten/einsamen Mond im Steinbock, und *Ségolène Royal,* Jungfrau/Aszendent Wassermann, geboren am 22. September 1953 – Festzustellen ist die Komplementarität des Luft-Aszendenten von Ségolène Royal mit dem Feuer der Sonne im Löwen ihres Ex-Gefährten sowie die Harmonie der beiden Luft-Aszendenten. Dass sich die Sonne des einen und die Venus im Löwen des anderen im selben Sternzeichen treffen, ist ein weiterer Faktor für ein affektives Einvernehmen. *Last but not least* weisen ihre Monde im Sextil auf eine gemeinsame Sensibilität hin. Der Schuh drückt sicher zwischen der Sonne von Ségolène Royal und dem Aszendenten des französischen Präsidenten, man wundert sich dennoch, dass dies gereicht haben sollte, um das Paar zu trennen. Möglicherweise hat das Gift der Politik, gefördert von kritischen Planetentransiten, eine Rolle gespielt?

- *Madonna,* Löwe, geboren am 15. August 1988, Aszendent im modernen und freiheitlichen Wassermann, was dem vernünftigen Mond in der Jungfrau nicht entspricht, der in Konjuktion mit der Sonne (im Zeichen Jungfrau) von *Guy Ritchie* steht, geboren am 10. September 1968 – Man weiß, dass die Konjunktion Sonne/Mond eine Grundlage des Einvernehmens und gegenseitigen Verständnisses darstellt.

JUNGFRAU–WAAGE

Die venusische, künstlerische, sinnliche Waage schätzt diese vernünftige Gesellschaft, auch wenn sie sie gelegentlich als etwas eintönig empfindet. Die Jungfrau besitzt nämlich einen zu ausgeprägten Realitätssinn, um das Bohemeleben zu lieben … oder auch nur ein Leben, das sich zu sehr auf Vergnügen und das Motto *Carpe diem* konzentriert. Ganz zu schweigen vom Hang zum Ausgehen und zum gesellschaftlichen Leben der sehr geselligen Waage, was so gar nicht nach dem Geschmack der mehr oder weniger menschenfeindlichen Jungfrau ist. Diese zieht Abende mit einem Häppchenteller vor dem Fernseher vor, während sie eine Dokumentation über Tiere oder Ernährung aufmerksam verfolgt. Umgekehrt können der zu pragmatische Charakter, die praktischen bis prosaischen Erwägungen sowie die Zurückhaltung der Jungfrau die Gefühle der gefühlsbetonten Waage abkühlen, bremsen oder ersticken. Damit es zwischen der Erde der Jungfrau und der Luft der Waage zu einer echten Anziehung kommt, müsste die Jungfrau einen Luft- oder Feuer-Aszendenten und die Waage einen Erde- oder Wasser-Aszendenten haben, was eine schöne Übereinstimmung in der affektiven oder amourösen Chemie verheißen würde, und das umso sicherer, wenn gegenseitig noch eine Harmonie von Venus, Mond oder Mars ins Spiel käme. Dann wäre der Dialog zwischen diesen beiden Kindern von Merkur und Venus optimal.

Beispiel berühmter Paare:
- *Louis Aragon,* Waage, geboren am 3. Oktober 1887, und *Elsa Triolet,* Jungfrau, geboren am 12. September 1896, die ein Vorzeigepaar bildeten, was man nur schwer versteht, wenn man sich auf den einfachen Abgleich der Sonnenzeichen beschränkt – Der Mond im Steinbock des nach Liebe und dem Absoluten begierigen Dichters verbindet sich glücklich mit der Sonne seiner Geliebten, die er aufrichtig anbetete –»Ich bin von der ohrenbetäubenden Stille des Liebens erfüllt«, schrieb er; die Kunst der romantischen Waage erledigte den Rest. Unter anderen gehörte auch Rimbaud zu diesem venusischen Zeichen …

WAAGE–SKORPION

- Auf der Gefühlsebene und wenn der Skorpion der männliche Partner in dem Paar ist, liegt Leidenschaft in der Luft, da sich die romantische Haltung der Waage gut mit der Intensität der besitzergreifenden Regungen des Skorpions verträgt. Andersherum läuft die Skorpion-Frau Gefahr, ihren Waage-Partner zu beherrschen und ins Gefängnis ihrer ausschließlichen und kompromisslosen Liebe zu sperren. Ein guter Rat an den Skorpion: Versuchen Sie, das Drama zu vermeiden, das Sie so lieben, die Waage jedoch verabscheut! Da sie diplomatisch und verträglich ist, wird sie zu allem *Ja* sagen, wird aber anders darüber denken und vor allem nur nach ihrem eigenen Kopf handeln: Für sie ist die Freude am Vergnügen ein zwingendes Lebensprinzip, auf das sie nicht lange wird verzichten können. Der Skorpion sei hiermit vorgewarnt!

Beispiele berühmter Paare:

- *Alain Delon,* Skorpion/Aszendent Waage, geboren am 8. November 1935, und *Romy Schneider,* Waage/Aszendent Krebs, geboren am 23. September 1938, Mond ebenfalls in der Waage – Die Waage Romy Schneider (bei Neumond geboren, daher für das Besondere bestimmt, im Beruf glücklicher als im Privatleben) war zerrissen von innerem Unbehagen (Luft/Wasser). Ihr Aszendent spiegelt eine übergroße Sensibilität wider, unter der sie innerhalb der Familie besonders zu leiden hatte – Suizid ihres Mannes Harry Meyen, Unfalltod ihres Sohnes … (siehe Krebs).

- *Brigitte Bardot,* Waage/Aszendent Schütze, geboren am 28. September 1934, und *Gunter Sachs,* Skorpion, geboren am 14. November 1932, Mond in den Zwillingen – Festzustellen ist die Komplementarität zwischen dem Aszendenten von Brigitte Bardot und dem Mond von Gunter Sachs, woraus sich die anfängliche Anziehung ergab. Zudem ist sein Mond mit der Sonne von Brigitte Bardot in völliger Harmonie.

- *André Malraux,* Skorpion/Aszendent Widder, geboren am 3. November 1901, Mond im Löwen, und seine Frau *Clara,* Waage/Aszendent Fische, geboren am 22. Oktober 1897 – Es besteht Komplementarität zwischen dem Aszendenten des Schriftstellers und der Sonne seiner Ehefrau, die zudem auch mit dem Mond von André Malraux im Feuerzeichen harmoniert, während der Wasser-Aszendent von Clara von derselben Art ist wie das Wasser des Sonnenzeichens des Skorpions André Malraux. Der zweifache Marsianer Malraux ist das getreue Abbild eines Kämpfers – man denke an seinen Roman *Die Hoffnung* über den Spanischen Bürgerkrieg oder an *Die Eroberer.*

SKORPION-SCHÜTZE

Der Skorpion, der körperlich mutig, widerstandsfähig und mit Unternehmergeist begabt sein kann, fasziniert den Schützen, der stets auf außergewöhnliche Abenteuer aus ist, die das eintönige Grau des Alltags unterbrechen. Alle beide können zur Besteigung des Mount Everest aufbrechen, abgelegene Länder erforschen und in Vergessenheit geratene Zivilisationen wiederaufleben lassen! Außerdem bereichern sie einander durch ihre gemeinsame Vorliebe für alle Randgebiete: Philosophie, Mystik, Geheimwissenschaften und sonstige Spekulationen aller Art. Es ist eine Verbindung unter dem Vorzeichen der Reise, ob konkret oder mental. Der Skorpion muss sich jedoch davor hüten, sich eifersüchtig, besitzergreifend oder streitsüchtig zu zeigen. Der Zentaur, der die Freiheit und Einfachheit liebt, jedoch ein Feind aller Komplikationen ist, würde sonst davongaloppieren! Dies sei warnend gesagt …

Beispiele berühmter Paare:
- *Auguste Rodin,* Skorpion, geboren am 10. November 1840, und *Camille Claudel,* Schütze, geboren am 8. Dezember 1864

- *Tina Turner,* Schütze, geboren am 26. November 1939, und *Ike Turner,* Skorpion, geboren am 5. November 1931

- *Joe Starr,* Skorpion, geboren am 27. Oktober 1967, und *Béatrice Dalle,* Schütze, geboren am 19. Dezember 1964

SCHÜTZE-STEINBOCK

Die Verbindung von Jupiter (Schütze) und Saturn (Steinbock): Expansion und Konstruktion, Bewegung und Ausdauer, Stolz und Ehrgeiz. Die Ernsthaftigkeit des Steinbocks wird den ruhelosen Zentauren betören – oder nerven? –, der allerdings nach philosophischen Wahrheiten strebt. Wenn sich der Steinbock tolerant zeigt, wird ihm der Optimismus seines Partners schnell unverzichtbar werden, und sie können ein ausgezeichnetes Team bilden. Beide sind an Selbsterkenntnis interessiert und können gemeinsam die Welt neu erfinden. Dieses Paar wird daher eine interessante, aber nicht unbedingt sehr einfache Beziehung leben. Da es dem einen an Toleranz, Flexibilität und Fantasie mangelt (Steinbock), dem anderen an Geduld und Bescheidenheit (Schütze), wird es im

Alltag nicht ohne Diskussionen, Auseinandersetzungen und den Austausch schroffer Worte, nicht ohne süßsauren Humor und harte Urteile abgehen. Denn jedes dieser Kinder von Saturn und Jupiter, mächtigen Göttern des Olymps, möchte das letzte Wort behalten. Zwar werden sie sich gelegentlich trennen. Einer – wahrscheinlich der Schütze – wird seinen Koffer packen, denn er ist immer auf der Durchreise, im Kopf immer unterwegs. Aber nicht für lange. Bald werden sie sich, fern von Unwettern und Qualen, vermissen, denn was sie sich gegenseitig an Nahrung liefern, ist ihnen wertvoller als ihre Selbstliebe.

Beispiele berühmter Paare:
- *Maria Callas,* Schütze/Aszendent Skorpion (wie Edith Piaf, eine weitere Ausnahmesängerin und leidenschaftlich Liebende!), geboren am 3. Dezember 1923, Mond in der Waage, und *Aristoteles Onassis,* superreicher Geschäftsmann, Steinbock, Sammler schöner Frauen (siehe Howard Hughes), geboren am 20. Januar 1906 mit einem eroberungslustigen Mond im Schützen (Liebe zu ausländischen Frauen) – Die Anziehung zeigt sich in der Begegnung der Sonne der Sängerin mit dem Mond von Aristoteles Onassis, in der Harmonie ihres Wasser-Aszendenten mit seinem Aszendenten in den Fischen. Ob der empfindliche und sensible Mond in der Waage von Maria Callas unter der Härte des ehrgeizigen und schonungslosen Steinbocks gelitten hat, als dieser ein Auge auf Jackie geworfen hat?

- *Ava Gardner,* Steinbock/Aszendent Löwe, geboren am 24. Dezember 1922, sensibler Flussnymphenmond (in den Fischen), und *Frank Sinatra,* Schütze/Aszendent Waage mit einer goldenen Stimme, Mond ebenfalls in den Fischen – Die beiden Mond-Positionen im Zeichen der Fische zeigen eine gemeinsame tiefe Sensibilität, während sich der Aszendent (im Löwen) der königlichen Schauspielerin mit dem Feuer und der Luft ihres Partners verbindet, der so bezaubernd und verführerisch ist. Nahm der unbezähmbare Steinbock ihrem Zentauren, der ständig auf Achse war, seine Eskapaden übel?

STEINBOCK–WASSERMANN

Bevor Herschel Ende des 18. Jahrhundert Uranus entdeckte, wurde der Wassermann wie der Steinbock vom Saturn regiert. So kann man sagen,

dass sie im Tierkreis so etwas wie Brüder sind und dass der Wassermann, selbst wenn er Humor und Fantasie besitzt, in der Regel nicht
oberflächlich ist. Aber er schwärmt für Veränderung, womit die Ziege
im Tierkreis nichts am Hut hat, die anhänglich und ehrgeizig ist und
ihr Ziel nicht aus den Augen lässt. Gemeinsam ist ihnen die Freude am
Denken, die philosophische Suche nach der Wahrheit, nach dem Sinn
des Lebens. Der organisierte Steinbock, häufig ein *Workaholic*, liefert
dem erfinderischen (extravaganten?) und gerne zur Utopie neigenden
Wassermann den Realismus, der diesem fehlt, während dieser es wiederum versteht, den (zu?) ernsten Alltag des Steinbocks mit einer guten
Dosis an Unvermutetem und Entspannung zu verschönern, die diesem
fehlen. Wenn sich der Steinbock darauf einlässt, seine eherne Organisation auf den Kopf zu stellen, wird alles gut gehen, sonst … Insgesamt ein
konstruktives Paar was Zusammenarbeit und Freundschaft angeht, dem
es auf der intimen Ebene jedoch an Würze und Harmonie fehlen könnte, da der freiheitsliebende Wassermann das Bedürfnis seines besitzergreifenden Gefährten nach dem Absoluten und der ausschließlichen
Leidenschaft nur schwer verstehen kann und dieses leicht als Sklaverei
empfinden könnte.

Beispiele berühmter Paare:
- *Nicolas Sarkozy,* Ex-Präsident der Franzosen, Wassermann/Aszen-
  dent Jungfrau, geboren am 28. Januar 1955, Mond/Mars im Widder
  (daher sein umtriebiger Charakter), und *Carla Bruni,* Steinbock/
  Aszendent Krebs, geboren am 23. Dezember 1967 – Ihr Mond in
  der Jungfrau steht im gleichen Zeichen wie der Aszendent ihres
  Ehemanns, wobei die Venus im Schützen (Neigung zu Ausländerinnen) des Ex-Präsidenten dem wiederum entgegenwirkt. Wichtige
  Elemente verbinden diese beiden Menschen, darunter wahrscheinlich einige durch das Karma bedingt (möglicherweise kennen sie
  sich aus einem früheren Leben).

WASSERMANN-FISCHE

Der Wassermann ist ein Verstandesmensch und ein Aufsässiger, der
Fisch emotional und eher passiv. Der eine ein spiritueller Ironiker, der
andere ein fatalistischer Pessimist, ein zart Besaiteter. Die beiden werden sich wegen dieses beziehungsmäßigen Kurzschlusses daher häufig
verfehlen. Allerdings finden sie sich über das Imaginäre, die Intuition,

den Altruismus und eine gemeinsame Neugier für die Metaphysik, die Geheimnisse des Lebens und die Freude am Unbekannten wieder. Und über die Musik! Es besteht allerdings die Gefahr, dass es der Fisch vorzieht, sich hinter seinen Felsen zurückzuziehen, um Chopin oder Ravel (Fisch wie er) zu hören, während sein lieber Wassermann mit einer Schar lärmender Freunde nach Hause kommt. Sexuell besteht ein gewisser Mangel, denn der unabhängige Wassermann verabscheut jeden Gedanken an eine Sklaverei der Sinne, während dies für die Fische den Reiz ausmacht.

Beispiele berühmter Paare:
- *Fürst Albert von Monaco,* Fische/Aszendent Zwillinge, geboren am 14. März 1958, und *Charlène Wittstock,* Wassermann, geboren am 25. Januar 1978 – Der Luft-Aszendent des Prinzen gehört zu demselben Element wie die Sonne von Charlène.

- *Prinzessin Caroline von Monaco,* Wassermann/Aszendent Fische, geboren am 23. Januar 1957, und *Prinz Ernst August von Hannover,* Fische, geboren am 26. Februar 1954 – Der Mond im Skorpion von Caroline (Sternzeichen ihrer Mutter Gracia), also im Wasser, bildet auf emotionaler Ebene eine Verbindung zu ihrem Fische-Mann, während dessen Mond im Schützen (Feuer) sich harmonisch mit dem Sonnenzeichen der Prinzessin verbindet.

- *Paul Newman,* Wassermann/Aszendent Steinbock, geboren am 26. Januar 1925, und die Schauspielerin *Joanne Woodward,* Fische/Aszendent Steinbock, geboren am 27. Februar 1930 – Die lange Verbindung dieses Paars, das die Regel Lügen straft, wonach Hollywood-Ehen nur kurzlebig seien, ist sicher den drei Planeten plus Aszendenten in dem ernsthaften, stabilen und treuen Aszendenten Steinbock des Schauspielers zu verdanken, wobei in diesem Zeichen auch der Aszendent seiner Ehefrau steht. Das Sahnehäubchen auf der Hochzeitstorte dieses unverwüstlichen Paars: Sein Mond steht auf ihrer Sonne. Eine schöne astrale Alchemie …

7. DIE FREIEN, AUTONOMEN PAARE

Eine letzte Paarkategorie bleibt uns noch durchzugehen und zu analysieren. Es handelt sich um die Verbindung von Sternzeichen, die im Abstand von 150° im Tierkreis stehen, das heißt in einem Winkel/Aspekt, der als *Quincunx* bezeichnet wird. Traditionell gilt er als ein Aspekt des freien Willens, denn er weist weder eine besondere Feindseligkeit bzw. Divergenz noch eine besondere Harmonie auf. Unter bestimmten Aspekten werden die beiden in dieser Kategorie geborenen Wesen Affinitäten füreinander empfinden, während andere Charakterzüge ihnen vollkommen fremd erscheinen werden. Diese Mischung kann einer interessanten Herausforderung gleichkommen, da jeder aufgerufen und eingeladen ist, sich andere Tugenden, eine andere Weltanschauung zuzulegen, was zu einer Bereicherung führt.

Wertschätzung oder gar Bewunderung und Respekt sind Werte, auf die sich eine solche Beziehung in der Regel stützt – was keinesfalls Zuneigung oder gar Leidenschaft ausschließt, die man im astralen Kontext der beiden Geburtshoroskope zu suchen hat. Entscheidend für die Bewertung der Beziehung wird die Wechselwirkung zwischen Sonne, Aszendent, Mond, Venus oder Mars sein – nicht zu vergessen Merkur, was die Sympathien auf mentaler bzw. Beziehungsebene betrifft –, also ein Abgleich der anderen Faktoren neben der vereinfachten und einseitigen Beziehung der Sonnenzeichen. Wie im *Ersten Teil* dieses Buches erwähnt, ist bei der qualitativen Bewertung der Beziehung jeder aufgerufen, diese Elemente zu berücksichtigen, die über den einfachen Vergleich Sonne–Sonne hinausgehen. Lassen Sie uns gemeinsam diese Sternencocktails entdecken, die übrigens die häufigsten sind.

WIDDER-JUNGFRAU (FEUER-ERDE)

Eine völlig ungleiche Beziehung, wie David und Goliath … Letztlich wird vielleicht David dank seines Weitblicks und seines Feingefühls die Partie gewinnen. Das Ungestüm und die Kühnheit des Widders erstaunen die vorsichtige Jungfrau natürlich und können sie aus dem Konzept bringen, etwas eingeschüchtert von der Rohheit dieses Feuerwesens. Der Widder wird jedoch rasch begreifen, was die kluge Jungfrau ihm an Maßvollem und Mäßigung geben kann. Sie können sich verständigen, um ein Unternehmen ins Leben zu rufen, wobei die bescheidene Jungfrau dem führenden Widder ihre Klugheit und ruhige Kompetenz zur Verfügung stellt. Und wo bleibt dabei die Liebe? Wetten wir, dass man in dieser Mischung der Gestirne Elemente von Einverständnis und Leidenschaft finden wird, die auf den ersten Blick nicht zur Ausstattung dieses Duos gehören? Hier denken wir eher an die Heirat des Karpfens und des Hasens aus der Fabel.

Beispiel berühmter Paare:
- *Edmonde Charles-Roux,* Widder/Aszendent Skorpion, geboren am 17. April 1920, und *Gaston Defferre,* Jungfrau/Aszendent Waage, geboren am 14. September 1910 – Festzustellen ist die glückliche Komplementarität zwischen der Sonne von Edmonde Charles-Roux und dem Aszendenten ihres Mannes sowie die Harmonie zwischen dessen Sonne und ihrem Aszendenten.

WIDDER-SKORPION (FEUER-WASSER)

Fliegende Teller und ein explosive Stimmung ... ein ausgezeichneter Zeitvertreib, um die Aggressivität abzureagieren! Hier wird die Devise lauten: »Liebe in Kriegszeiten.« Diese beiden aggressiven Sternzeichen werden sicher aggressiv miteinander umgehen, und es besteht das Risiko ewiger scharfer Diskussionen. Denn beide sind dickköpfige und hochmütige Naturen, die gerne Nein sagen und das letzte Wort behalten möchten. Es ist allerdings durchaus möglich, dass einer von beiden zu Konzessionen bereit ist, sonst würde das Schiff wegen zu explosiver Ladung auch leicht Schiffbruch erleiden. Der Sport, den beide Sternzeichen lieben und gerne ausüben, dürfte eine gute Möglichkeit sein, das Zuviel an Adrenalin loszuwerden. Sie werden sich beide wie rasend dabei austoben! Wetten wir, dass diese beiden Krieger, insbesondere mithilfe affektiver oder gar erotisierender Zutaten, im Bett – oder gar nicht – zur Ruhe kommen werden? Und wer weiß? Vielleicht wird sich ihr aggressives Ungestüm wie durch ein Wunder in ein schönes Feuer zu Ehren Cupidos verwandeln ...

Beispiel berühmter Paare:
- *Sophie Marceau,* Skorpion, geboren am 17. November 1966, und *Christian Lambert,* Widder, geboren am 29. März 1957

STIER-SCHÜTZE (ERDE-FEUER)

Der ruhige Materialismus des Stiers wird dem vitalen und ungestümen Schützen die Freude der schönen Momente des Alltagslebens in Erinnerung rufen. Insbesondere werden sie gemeinsam Bequemlichkeit und gutes Essen genießen, wobei man wissen muss, dass der Schütze, der in seinen Gedanken und Unternehmungen kühner und freier ist, seinen Partner von einer gewissen routinemäßigen Unbeweglichkeit befreien wird. Diesen Zug könnte der Zentaur, der immer in Bewegung ist, als einen etwas frustrierenden Hemmschuh für seine Eskapaden empfinden, die vom Stier seinerseits als destabilisierend erlebt werden. Für den Stier nämlich ist eine langfristige Planung eine feste Größe, während die Zukunft für den Schützen bereits Gegenwart ist, in die er sich gerne kopfüber stürzt. Abgesehen davon werden diese Kinder von Venus und Jupiter, die Anhänger des Mottos »Carpe diem« sind, immer unter einer Decke stecken – vorausgesetzt, dass auf sexuellem Gebiet ihr unterschiedliches Tempo kein größeres Hindernis darstellt, wenn der Zentaur bereits den Höhepunkt erreicht hat, während der Stier noch bei den Freuden des Vorspiels ist …

Beispiel berühmter Paare:
- *Jacques Chirac,* Ex-Präsident der Franzosen, Schütze/Aszendent Wassermann, geboren am 29. November 1932 und seine Ehefrau *Bernadette,* Stier/Aszendent Zwillinge, geboren am 18. Mai 1933 – Ihre Aszendenten in den Luftzeichen stehen in harmonischer Resonanz, was eine mögliche Distanz ausgleicht.

STIER-WAAGE (ERDE-LUFT)

Während der Stier körperlicher und genießerischer veranlagt ist und die Waage eher ästhetisch und zart, sind diese beiden Naturen, die von der zärtlichen und genießerischen Venus regiert werden, auch künstlerisch und sinnlich, sie wissen die schönen Momente des Lebens gemeinsam zu genießen. Und doch sind sie sehr verschieden. Während der Stier zu direkt oder dickköpfig ist, um in der Diplomatie zu glänzen, kann die romantische Waage ihn schwerfällig und in seinen Urteilen zu wenig subtil, insgesamt zu pragmatisch empfinden. Und wenn auch die Freude an Vergnügungen, an der Kunst und Musik sie vereint, so ist der Stier näher an der Natur. Er ist die Feldmaus, während die Waage die Hausmaus ist. Sie ist vor allem gesellig, liebt die Lichter der Stadt und die Gesellschaft ihrer Freunde. Daraus können sich im Alltag Konflikte ergeben, wobei die Waage, die eine Anhängerin der Harmonie um jeden Preis und Gelegenheitsdiplomatin ist, sicher Mittel und Wege zu deren Lösung finden wird. Was ihre Übereinstimmung im Bett betrifft, so können wir wetten, dass die venusische Sinnlichkeit, die gleichbedeutend ist mit Liebkosungen, Streicheleinheiten und weiteren Zärtlichkeiten, sicher das letzte Wort haben wird …

Beispiele berühmter Paare:
- *Rita Hayworth,* Waage/Aszendent Stier (also doppelt venusisch, daher das Zehnfache an Charme und Verführungskunst), geboren am 17. Oktober 1918, und *Orson Welles,* Stier/Aszendent Zwillinge, geboren am 6. Mai 1915 – Auf den ersten Blick das perfekte Paar angesichts der Wechselbeziehung zwischen den jeweiligen Sonnen und Aszendenten.

- *Eva Perón,* Stier, geboren am 7. Mai 1919, und *Juan Perón,* Waage, geboren am 8. Oktober 1895 – Bekanntlich hat Evitas Charme sie zu einer Legende werden lassen.

- *Liliane Bettencourt,* Waage/Aszendent Skorpion, geboren am 21. Oktober 1922, und *André Bettencourt,* Stier, geboren am 21. April 1919

ZWILLINGE–SKORPION (LUFT–WASSER)

Der luftig-leichte Eklektizismus der Zwillinge passt schlecht zu den abgründigen Leidenschaften des Skorpions, und obgleich der Kontakt schnell hergestellt ist, besteht die Gefahr, dass die spöttische Leichtigkeit des Zwillings die stürmische Empfindlichkeit des Skorpions reizt. Auch auf intellektueller Ebene gehen diese beiden Geister völlig unterschiedlich vor: Der Skorpion »beackert« ein Thema gedanklich, bohrt in die Tiefe und analysiert es gründlich, um das Wesentliche zu erfassen. Der flüchtige Zwilling erfasst eine Stimmung, ein Bild mit einem Blick. So ist es für den Skorpion einfach, seinen Partner als oberflächlich einzustufen, während der Zwilling der Meinung ist, sein Freund Skorpion mache aus allem ein Drama. Der Kontext ihrer Geburtshoroskope wird sagen, ob diese Ungleichheiten neutralisiert oder gar kompensiert werden können.

Beispiele berühmter Paare:
- *Fürstin Gracia (Grace Kelly),* Skorpion, geboren am 12. November 1929, und *Fürst Rainier,* Zwillinge, geboren am 31. Mai 1923

- *Laurence Olivier,* Zwillinge, geboren am 22. Mai 1907, und *Vivian Leigh,* Skorpion, geboren am 5. November 1913

- *Gunter Sachs,* Skorpion, geboren am 14. November 1932, und seine Frau *Mirja,* Zwillinge, geboren am 28. Mai 1943

ZWILLINGE-STEINBOCK (LUFT-ERDE)

Hier haben wir es mit dem Paar von Alceste, dem Menschenfeind (Steinbock) und der koketten Célimène (der Zwillinge-Frau) zu tun. Der großartige Molière, dem wir dieses Stück verdanken, war übrigens Steinbock, daher seine Sensibilität für dieses Thema. Die Fantasie der Kinder von Castor und Pollux kann übrigens den zu ernsthaften Steinbock bezaubern, der vielleicht nur verführt werden möchte. Er braucht es jedoch auch, beruhigt zu werden, das Gefühl, die Ewigkeit vor sich zu haben, und da beginnt die künstlerische Unschärfe! Denn sein *Alter Ego* lebt in der Gegenwart und kann nicht nach vorne blicken, ohne geängstigt zu sein. Mit anderen Worten: Wer weiß schon, was der Zwilling morgen tun wird? Nicht einmal er selbst, also … Halten wir fest, dass es grundsätzlich vorzuziehen ist, dass die Frau Zwilling ist, da Leichtigkeit und Fantasie zur Ausstattung dieses Luftzeichens gehören, während die Steinbock-Frau Gefahr läuft, sich schnell über den Leichtsinn ihres Gefährten aufzuregen, wo sie doch vor allem das Absolute und ewige Schwüre braucht … Zum Glück gibt es den Humor, der beiden gemeinsam ist, auch wenn der Humor des Zwillings sich eher in Denkspielen und Bonmots verbirgt, während der der Ziege des Tierkreises beißender ist, empfänglich für das Lächerliche und Absurde.

Beispiele berühmter Paare:
- *Elvis Presley,* Steinbock, geboren am 8. Januar 1935, und seine Frau *Priscilla,* Zwillinge, geboren am 24. Mai 1945

- *Jean-Paul Sartre,* Zwillinge/Aszendent Schütze (Mond im Wassermann), geboren am 21. Juni 1905, und *Simone de Beauvoir,* Steinbock/Aszendent Skorpion (Mond/Mars in den Fischen), geboren am 9. Januar 1908 – Die Konjunktion Mond/Mars ist die Signatur der energischen Frauen. Die Venus im Wassermann (Luft) von Simone de Beauvoir, ein Modell der modernen, unabhängigen und revoltierenden Frau, schlägt die Brücke zur Luft und zum Feuer des

Philosophen, mit dem es, das muss gesagt werden, fast mehr Divergenzen als Harmonien gibt: Sartres Sonne im Quadrat mit den Planeten in den Fischen von Simone de Beauvoir, der Mond des Autors von *Das Sein und das Nichts* im Quadrat mit dem Aszendenten der Autorin von *Das andere Geschlecht* etc. Bei diesem legendären Paar gab es also mehr oder weniger abweichende Empfindlichkeiten. Aber durch Simone de Beauvoir kann der Schriftsteller sich entfalten (sein Jupiter trägt und schützt ihn).

- *Johnny Depp,* Zwillinge, geboren am 9. Juni 1963, und *Vanessa Paradis,* Steinbock, geboren am 22. Dezember 1972

- *Hanna Schygulla,* Steinbock/Aszendent Schütze, geboren am 25. Dezember 1943, und *Rainer Werner Fassbinder,* Zwillinge/Aszendent Fische, geboren am 31. Mai 1945 – Bemerkenswert sind die Komplementarität zwischen dem Feuer-Aszendenten der Schauspielerin und der Luft-Sonne des Filmemachers sowie die Harmonie zwischen seinem Wasser-Aszendenten und der Erde-Sonne von Hanna Schygulla. Alle vier sind Planetenfaktoren, die eine Ähnlichkeit im Geschmack und den Empfindlichkeiten dieser beiden Wesen zeigen.

- *Benjamin Biolay,* Steinbock, geboren am 20. Januar 1973, und *Chiara Mastroianni,* Zwillinge/Aszendent Steinbock, geboren am 28. Mai 1972 – Nutzlos, dass die Reaktion der Erde-Sonne des Sängers auf den Aszendenten der Schauspielerin ein wichtiges Bindeglied ist, das eine Verwandtschaft des Geschmacks und der Gefühle gewährleistet.

SCHÜTZE-KREBS- (FEUER-WASSER)

Ihre Sensibilität ist tatsächlich unterschiedlich geartet. Der eine ist ein »Wandervogel«, der andere häuslich. Der Erste liebt es, zu agieren und zu erobern, der Zweite die Sicherheit und Ruhe. Allerdings kann der verletzliche Krebs den gelegentlich zu weit in die Ferne gerichteten Blick seines Gefährten auf sich ziehen oder erweichen und ihn an zugänglichere und ebenso wichtige Emotionen erinnern. Zum Ausgleich liefert die Rundum-Sicht des Zentauren der Fantasie des verträumten Krebses neue Nahrung. Wenn das Wasser des Krebses die Begeisterung des Schützen nicht dämpft, kann man sagen, dass sie zwar nicht ihren Traum leben, aber ihr Leben träumen. Warum auch nicht? Auch hierbei wird der Kontext ihrer jeweiligen Horoskope das letzte Wort haben.

Beispiele berühmter Paare:

* *Marcel Cerdan,* Krebs/Aszendent Wassermann, geboren am 22. Juli 1916, und *Edith Piaf,* Schütze/Aszendent Skorpion (wie Maria Callas, eine andere großartige Stimme!), geboren am 19. Dezember 1915 – Die Wasser-Harmonie zwischen der Sonne des Boxers und dem Aszendenten der Sängerin und übrigens auch zwischen dem Luft-Aszendenten des Boxers und der Feuer-Sonne der Piaf sind die Garanten für eine schöne Anziehung und übereinstimmende Empfindsamkeiten.

* *George Sand,* Krebs/Aszendent Fische (Mond im Widder), geboren am 1. Juli 1807, und *Alfred de Musset,* Schütze/Aszendent Wassermann (Mond in den Zwillingen), geboren am 11. Dezember 1810 – Festzuhalten ist der vermännlichende Mond im Widder und die dominierende Venus im Löwen der Schriftstellerin, die übrigens wunderbar mit der Mischung Feuer/Luft des Dichters harmonieren, jedoch das Unbehagen der Autorin spiegeln (Dissonanz mit ihrer Sonne, daher die Neigung zur sexuellen Indifferenz. – *George Sand,* Krebs/Aszendent Fische (Mond im Widder), geboren am 1. Juli 1807, und der Schütze *Gustave Flaubert,* geboren am 12. Dezember 1821 – Auch hier wieder sind die Elemente Feuer und Wasser dieser großartigen Dichterin und Romanschriftstellerin, die die bedeutendsten Geister ihrer Zeit zu bezaubern und zu erobern verstand (Chopin, Musset, Flaubert etc.), zugleich ein Spiegel ihres intimen Unbehagens, verstärkt durch eine animalische, dominierende Weiblichkeit (Mond/Venus im Feuer, Quadrat mit Mars) sowie eine große Sensibilität (Aszendent Fische). »Ich frage mich, warum ich Sie liebe«, schrieb ihr Flaubert, den sie erobert hatte. »Ist es, weil Sie ein bedeutender Mensch oder weil Sie ein charmantes Wesen sind?«

* *Jean Cocteau,* Krebs/Aszendent Zwillinge, geboren am 5. Juli 1889, und *Jean Marais,* Schütze/Aszendent Fische (und Mond im Stier), geboren am 11. Dezember 1913 – Man beobachtet schöne wechselseitige Übereinstimmungen zwischen den jeweiligen Sonnen und Aszendenten (Komplementarität zwischen dem Luft-Aszendenten

von Cocteau und der Sonne des Schauspielers, zwischen dessen Aszendent und der Sonne von Jean Cocteau).

- *Tom Cruise,* Krebs/Aszendent Skorpion (und Mond im Löwen), geboren am 3. Juli 1962, und *Katie Holmes,* Schütze/Aszendent Löwe, geboren am 18. Dezember 1978 – Das Feuer der Schauspielerin entspricht dem Feuer des Aszendenten von Tom Cruise und harmoniert mit ihm. Grundsätzlich jedoch und wenn nicht das sonstige Horoskop von Katie Holmes Wasser-Elemente enthält, könnte die Sensibilität von Tom Cruise ein wenig unverstanden bleiben oder falsch interpretiert werden.

KREBS–WASSERMANN (WASSER–LUFT)

Bei diesen beiden Zeichen, die von Natur aus eine sehr unterschiedliche Ausgangsbasis haben, kann man sagen, dass man es mit zwei Träumern zu tun hat. Der Wassermann erfindet seinen Traum, während der Krebs ihn erduldet. Der Wassermann wird nur schwer das Bedürfnis nach einer fast mütterlichen Zärtlichkeit verstehen, nach der der Krebs strebt. Dieser wird sich über das ständige Bedürfnis des Wassermanns wundern, immer ganz vorne mitzumischen bei der Tagesaktualität, dem Fortschritt oder der Mode, auf die Gefahr hin, sich exzentrisch zu geben, während es die einzige Sorge des Krebses ist, in Ruhe zu leben – sein Credo lautet »Um glücklich zu leben, leben wir im Verborgenen« und »Je weniger Staub man aufwirbelt, desto besser«. Wenn der Krebs das männliche Element ist, hat man es mit einem modernen Paar zu tun, bei dem der Mann zu Hause bleibt und die emanzipierte Frau Karriere macht. Die Kinder werden ein Ventil für die frustrierte Zärtlichkeit des bemutternden Krebses sein, während der Wassermann nur zufrieden sein wird, wenn er einen Haufen Freunde nach Hause mitbringt. Eine Herausforderung, die der lammfromme Krebs mit philosophischer Gelassenheit annimmt, indem er sich an den Herd stellt: schließlich ist die Küche sein Bereich, wie wir gesehen haben.

Beispiele berühmter Paare:
- *Prinzessin Caroline von Monaco,* Wassermann/Aszendent Fische, geboren am 23. Januar 1957, und *Vincent Lindon,* Krebs, geboren am 15. Juli 1959 – Die Wasser-Sonne des Schauspielers gehört zu

demselben Element wie der Aszendent von Caroline, daher auch die benachbarte Sensibilität.

- *Jeanne Moreau,* Wassermann, geboren am 23. Januar 1928, Mond im Stier, in Harmonie mit der Sonne von *Pierre Cardin,* Krebs, geboren am 2. Juli 1922

LÖWE-STEINBOCK (FEUER-ERDE)

Zwei Persönlichkeiten, jede in ihrem besonderen Bereich. Eine ideale Kombination in Hinsicht auf einen perfekten Erfolg dieser beiden Naturen, die von Ehrgeiz und gegenseitiger Loyalität verbunden werden. Die Löwin/der Löwe ist für die Öffentlichkeitsarbeit zuständig und organisiert den Erfolg, während der geduldige, praktische und sparsame Steinbock den Finanzbereich kontrolliert. Durch seine Lebenskraft und sein schönes Vertrauen ins Leben und auch in sich selbst wird der Löwe die Ziege des Tierkreises umgänglicher machen müssen, die zu schnell Schuldgefühle weckt und kein natürliches Selbstvertrauen besitzt. Sollte es keine weiteren Planetenfaktoren geben, die dieses sehr auf den gesellschaftlichen Erfolg ausgerichtete Duo »erwärmen« könnten, dürfte selbst im Bett die Karriere Thema Nummer eins sein!

Beispiele berühmter Paare:
- *Barack Obama,* Löwe/Aszendent Wassermann, geboren am 4. August 1961, und *Michelle Obama,* Steinbock, geboren am 17. Januar 1964 (Geburtsstunde unbekannt), Mond in den Zwillingen (im genauen Trigon mit dem Mars von Barack Obama; mit seinem Handeln und seinen Zielen in Übereinstimmung) – Dasselbe gilt für die Sonne von Michelle Obama, die im harmonischen Sextil mit der Himmelsmitte (MC, Schicksal, Ehre) von Barack Obama steht. Mit ihrem Jupiter im genauen Trigon mit der Sonne ihres erhabenen Ehemanns schließlich kann Michelle diesem nur Erfolg und Gelingen bringen; in gewisser Weise ist sie sein Maskottchen, sie fördert seinen Erfolg und bringt ihm Glück.

- *Gérard Depardieu,* Steinbock, geboren am 27. Dezember 1948, und die Löwin *Carole Bouquet,* geboren am 18. August 1957 – Die Konjunktion Sonne/Jupiter des Schauspielers spiegelt seine große Popularität sowie seine an den Entertainer und Schauspieler Raimu erinnernde

Rundlichkeit wider. Die explosive Konstellation Pluto/Uranus signalisiert Seit 2011/2012 radikale Umwälzungen. Die Verlegung seines Wohnsitzes nach Belgien erregte Ende 2012 in den Medien Anstoß – sowie zuletzt die Annahme der russischen Staatsbürgerschaft – und ist dieser Dissonanz zuzuschreiben, die übrigens als wenig angenehm zu erleben ist.

- *Aristoteles Onassis,* Steinbock/Aszendent Fische, geboren am 20. Januar 1906, Mond im Schützen, der seine Wertschätzung für Ausländerinnen bedingt und ihn zu *Jacqueline Kennedy (Jackie Onassis),* hinzog, Löwe, geboren am 28. Juli 1929

- *David Bowie,* Steinbock, geboren am 8. Januar 1947, und seine Löwin *Iman,* geboren am 25. Juli 1955

LÖWE–FISCHE (FEUER–WASSER)

Zwei einander recht fremde Lebewesen, und dennoch … Beim Fisch erregen die Beherztheit und die Klasse des Löwen Bewunderung, dieser wiederum wird zugleich gerührt und geschmeichelt, sich (wie immer) als der Stärkste und Schönste in den Augen seines leicht zu beeindruckenden Freundes/seiner leicht zu beeindruckenden Freundin zu sehen, von der/dem er mit Bewunderung und sklavischer Ergebenheit geliebt werden wird – vorausgesetzt sie/er wird genügend wertgeschätzt, beschützt und verwöhnt! Der König der Tiere seinerseits kann gar nicht anders, als vom Zauber seiner Sirene entzückt zu sein, die ihn mit ihren geheimnisvollen Verführungskünsten umgeben wird und –schwups! – sich genau in dem Moment entziehen wird, an dem sich Gewohnheit oder Überdruss hätten breitmachen können. Dennoch wird der einfache, loyale und direkte Löwe seinen ganzen Scharfsinn aufbringen müssen, um zu versuchen, zu der komplizierten und ambivalenten Welt seines Fisches Zugang zu finden, andernfalls könnte dieser ihm endgültig entgleiten.

Beispiel berühmter Paare:
- *Sacha Guitry,* Fische/Aszendent Jungfrau, geboren am 21. Februar 1885, Mond im Stier, und *Yvonne Printemps,* Löwe/Aszendent Waage, geboren am 25. Juli 1894, Mond im Widder – Die lebhafte Schauspielerin und Sängerin hatte keine Hemmungen, aber alles,

um zu bezaubern und zu gefallen. Aber wirklich speziell Sacha Guitry? Das dominierende Gestirnsmerkmal Wasser/Erde von Guitry findet kaum einen überzeugenden Widerhall in der Mischung Feuer/Luft von Yvonne Printemps. Wetten wir, dass den Dramaturgen, Fisch und großen Verführer vor allem das Mundwerk der Künstlerin beeindruckte?

JUNGFRAU-WASSERMANN (ERDE-LUFT)

Tradition und Revolution, Vernunft und erfinderische Fantasie, menschenfeindliche Tendenzen und fest verankerter humanistischer Altruismus: eine Mischung, die nicht »ohne« ist und sich sogar als explosiv erweisen könnte! Der Wassermann, ein moderner, exzentrischer und erfinderischer Geist, immer auf der Suche nach Neuheiten, bringt die festgefahrenen Meinungen der Jungfrau durcheinander, die trotz ihrer zynisch angehauchten Ansichten über die Menschheit ihren Platz und ihre Aufgabe unter den Menschen sucht (Mutter Teresa war Jungfrau); und obgleich sie ein kritisches Naturell besitzt, wird sie die Extravaganzen des Wassermanns entschuldigen können. Diese völlig unterschiedlichen Naturen können eine schöne Freundschaft rund um das Ideal von Brüderlichkeit und dem Gedanken des Teilens aufbauen … oder ein Unternehmen im Kommunikationsbereich gründen.

Beispiele berühmter Paare:
- *Juliette Gréco,* Wassermann/Aszendent Waage, geboren am 7. Februar 1927, und *Darryl Zanuck,* Jungfrau, geboren am 5. September 1902

- *Prinzessin Caroline von Monaco,* Wassermann/Aszendent Fische, geboren am 23. Januar 1957, und *Stefano Casiraghi,* Jungfrau/Aszendent Zwillinge (und impulsiver Mond im Widder), geboren am 8. September 1960 – Bemerkenswert ist das genaue Quadrat zwischen seiner Sonne und seinem Aszendenten, was vielleicht bei seinem tödlichen Unfall eine Rolle spielte. Mit Caroline bestand eine schöne Komplementarität zwischen Jungfrau und Fische, ihre Sensibilitäten gehörten derselben Familie an (Luft/Feuer).

- *Michael Jackson,* Jungfrau/Aszendent (und Mond) Fische, was von einer ausgeprägten Sensibilität zeugt, geboren am 29. August 1958, und *Lisa Marie Presley,* Wassermann/Aszendent Löwe, geboren am 1. Februar 1968 – Der Mond in den Fischen erklärt auch die emotionale Bindung zwischen diesen beiden Menschen, auch wenn ihre Heirat alles andere als konventionell war.

WAAGE-FISCHE (LUFT-WASSER)

Jenseits ihrer Unterschiede – Eleganz und künstlerische Ader bei der Waage, Intuition und Mystizismus bei den Fischen – kann sich diese Kombination vor allem im kreativen Bereich als ausgezeichnet erweisen. Ideal auch, um eine großartige romantische Liebe zu erleben! Allerdings sind dort ein wenig Strenge und solide Organisation vonnöten, um die sublime Harmonie aufrechtzuerhalten. Es wäre wünschenswert, dass wenigstens einer der beiden einen Aszendenten in einem Erdzeichen hat, denn wer sollte sonst die Alltagspflichten erledigen? Wer bringt die Kinder in die Schule, nimmt an den Elternabenden teil oder handelt die Miete aus? Halten wir jedoch fest, dass diese beiden Naturen mit ihrer Begabung für die Welt der Sensibilität und der Kunst auch gemeinsam an einem edelmütigen Projekt arbeiten können, denn sie haben beide ein mildtätiges Herz. Allerdings ist der Fisch so geheimnistuerisch und die Waage so umgänglich, dass auf lange Sicht zu viele nicht geäußerte Emotionen diese zarte Verbindung belasten könnten. Eine Bemerkung, die als guter Rat für die Fische gemeint ist: Sorgen Sie für ein gepflegtes Äußeres. Schluss mit dem Sich-gehen-Lassen, mit nachlässiger Kleidung, die Ihrem Sternzeichen häufig eigen ist! Ihr *Alter Ego* legt großen Wert auf Ästhetik und Eleganz, also auch bei Ihnen. Gefahr erkannt …

Beispiele berühmter Paare:
- *Gwyneth Paltrow,* Waage, geboren am 27. September 1972, und der Sänger von Coldplay, *Chris Martin,* Fische, geboren am 2. März 1977

- *Miou-Miou,* Fische/Aszendent Stier, geboren am 22. Februar 1950, und *Julien Clerc,* Waage/Aszendent Fische und Mond in den Zwillingen, was der Sonne in den Fischen von Miou-Miou entgegenwirkt – Die beiden Aszendenten in der Erde und dem Wasser stecken hingegen unter einer Decke.

DRITTER TEIL

Die sexuelle Resonanz, die alles verändert

DAS SAHNEHÄUBCHEN: VENUS/MARS ODER DIE WÜRZE DER SEXUELLEN (AFFEKTIVEN) ANZIEHUNG

Die Kriegsgötter, bei den Griechen Ares, in der römischen Mythologie Mars, sind auch die Götter der Lebenskraft. In der Symbolik der Astrologie, die sich an der römischen Terminologie orientiert, hat Mars, der Sohn Jupiters und Vater von Romulus und Remus, dem uns bekannten blutroten Planeten seinen Namen gegeben. Mars ist der Planet, der dem Tierkreiszeichen Widder zugeordnet ist, welcher das kosmische Jahr eröffnet. Der Planet steht ebenso wie das Sternzeichen, das er regiert, für die wieder zunehmenden Lebenssäfte und die Vitalität der Natur im Frühling und damit auch für die instinktiven Kräfte und die Sexualität. Auf der anderen Seite findet man die Aphrodite der Griechen, die Isis der Ägypter oder die Astarte der Babylonier, die allgegenwärtigen Göttinnen der Schönheit, der Künste und der Liebe, die bei den Römern Venus heißt. Venus und Mars bilden das Paar schlechthin, die grundlegende biologische Dualität, die Verbindung und gegenseitige Ergänzung des asiatischen Yin und Yang.

Die Verbindung der beiden Gestirne Venus und Mars deckt in der astrologischen Symbolik – und in der menschlichen Psyche – den Begriff der amourösen Anziehungskraft ab. Venus hat dabei die Aufgabe, unsere Art zu lieben, unseren Geschmack und unsere Vorlieben zu fokussieren, während Mars vor allem die Art unseres Willens, die Ausprägung unseres Instinkts und die Gesichter spiegelt, die unsere Libido annehmen kann. Durch eine Gegenüberstellung – einen Vergleich – der jeweiligen Tierkreiszeichen, in denen Venus und Mars bei einem Paar stehen, können der Grad und die Art ihrer gegenseitigen Anziehung eingeschätzt werden. Mars und Venus sind in gewisser Weise der Barometer der sexuellen Anziehung.

Dabei ist jedoch festzuhalten, dass diese Anziehung nicht ausschließlich sexueller – oder geschlechtlich differenzierter – Art ist. Weit gefehlt. Die Wechselwirkung dieser beiden Planeten ist auch ein wertvoller Indikator für die affektive Anziehung zwischen zwei Menschen, egal ob es sich dabei um eine freundschaftliche oder familiäre Beziehung handelt: Möchte man den anderen berühren, empfindet man eine spontane und unbegründete Sympathie für sie/ihn, oder meiden wir im Gegenteil den Kontakt? Es kann sich nämlich auch Ablehnung daraus ergeben, der Schwung und das Streben von zwei Menschen können einfach zu unterschiedlich sein. In diesem Fall entsteht eine spontane Antipathie als rein instinktive Reaktion. Anders gesagt: Hier stimmt die Chemie zwischen diesen Menschen nicht. Dies kann in einer Familie der Fall sein, aber ebenso auch am Arbeitsplatz in den zwischenmenschlichen Beziehungen zu Kollegen oder Vorgesetzten. »Über Geschmack lässt sich nicht streiten«, heißt es im Volksmund. Die Urteile des Instinkts sind unwiderruflich. Obschon …

Die Dissonanz zwischen der Venus des einen und dem Mars des anderen kann ambivalent sein gemäß dem Ausspruch »Der erste Eindruck kann täuschen«. Anders gesagt: Anziehung und Ablehnung können sich abwechseln und das sogar schnell aufeinanderfolgend – tagsüber streitet und fetzt man sich und kaum ist die Nacht gekommen, versöhnt man sich im Bett in einer Art undurchsichtigen Begierde und Raserei. Auf erotischem Gebiet ist Harmonie in diesem Fall fade und wird als zu wenig stimulierend empfunden: Aus dem Motto »Liebe statt Krieg« wird dann »Liebe im Kriegszustand«. Dazu können Beschimpfungen oder gar Schläge und Verletzungen gehören, deren Intensität nicht immer kontrollierbar ist. Ohne bis zum eigentlichen Sadomasochismus zu gehen, funktionieren viele Paare auf diese Weise, was auf sexuellem Gebiet durchaus anregend sein kann, Geist und Seele jedoch verhungern lässt.

Um zu erfahren, welchen Grad die sexuelle/affektive Anziehung zwischen Ihnen und der/dem anderen hat, konsultieren Sie weiter unten die Tabellen, in denen Sie die Positionen dieser Planetenparameter in den Tierkreiszeichen finden. Nachdem Sie von der Bedeutung dieser und jener Planetenposition Kenntnis genommen haben, ist es an Ihnen herauszufinden, wie groß die Kompatibilität zwischen Ihrer jeweiligen Venus und Ihrem jeweiligen Mars ist (in beiden Richtungen) und diese schließlich zu benoten – in Form einer bestimmten Anzahl von Herzen für jede dieser Kombinationen, denn diese spiegeln den Planetenaspekt wider, der ihnen zugrunde liegt.

Die Summe aller Herzen schließlich, das heißt, wenn Sie dem Parameter Venus/Mars noch die Herzen zufügen, die sich aus jeder »Kreuzung« ergeben (zwischen den beiden Sonnenzeichen, zwischen den Aszendenten und zwischen der Sonne des einen und dem Aszendenten des anderen und umgekehrt), ergibt das einen Gesamtwert an Herzen, anders gesagt Ihren AQ oder affektiven oder Liebesquotienten, der die Qualität Ihrer Beziehung, das Einvernehmen zwischen Ihnen als Paar spiegelt.

1. **In welchem Zeichen steht Ihre Venus und in welchem die Ihres Partners?**

Suchen Sie weiter unten auf den Seiten der Ephemeriden Ihre jeweiligen Geburtsdaten und notieren Sie die Sternzeichen, in denen Venus bei Ihnen selbst (A) und bei Ihrem Partner (B) steht.

2. In welchem Zeichen steht Ihr Mars und in welchem der Ihres Partners?

Suchen Sie weiter unten, in welchem Zeichen Ihr eigener Geburtsmars (A') und der Ihres Partners (B') steht, und merken Sie sich dies oder schreiben Sie es auf.

Venus oder das ewig Weibliche

VENUS IN DEN ZWÖLF TIERKREISZEICHEN

Die Himmelsposition von Venus, alias Aphrodite, Isis oder Astarte, bei unserer Ankunft auf dieser Erde gibt uns Auskunft über unsere affektive und ästhetische Öffnung gegenüber der Welt, über unseren Geschmack und unsere Vorlieben, unsere Art zu lieben und in gewisser Weise auch über unser Erscheinungsbild. Venus in der Waage oder im Stier oder auch aufgewertet durch ihre Stellung im Horoskop – Venus auf dem Aszendenten, aber auch auf einer anderen Achse oder durch ihre Konjunktion mit der Sonne oder mit Mars – hat gute Aussichten, zu unserer natürlichen Verführungskraft, ja sogar zur Harmonie unserer Gesichtszüge beizutragen. Alles in allem liebt man je nachdem, was man ist, je nach seiner Astralität und insbesondere je nach der Stellung der Venus in den Tierkreiszeichen.

VENUS IM WIDDER

(zum Beispiel La Païva, Michelangelo, Marilyn Monroe, George Clooney, Elizabeth Taylor, Bob Marley, Jack Nicholson, Audrey Hepburn, Arielle Dombasle, Pierre Brosnan):
Ihre Begierden sind zwingend. Großzügig und begeisterungsfähig schenken Sie sofort Ihr Vertrauen und meist entwaffnet Ihre Spontaneität jegliche böse Absicht und verhindert einen Vertrauensmissbrauch. Als ein wenig sentimentaler, aber sehr emotionaler Mensch sind Sie ungestüm und spontan: ein designiertes Opfer für die Liebe auf den

ersten Blick! Empfindsame Seelen empfinden Sie als zu exaltiert, und man überlegt zweimal, bevor man bei Ihnen die Lunte ans Pulverfass legt! Denn sind Sie erst einmal entflammt, werden Sie tyrannisch, eifersüchtig und ausschweifend. In Herzensangelegenheiten sind Sie maßlos – die Begierde hat ihre Gründe, die der Vernunft unbekannt sind – und nach einer Enttäuschung machen Sie sich kühn zu neuen beglückenden Gefühlen auf. Ein Hoch auf die Gegenwart und das Motto »*Carpe diem*«! Ein wenig Rückzug würde Ihnen nicht schaden.

Ihre erogenen Zonen: Kopf und Schädel. Sie gehören zu denen, die sich unvergleichlich sinnlich am Kopf kratzen können.

VENUS IM STIER

(zum Beispiel Adrienne Lecouvreur, ein feuriger Widder, der ihre heftige Liebe zu Moritz von Sachsen den Tod brachte. Leonardo da Vinci, Charlie Chaplin, Johnny Depp, Juliette Binoche, Lady Diana, Prince William, Jean-Paul Sartre, Yannick Noah, Dominique Strauss-Kahn, Marlon Brando)

Sie genießen das Leben mit Sinnlichkeit und Schlemmerei. Ihre Lebensfreude hat etwas Animalisches, Vitales und außerordentlich Konkretes. Als großer Feinschmecker schätzen Sie sowohl die Freuden des guten Essens als auch zarte Parfüms, überhaupt alles Sinnliche, Kunst, Musik und natürlich die Liebe. Sie bekommen nie genug davon, werden niemals satt und verfügen über eine kraftvolle Sinnlichkeit. Das geht so weit, dass Sie, wenn der andere eher mental ausgerichtet oder mehr oder weniger frigide ist, wie sexuell besessen wirken – ein wenig wie der Skorpion, zusätzlich jedoch noch mit Zärtlichkeit begabt. Sie haben ein vitales Bedürfnis nach Kontakt mit der Natur, in der Sie sich im wahrsten Sinn des Wortes regenerieren. Angezogen werden Sie von Luxusgeschäften und allen Berufen, die mit Ästhetik, Mode, Gesang, Malerei oder Architektur zu tun haben, Sie sind gefühlsbetont und lieben beständig und treu. Dasselbe fordern Sie auch von dem anderen, wobei Sie unbändige Besitzansprüche an den Tag legen. Hat die/der Erwählte Ihres Herzens Sie verraten, muss sie/er, da Sie nachtragend sind, mit anprangernder Kritik von Ihnen rechnen, und das Vertrauen wird für immer zerstört sein.

Ihre erogenen Zonen: der Hals, die Kehle. Werden Sie dort gestreichelt oder geküsst, werden Sie kaum widerstehen können, noch dazu, wo der Tastsinn das Sinnesorgan ist, das Ihnen entspricht …

VENUS IN DEN ZWILLINGEN

(zum Beispiel Katharina von Russland, ein unersättlicher Stier, die ihre Eroberungen sammelte, Hortense Schneider, die – unter anderem! – Jacques Offenbach den Kopf verdrehte, Jacqueline Kennedy-Onassis, Isabelle Adjani, Gisele Bündchen, Uma Thurman, Heidi Klum, Jennifer Lopez, Tom Hanks, John F. Kennedy, Al Pacino)
Ein jugendlicher Geist, Unbekümmertheit und Frohsinn gehören zu Ihren Charakterzügen. Als gesellig und heiter sind Sie bei Ihren Freunden beliebt und verstehen sich mit Bravour auf die Vermittler- oder Kupplerrolle! Sie sind eine angenehme Gesellschaft, diplomatisch, geschickt und charmant und knüpfen leicht Kontakte, Ihre Gefühle sind jedoch wechselhaft und oberflächlich, eine sentimentale Streichelmassage. Amouröse Beutezüge, Flirts, Spiel, geschwisterliche Verbundenheit und intellektueller Austausch haben bei Ihnen Priorität, ernste Gefühle langweilen Sie. In Ihrem Leben gibt es möglicherweise zwei prägende Beziehungen (oder Ehen). Ach ja, Sie haben häufig sehr schöne Hände, mit denen Sie sicher verführen können …
Ihre erogenen Zonen: Hände, Arme, Schultern. Nehmen Sie die Handgelenke der/des anderen und bedecken Sie sie mit zarten, hingehauchten Küssen …

VENUS IM KREBS

(zum Beispiel Margarete von Navarra: »Ich liebe bis in den Tod«, Napoleon I., Barack Obama, Clint Eastwood, Martine Aubry, Cameron Diaz, Meryl Streep, Charles Aznavour, Arnold Schwarzenegger, Camilla, Duchess of Cornwall, Ben Affleck, Natalie Portman, Jean-Michel Jarre, Alain Juppé, Lenny Kravitz)
Egal ob Sie zum Typ Kindfrau oder Familienmutter gehören, Sie sind übersensibel und liebevoll, Ihrem Heim zutiefst verbunden, das Sie aufmerksam und leidenschaftlich hüten. Ob Mann oder Frau, das Haus ist für Sie besonders wichtig, weil Sie in Ihren Erinnerungen leben. Aufgrund Ihrer Nostalgie und konservativen Ader messen Sie Gegenständen gelegentlich einen zu hohen Wert zu; es fällt Ihnen entsetzlich schwer, sich von Dingen zu trennen, die ihren Dienst erfüllt haben. Wie auch immer, Ihre Wohnung wird zu einem Hort des Glücks. Sie besitzen eine sehr starke, diffuse Sinnlichkeit – man sollte vielleicht eher von Sensorik sprechen – dies trifft vor allem zu, wenn Ihr Aszendent in der

Waage steht. Ihre Zurückhaltung bremst Sie viel zu oft aus, und das, obgleich Sie doch häufig narzisstisch veranlagt sind. Als Gerne-Schläfer sind Sie ein Freund pikanter Siestas, die es Ihnen erlauben, sich aus den Armen des geliebten Wesens direkt in Morpheus Arme zu begeben. Die Position der Venus kann bei Ihnen auch für eine unkonventionelle, kapriziöse und verträumte Seite sorgen, sodass Sie sich in Ihre innere Welt voller Fantastereien und Hirngespinste zurückziehen. In diesem Fall hätten Sie es schwer, eine Familie zu gründen, nach der es Sie so verlangt, denn Sie würden niemandem Zutritt zu diesem Schnecken-haus gestatten.

Ihre erogenen Zonen: Brust, Brüste. Damit kennen Sie den vorgeschrie-benen Weg zu ihrem/seinem Herzen. Kein Kommentar …

VENUS IM LÖWEN

(zum Beispiel George Sand, die dominierende Liebende mit berühmten »Opfern« wie Alfred de Musset und Gustave Flaubert – beide Schüt-ze –, Ludwig XIV., Andy Warhol, Françoise Sagan, Alfred Hitchcock, Coco Chanel, Madonna, Sylvester Stallone, Johnny Hallyday, Emmanu-elle Béart, Nicole Kidman, Monica Bellucci, Marion Cotillard, Marine LePen, Gwyneth Paltrow, Tom Cruise, Whitney Houston, Salma Hayek, Ségolène Royal, Amy Winehouse)
Sie lieben mit Leidenschaft, ohne Berechnung. Großzügig und glanz-voll. Ihre Liebe duldet keine Ablehnung. Ihrer Meinung nach sind Loyalität und Wertschätzung unerlässliche Qualitäten für eine gute Beziehung; wie die Pest meiden Sie farblose oder vulgäre Menschen oder solche mit zweifelhafter Moral. Bei der häufig frühreifen Löwin, die gerne dominant oder gar manipulierend ist, haben wir es mit ei-ner Lolita zu tun, die jemanden bewundern muss, um ihn lieben zu können, wobei sie nur jemanden bewundern kann, der angesehen oder auch außergewöhnlich ist. Das Urteil anderer ist Ihnen wich-tig, denn Sie sind stolz, es läge Ihnen fern, zu schockieren, über sich reden zu lassen. Löwen sind in erster Linie Ästheten; die Kunst im Allgemeinen und schöner Schmuck – aus Gold, denn das ist natürlich Ihr Metall – werden bevorzugt. Wie die Löwin Coco Chanel lieben Sie großen und auffälligen Schmuck. Die Schönheit der Gesichtszüge, aber auch das gesamte Erscheinungsbild, die Eleganz und Anmut der/ des anderen spielen als Faktoren der Verführung, denen Sie erliegen, eine wesentliche Rolle. Sie sind außerdem idealistisch: Sie sind auf

der Suche nach der absoluten Liebe und wenig geneigt zu Konzessionen und Halbheiten. Hüte sich vor allem der- oder diejenige, der/die es wagen würde, Sie öffentlich lächerlich zu machen! Im Handumdrehen wäre es dann vorbei mit Ihren Träumen und Ambitionen, mit diesem königlichen Tier voller Stolz und empfindlicher Eitelkeit ein Gespann zu bilden.

Ihre erogenen Zonen: die Wirbelsäule. Der Löwe oder die Löwin wird bis ins Innerste erbeben, wenn Sie geschickt seinen/ihren Rücken kraulen …

VENUS IN DER JUNGFRAU

(zum Beispiel Clara Schumann, Friedrich Nietzsche, Angela Merkel, François Mitterrand, Robert Redford, Roman Polanski, Mick Jagger, Alain Delon, Roger Federer, Catherine Deneuve, Catherine Zeta-Jones, Julia Roberts, Robert de Niro, Sean Penn, Sting, Kate Winslet, Sylvie Vartan, Melanie Griffith, Antonio Banderas, Carole Bouquet, Sofia Loren, Adriana Karembeu)

Vernunft und Sinn für Lächerlichkeit bremsen Ihre Gefühlsausbrüche. Sie erlauben es sich nur, sich zu verlieben, wenn Sie sicher sind, Ihr Ansehen damit nicht zu beschmutzen, wenn die/der Auserkorene einen gesellschaftlich angemessenen Rang einnimmt und Sie respektiert. Sie verstehen es, einen Schleier der Zurückhaltung über Ihre Gefühle zu werfen, die übrigens intensiv sein können. In der Regel stehen Sie jedoch allem rund um die Liebe eher skeptisch und misstrauisch gegenüber – es sei denn, andere Elemente Ihres Geburtshoroskops sagen das Gegenteil. Ihre Zurückhaltung hindert Sie daran, sich großen Gefühlsäußerungen hinzugeben, denen Sie gegenseitiges Vertrauen und Zärtlichkeit vorziehen. Als treuer und aufmerksamer Mensch sollte die wahre Sprache der Liebe Ihrer Meinung nach eher zärtlich und aussagekräftig als poetisch sein; Ihre Aufmerksamkeit sorgt übrigens auch dafür, dass Sie bei passender Gelegenheit eine bemerkenswerte Selbstlosigkeit an den Tag legen können. Was die weise Jungfrau keinesfalls daran hindern wird, sich in eine törichte Jungfrau zu verwandeln, wenn Sie das Sesam-öffne-Dich zu seinem/ihrem Herzen finden … und das führt über den Verstand.

Ihre erogenen Zonen: der Bauch. Streicheln Sie ihr/ihm den Unterbauch, um sie/ihn zu zähmen und die Abwehr zu überwinden.

VENUS IN DER WAAGE

(zum Beispiel die Marquise Montespan, Favoritin von Ludwig XIV., Königin der Künste, Feste und Vergnügungen, die im Kloster endete, Arthur Rimbaud, Bill Clinton, Pablo Picasso, Rita Hayworth, Grace Kelly, Michael Douglas, Woody Allen, Freddie Mercury, Sean Connery, Robert Gere, Hugh Grant, Willy Smith, François Hollande, France Gall, Patrick Poivre d'Arvor)

Sie lieben die Liebe um ihrer selbst willen; mit anderen Worten: Sie sind in die Liebe verliebt. Unablässig verlieben Sie sich, um des einzigen Vergnügens willen, um Ihr Herz klopfen zu spüren und die Erregung zu empfinden, wieder eine Liebesgeschichte anzufangen. Um wieder diese göttliche Musik zu hören, die Sprache der Engel, die Sie in den siebten Himmel trägt: in den Himmel der Liebe … Da Sie jedoch eher zögerlich sind, möchten Sie sich nicht leichtfertig binden und entscheiden sich bei Bedarf für ein Doppelleben – jedenfalls solange Sie noch in der unsicheren Phase sind. Die Liebe soll sich zart und raffiniert entfalten können, auf die Gefahr hin, ärgerliche Themen auszuklammern – Ihre Orgasmen jedoch können zerstörerisch sein! Das Paar, das Sie bilden, hat in Ihren Augen absoluten Vorrang, was Respekt oder gar Verzicht verlangt, wenn die Realität des Alltags sich mit Ihrem romantischen Traum nicht deckt. Sie haben eine ausgezeichnete künstlerische Veranlagung und einen sicheren Geschmack – dabei übrigens eine besondere Vorliebe für Feste. Höflich, kultiviert, liebenswert, mit ausgeprägtem Gerechtigkeitssinn und Harmoniebedürfnis, verfügen Sie häufig über einen besonderen Liebreiz und eine starke Verführungskraft, denen man nur schwer widerstehen kann.

Ihre erogenen Zonen: das Kreuz, der untere Rücken. Ein Kuss auf diese Körperregion und sie (oder er) gehört Ihnen. Bevorzugen Sie die Reiterstellung auf ihrer/seiner empfindsamen Kruppe …

VENUS IM SKORPION

(zum Beispiel La Belle Otéro, Schütze der Belle Époque mit vielen Eroberungen, Königin Marie-Antoinette mit ihrem traurigen Schicksal, Mahatma Gandhi, Wladimir Putin, Hillary Clinton, Carla Bruni, Romy Schneider, Ava Gardner, Jane Birkin, Leonardo di Caprio, Jacques Chirac, Sophie Marceau, Demi Moore, Bill Gates, Jodie Foster, Jim Morrison, Dominique de Villepin, Silvio Berlusconi, Claire Chazal)

Liebe und Hass wohnen merkwürdig vereint in Ihrem Herzen und manchmal, wenn Sie vom einen zum anderen wechseln, kann es schwierig für Sie sein, klar zu sehen. Sie lieben mit Leidenschaft und Wildheit, auf immer und ewig, eifersüchtig und voller Überschwang, hemmungslos, ohne Zugeständnisse, aber ohne Zurschaustellung: Ihre Leidenschaften sind geheim, und Sie bleiben so lange wie möglich zurückhaltend. Wenn Sie erst einmal die Deckung fallen lassen, leben Sie die Liebe fast schmerzhaft, bürden dem anderen Bewährungsproben auf, verlangen ständig Beweise für seine ausschließliche Liebe, die sie/er für Sie hegen soll! Die Sexualität ist vorrangig und anspruchsvoller als für den gemeinen Sterblichen – für die anderen Tierkreiszeichen. Sagen wir es einmal so: Sie sollten sich nicht zu viel erhoffen, Frustrationen auf diesem Gebiet könnten Ihnen alle Arten psychosomatischer Probleme bescheren. Ihre Ausgeglichenheit verlangt nämlich in Sachen Libido einen hohen Aufwand, dies sei klar gesagt. Ihre Partnerin/Ihr Partner muss Ihren Ansprüchen genügen, auch dies sei klar gesagt!

Gelegentlich jedoch führt diese Position der Venus paradoxerweise zu einem Verzicht auf die Liebe zugunsten eines mystischen Lebens. Dabei handelt es sich dann um eine sublimierte Libido.

Ihre erogenen Zonen: die Genitalien. Streicheln und Küsse, was man unter der Bezeichnung *Vorspiel* zusammenfasst, gehören hier zum Pflichtprogramm und erfüllen ihren Sinn …

VENUS IM SCHÜTZEN

(zum Beispiel General de Gaulle, Nicolas Sarkozy, Winston Churchill, Cary Grant, Joan Baez, Tina Turner, Kevin Costner, Vincent Cassel, Kim Basinger, Jane Fonda, Jimi Hendrix, Gérard Depardieu, Jeanne Moreau, Claude François, David Bowie, Coluche, Jude Law, Patricia Kaas, Michel Sardou, Vanessa Paradis, Françoise Hardy)

Sie lassen sich auf eine Liebesgeschichte ein wie auf eine Abenteuerreise: mit Kühnheit und Überschwang. Von Ausländern/Ausländerinnen fühlen Sie sich besonders angezogen, Sie haben eine Vorliebe für Menschen einer anderen Kultur als der Ihren, aus einer anderen Welt. Die Ferne, das Unerreichbare begeistern und vereinnahmen Sie. Sie lieben großzügig und tolerant, abgesehen davon, dass Sie keinerlei Fesseln tolerieren! Wenn Sie das Gefühl haben, eine Beziehung bedrohe Ihre geliebte Freiheit, werden Sie rebellisch und machen sich davon, auf zu neuen Ufern. Auch auf die Gefahr hin, auf zwei Hochzeiten gleichzeitig zu tanzen!

Den Bogen des Schützen dürstet es nach Beute und Eroberungen. Paradoxerweise jedoch gehören Idealismus, Loyalität und Wertschätzung zu den »Musts«, die für Sie in der Liebe gelten. Und auch wenn Ihre Sinnlichkeit eines Zentauren (halb Mensch, halb Tier, wie sicher bekannt ist) sehr geradeheraus ist und es ihr ein wenig an Raffinement fehlt, so fehlt es ihr sicher nie an Aufrichtigkeit und Intensität!

Ihre erogenen Zonen: die Oberschenkel und Hüften. Schmeicheln Sie seinem Hintern und streicheln Sie seine Flanken, dann wird Ihr angespornter Zentaur in Fahrt kommen – probieren Sie es aus!

VENUS IM STEINBOCK

(zum Beispiel Elisabeth I., die jungfräuliche Königin, Elisabeth von Österreich, genannt Sissi, Juliette Récamier, für die Liebe tabu, Madame Roland: »Niemand hat weniger als ich die Wollust kennengelernt; ich habe meine Sinne beherrscht«, Ludwig van Beethoven, Maria Callas, Rachida Dati, Edith Piaf, Caroline von Monaco, Simone Weil (die Philosophin), Elvis Presley, James Dean, Dalida, Frank Sinatra, Marie Trintignant, Brad Pitt, Justin Timberlake, Steve Jobs, Paul Newman, Cindy Crawford, Daniel Balavoine, Laurent Ruquier, Scarlett Johansson)

Da Sie eher misstrauisch und distanziert sind, findet man nicht leicht Zugang zu Ihnen, und Sie legen in Sachen Gefühle eine extreme Diskretion an den Tag. Ihre Angst davor, leiden zu müssen, hat Sie Gleichgültigkeit und Humor gelehrt: Sie verlieben sich nur schwer, und zwar sowohl wegen Ihrer hohen Ansprüche als auch wegen Ihres mangelnden Glaubens. Ihrer Meinung nach gleicht die Liebe einem Wunder, und Wunder geschehen nun einmal selten. Ihr Geschick kann von affektiver Einsamkeit, Depression oder Fatalität geprägt sein. Tatsächlich entmutigt Ihre kalte, objektive und realistische Haltung aufkeimende Leidenschaften, und man muss erst den eisernen Vorhang überwunden haben, um Ihr sensibles Herz voll und ganz zu erreichen, das dann unerwartet heftig entflammen kann – hier ruht ein Vulkan unter dem Eis!

Ihre erogenen Zonen: die Knie, die Wirbelsäule. Um die Ziege des Tierkreises für sich einzunehmen, gibt es kein wirksameres Mittel, als geschickt ihren Rücken und ihre Kruppe zu liebkosen. Die Knie wiederum verlangen nach einem subtilen Know-how, nicht zu kräftig, aber auch nicht ungeschickt und zerstreut ... vorzugsweise in den Kniekehlen. Dann wird das Zicklein vor Freude meckern!

VENUS IM WASSERMANN

(zum Beispiel Isaac Newton, Nostradamus, Wolfgang Amadeus Mozart, Frédéric Chopin, Albert II. von Monaco, Sharon Tate, Elton John, Janis Joplin, Nicolas Cage, Bruce Willis, Kate Middleton, Kate Moss, Bernard Tapie, Mel Gibson, Valérie Trierweiler, Jean-Marc Ayrault, Michael Schumacher, Ornella Muti, Marlene Dietrich, der Prototyp der kalten Frau mit ihren fünf Planeten im Steinbock – Mistinguett, Daniel Craig) Wenn es nach Ihnen geht, ist die Liebesfreundschaft der ideale Ausdruck der Liebe, die endlich von den Fesseln der Leidenschaft befreit ist. »Lieben heißt, die Existenz des anderen anzunehmen«, hat die Wassermann-Geborene Simone Weil gesagt. Die Liebe muss also in völliger Freiheit gelebt werden, damit jeder seine Persönlichkeit entwickeln kann. Man gehört einander nicht, man lernt sich kennen, man gewinnt Zutrauen, ohne gegenseitiges Aufrechnen, das alles in einer Art Anhänglichkeit oder eher geschwisterlicher Gleichgültigkeit. Die Sexualität ist eine angenehme und amüsante Übung, die jedoch in keiner Weise gleichwertig ist mit den intellektuellen Freuden, mit einer leidenschaftlichen Diskussion. Da Sie eher mental oder spirituell veranlagt sind als körperlich oder emotional, können Sie mit der »naiven Weltfremdheit« Ihres Sternzeichens flirten, dessen vollendetstes Beispiel Mozart war. Vielleicht haben Sie (sogar) die Gelegenheit, das unfassbare Glück der höchsten Teilung zu genießen: das Sich-Mitteilen zweier Seelen, orchestriert von zwei jubelnden Körpern.
Ihre erogenen Zonen: die Beine, die Knöchel und die Fantasie – denn Sie sind in erster Linie ein intellektueller Mensch.

VENUS IN DEN FISCHEN

(zum Beispiel Johann-Sebastian Bach, Jules Verne, Victor Hugo, Vincent van Gogh, Martin Luther King, Elisabeth II. von England, Michelle Obama, John Travolta, Fanny Ardent, Michelle Pfeiffer, Penélope Cruz, Serge Gainsbourg, François Fillon, Céline Dion, Juliette Gréco, Ursula Andress, Victoria Beckham, Alicia Keys)
Ihre Anziehungskraft und Ihre Gefühle, die häufig exzessiv sind und alleine auf Ihrer Fantasie beruhen, werden von zügelloser Romantik geleitet. Hier regiert der Traum. Die Liebe kommt woanders her, sie wird in einer anderen Welt gelebt, sie gibt alles, erlaubt alles, einschließlich der wahnsinnigsten Fantasien … auch der gefährlichsten Hirngespins-

te. Sie haben nämlich eine Vorliebe für schmerzliche Beziehungen, die Opfer, Selbstverleugnung und Devotion verlangen, eine Vorliebe für komplizierte und zerstörerische Liebschaften, heimliche Verbindungen … und »Problem«-Fälle. Ihre Seele eines guten Samariters oder heiligen Bernhards wird angesichts eines Sozialfalls, eines herrenlosen Hundes weich. Sie können sich aber ebenso gut für jemanden begeistern, der die sensible Saite in Ihnen anschlägt: Dann zeigt sich Ihre romantische Ader! Sie basteln sich nun ein Idealbild von der Person, die Sie in Schwingung versetzt und die Sie sich seit Ihrer Jugend in Ihrer Fantasie vorstellen – von dem Bärtigen mit der männlichen Pfeife, von der Blonden mit dem üppigen Busen und dem glühenden Blick – von der/dem Sie in der realen Welt rastlos ein Exemplar suchen. Auf die Gefahr hin, grausam desillusioniert zu werden, wenn sich herausstellt, dass die/der Auserwählte Ihres Herzens völlig anders ist, nämlich einfach … sie oder er selbst! Sollte Ihr Schicksal es jedoch vorsehen, dass Sie der verwandten Seele begegnen, so werden Sie zu einer Einheit verschmelzen, Sie werden Ihre Fantasievorstellungen aufgeben, werden von unsagbaren Empfindungen überwältigt. Sie werden eins mit dem Universum, geraten an die Grenzen zu einer mystischen Erfahrung, es wird schlichtweg kosmisch sein!

Ihre erogenen Zonen: die Füße. Massieren Sie ihr oder ihm zart die Füße, mit Überzeugung – vor dem Fernseher oder im Bett – es wird ihr/ihm köstliche Schauer über den Rücken jagen und sicher pikante Gedanken einflößen. Andernfalls wird eine Fußreflexzonenbehandlung bei gedämpfter Beleuchtung den Zweck erfüllen: Ihre Partnerin/Ihr Partner wird schweben, bereit für den siebten Himmel.

Mars oder das ewig Männliche

Mars, der – daran sei erinnert – Willen, Instinkt und Tatkraft symbolisiert, gibt in einer Paarbeziehung beim Mann Hinweise auf seine Männlichkeit, seine Art zu agieren und zu reagieren, bei der Frau hingegen auf ihr Männerbild. Wie in dem Paar Mond und Sonne (oder Yin und Yang) haben wir hier das Gespann Venus und Mars, das die Grundlage für die Komplementarität von Mann und Frau bildet, wohl wissend, dass es biologisch gesehen in jedem Mann weibliche Elemente und in jeder Frau männliche Elemente gibt – wie es übrigens auch in der zweigliedrigen Darstellung von Yin und Yang zum Ausdruck kommt.

Mars in den zwölf Tierkreiszeichen

MARS IM WIDDER

(zum Beispiel Frédéric Chopin, Charles Baudelaire, Caroline von Monaco, Prince, Johnny Hallyday, Steve Jobs, Angelina Jolie, Nicolas Sarkozy, Russel Crowe, Clint Eastwood, Paul Newman, Ursula Andress, Fanny Ardent, Jean-Louis Borloo, Isabelle Huppert, Daniel Craig, Jean-François Copé, Kevin Costner, Michèle Laroque, Dominique Strauss-Kahn, Yannick Noah)
Dynamisch, unternehmungslustig und begeisterungsfähig sind Sie zugleich ein unbeugsamer Egozentriker. Mit Ihrer konzentrierten Lebensenergie sind Sie mit einem ungewöhnlichen Ungestüm begabt – auch auf sexuellem Gebiet. Dabei dominiert der reine Instinkt, »weibisches« Raffinement ist nicht Ihr Ding: Im Sternzeichen des Mannes lässt Mars einer instinktiven, sogar brutalen, rein phallischen Erotik den Vorrang. Im Horoskop einer Frau ist diese Position, abgesehen davon, dass sie die mehr oder weniger (un)bewussten Wünsche im Sinn eines *Alter Ego* bezeichnet, auch ein Hinweis auf eine mehr oder weniger vermännlichende Komponente, in jedem Fall das Bild einer energischen Frau.
Wenn nötig, sind Sie fähig, hart auszuteilen und Berge zu versetzen. Werden Sie provoziert, können Sie auch heftige Wutanfälle bekommen: Introvertierte sind in Ihren Augen Schwächlinge von einem anderen Planeten. Niemand sollte es wagen, Ihnen Steine in den Weg zu legen, sonst werden Sie zeigen, aus welchem Holz Sie geschnitzt sind! Dann können Sie brutal werden, scharf, aggressiv, unfähig, die Konsequenzen Ihrer Worte zu ermessen, mit denen Sie gegenhalten, wobei dies Ihre geringste Sorge ist: Wut macht Sie blind! Hingegen ist Ihnen nachtragendes Verhalten unbekannt, auch wenn Sie in Diskussionen gerne das letzte Wort behalten. Zum Ausgleich, und da Sie ritterlich veranlagt sind, liegt Ihnen in einer Beziehung die Beschützerrolle am Herzen. Halsbrecherisch und immer auf der Suche nach Herausforderungen, sind Sie ein Abenteurer, der das Risiko liebt und sich gerne selbst übertrifft, ein Aktiver oder auch Tollkühner, der gerne die Nummer eins sein möchte. Sie vertrauen Ihrem Stern und eröffnen gerne neue Wege. Ihnen kann es an Ausdauer fehlen: Dann überlassen Sie es anderen, das zu vollenden, was Sie begonnen haben, oder zu ernten, was Sie gesät haben. Lässig und als Grandseigneur überlassen Sie es denen, die es nötig haben.
Schlüsselbegriffe: Handeln, führen, erobern, erschaffen.

MARS IM STIER

(zum Beispiel Fidel Castro, Adolf Hitler, John F. Kennedy, Isaac Newton, Charlie Chaplin, Salvador Dalí, Tom Cruise, Kate Moss, Juliette Gréco, Ornella Muti, Charlize Theron, Arielle Dombasle, Bernard Giraudeau, Rachel Weisz, Eric Cantona, Andy Warhol, Mick Jagger, Robert de Niro, Bruce Willis, Keira Knightley)
Dank Ihrer Widerstandskraft und kraftvollen Vitalität – die der Tierkreiszeichen des Frühlings – gewinnen Sie nach Problemen immer wieder die Oberhand. Sie besitzen eine ruhige Kraft, Beharrungsvermögen, sind also eher statisch als dynamisch, was Sie dazu treibt, Ihre Errungenschaft mit Zähnen und Klauen zu verteidigen – woraus ein gewisser Mangel an Flexibilität und Anpassungsvermögen resultiert. Ihre legendäre Dickköpfigkeit und ein unerbittlicher Starrsinn helfen Ihnen beim Erreichen Ihrer Ziele. Wenn Sie es sich in den Kopf gesetzt haben, den anderen zu erobern, setzen Sie alles in Bewegung, um sie/ihn zu betören – einschließlich einer fürstlichen Bewirtung mit einem hervorragenden Tröpfchen: Wozu sind Sie schließlich ein Feinschmecker und zugleich Gourmand? Sie geben erst auf, wenn Sie jede Hoffnung auf Erfolg verloren haben. Gelassen und offenbar von unerschütterlicher Ruhe, können Sie gelegentlich Wutausbrüche bekommen, was zwar selten vorkommt, deshalb jedoch nicht weniger fürchterlich ist. Und wenn der Stier rotsieht, wird er zur Planierraupe – ein Begriff, der zu Ihrem Sternzeichen passt!
Normalerweise jedoch ist Ihr Handeln rational und methodisch. Geduldig, ausdauernd und dickköpfig sorgen Sie dafür, dass die Ereignisse sich Ihrem Willen beugen, wie einer Planierraupe eben. Ihre Sinnlichkeit ist animalisch; Sie lieben Gerüche und suchen einen fast körperlichen Kontakt mit der Natur: Bäume sprechen mit Ihnen. Ihre Ausdrücke sind häufig unverblümt, und man kann Ihnen einen Mangel an Fingerspitzengefühl vorwerfen, Derbheit in Worten und Taten, gelegentlich auch eine gewisse Grausamkeit oder auch – wenn Mars dissonant steht – eine sichere und mitleidlose Grausamkeit.
Schlüsselbegriffe: Genießen, erwerben, besitzen.

MARS IN DEN ZWILLINGEN

(zum Beispiel Martin-Luther King, José Bové, Nicolas Hulot, Arnold Schwarzenegger, François Bayrou, Manuel Valls, Jim Morrison, Catheri-

ne Deneuve, Mireille Darc, Tony Blair, Coco Chanel, Ludwig van Beethoven, Pierre Brosnan, Camilla, Duchess of Cornwall, Meryl Streep,
Sandra Bullock, Al Pacino, Courtney Love)
Sie verfügen vor allem über eine mentale Energie. Sie dient Ihren Ide-
en, und diese sind der Motor Ihrer Natur, stehen im Mittelpunkt Ihrer wahren Ziele. Für diese Ziele engagieren Sie sich bei Bedarf und
sind bereit, dafür zu kämpfen. Fechten, physisch oder intellektuell,
ist Ihr Lieblingssport: Als Luftzeichen messen sich Ihre Reflexe mit
der Geschwindigkeit des Windes! Nichts wirkt anregender auf Sie als
Wortgefechte, und Sie legen schon einmal aus reiner Freude an der
Polemik eine verbale Aggressivität an den Tag. Ihr lebhafter Geist gibt
Ihnen nicht weniger aggressive Erwiderungen ein. Ausgezeichnete
Voraussetzungen also für einen Kritiker – genährt von einer uner-
sättlichen Neugier in alle Richtungen, sodass Sie über alles Aktuelle
stets auf dem Laufenden sind und Zugang zur Kultur im Allgemeinen
haben – aber auch für scharfe Frotzelei und Ironie. Lernen Sie, damit
keinen Missbrauch zu treiben, selbst wenn Ihre Partnerin/Ihr Partner über Sinn für Humor verfügt, könnte er/sie dessen überdrüssig
werden! Verliebt in Maskenball und Bergamaskentänze, verkörpern
Sie die *Leichtigkeit des Seins*, immer auf der Lauer nach einem geist-
vollen Satz oder einer witzigen Entgegnung – Ihren wichtigsten Ver-
führungswaffen. Aufgrund Ihrer großen manuellen Geschicklichkeit
drohen Ihnen paradoxerweise Unfälle mit den Händen, Armen und
Schultern, und zwar wegen der Dissonanz von Mars in Ihrem Geburtshoroskop. In der Liebe sind Sie ein Anhänger des kopflastigen
Flirts, ein »Intellektueller des Sex«, der im Bett lieber Wilhelm Reich
oder den Kinsey-Report vorliest als anhand des Kamasutras zur Tat
zu schreiten. Die Lösung? Mit der Sprache überraschen, erstaunen,
amüsieren, zerstreuen, mit Worten, mit dem Mundwerk, das sind die
Zauberformeln!
Schlüsselbegriffe: Verstehen, kommunizieren, lachen, jonglieren.

MARS IM KREBS

(zum Beispiel Nostradamus, Wolfgang Amadeus Mozart, Königin Ma-
rie-Antoinette, Pablo Picasso, Jean Cocteau, Isabelle Adjani, Penélope
Cruz, Audrey Hepburn, Richard Gere, Roger Federer, Marine LePen,
Halle Berry, Jean Dujardin, Zinédine Zidane, Ashton Kutcher, Patrick
Bruel, Patrick Poivre d'Arvor, Lionel Messi, Natalie Wood)

Ihre Lebenskraft dient dazu, Sie und Ihre Lieben zu beschützen. Angesichts eines Hindernisses ziehen Sie die Zermürbung einer Konfrontation vor, und Ihre Positionen sind eher defensiv als offensiv, was als Flucht oder eine Form von Feigheit interpretiert werden kann. Ihre Aggressivität lassen Sie daher tendenziell im Familienkreis heraus – eine kompensatorische Reaktion? Die Familie kann sich übrigens als ein Ort der Drangsal und der Prüfungen erweisen … Sie spielen sich dort als Herr und Meister auf, was familiäre Konflikte vorprogrammiert. Werden Sie nicht zum Haustyrannen! Nur an einem reich gedeckten Tisch mit einem guten Tropfen finden Sie Ihre gute Laune wieder, eine Lebensfreude, die Ihnen im Alltag abgehen kann und Sie zu negativen und desillusionierten Ansichten neigen lässt. Häufig fangen Sie sich in der Kunst wieder, die Ihren sehnsüchtigen Träumen als Ventil dienen kann. Fantasie an die Macht! Obgleich Sie anfangs zögerlich oder passiv sein können, lassen Sie doch nicht locker, bevor Sie Ihr Ziel erreicht haben. So sind Sie zu großen Willensanstrengungen fähig und verstehen es, belastbar und hartnäckig zu sein, vor allem wenn es darum geht, Ihr Heim zu schützen. Ihre erotische Seite wird vorzugsweise in der Intimität Ihres Krebspanzers und im verschwörerischen Halbdunkel ausgelebt. Vor Blicken geschützt, lassen Sie Ihrer sinnlichen Fantasie freien Lauf, die reich, zärtlich und erfinderisch ist, passend zur übergroßen Sensiblität, die zu Ihnen gehört.

Schlüsselbegriffe: Beharren, sich erinnern, verteidigen, widerstehen (passiv).

MARS IM LÖWEN

(zum Beispiel Brigitte Bardot, George Clooney, Hilary Clinton, Robert Redford, Edith Piaf, Arnaud Montebourg, Cher, Frank Sinatra, James Dean, Claudia Schiffer, Harrison Ford, Paul McCartney, Sofia Loren, Monica Bellucci, Demi Moore, Charlène von Monaco, Jean-Luc Mélenchon, France Gall, Salma Hayek, Amy Winehouse, Laetitia Casta, Laurent Ruquier)

Sie genießen eine strahlende und elektrisierende Lebenskraft: Schließlich ist die Sonne, unsere Lichtquelle, Ihr Gestirn! Enthusiastisch und tatkräftig, mit eisernem Willen gesegnet, weichen Sie nicht so schnell von Ihrer Linie ab – jemand, dem es gelingt, Sie von einem Projekt abzubringen, muss ganz schön gerissen sein; er muss früh aufstehen, um Ihre Entschiedenheit in den Griff zu bekommen! Sie besitzen aus-

gezeichnete Voraussetzungen für eine Führungsposition, einschließlich einer »heroischen« Seite unter ernsten Umständen, wo andere in Panik verfallen würden: Auf Ihre Gelassenheit und Tüchtigkeit kann man zählen. Leidenschaftlich und schwärmerisch stürzen Sie sich gerne mit einem verblüffenden Optimismus, der, wenn er auch nicht immer Glück bringt, so doch zumindest Bewunderung abnötigt, in ein Abenteuer. Sie sehen sich als Sieger, was die Umstände in die Knie zwingt. »Den Mutigen lacht das Glück«, »Den Seinen gibt's der Herr im Schlaf«, heißt es im Volksmund. Sie müssen immer glänzen, sei es durch Ihre Werke – Ihre Kreativität ist groß – oder durch Ihr zwingend mitreißendes oder außergewöhnliches *Alter Ego*! Aufgrund Ihrer Großzügigkeit und Großmütigkeit liegt es Ihnen am Herzen, dieses vor den Tücken des Lebens zu beschützen, vorausgesetzt, er/sie überlässt Ihnen die Hauptrolle. Um sie/ihn zu betören, setzen Sie eine unwiderstehliche Inszenierung in Gang: Candle-Light-Dinner in einem angesagten Restaurant, eindrucksvolle Verführungsspiele, die einfach unwiderstehlich sind! Es sei denn, Sie haben es mit einem Sauertopf, einem ungehobelten Kerl oder einer Zimtzicke zu tun, die dem arroganten Löwen eine Lektion erteilen möchte ... Wie auch immer, niemand wird jedenfalls sagen können, es habe Ihren Versuchen an Stil oder Klasse gefehlt!
Bei Ihren (seltenen) lautstarken Wutausbrüchen lassen Sie eine gelegentlich despotische Autorität hervorbrechen: Dann ist Ihr Löwengebrüll, das keinen Widerspruch duldet, weit zu hören! Ihre Sexualität ist feurig und anspruchsvoll, nimmt jedoch mit der Zeit ab, wie die Sonne, Ihr Gestirn, die in der Dämmerung untergeht.
Schlüsselbegriffe: Regieren, ausstrahlen.

MARS IN DER JUNGFRAU

(zum Beispiel Friedrich Nietzsche, Barack Obama, Napoleon I., George W. Bush, Jacques Chirac, Jackie Kennedy, Aristoteles Onassis, Romy Schneider, Lady Diana, Dalida, Johnny Depp. Sophie Marceau, Ségolène Royal, Valérie Trierweiler, Cameron Diaz, Vincent Cassel, Matt Damon, Michael W. Smith, Sylvester Stallone, Natalie Dessay, Stéphanie von Monaco, Sylvie Vartan, Silvio Berlusconi, Anne Sinclair, Louis de Funès, Thomas Gottschalk)
Ihr Kampfgeist ist diszipliniert und rationalisiert; umgekehrt besitzen Sie einen starken, urteilsfähigen Verstand, aktiv und kämpferisch. Angesichts von Hindernissen oder Widrigkeiten sind Sie weit davon

entfernt, impulsiv zu handeln, sondern analysieren die Lage kaltblütig, um möglichst wirksam handeln zu können. Ihre Aggressivität und Strategie sind umso fürchterlicher, als gefühlsbetonte Überlegungen keinen Einfluss auf Sie haben. Sie können solche störenden Parameter ausklammern, um völlig objektiv zu urteilen und zu entscheiden. Dieselbe Tüchtigkeit zeigen Sie in Ihrem Handeln im Allgemeinen und im Beruf. Als ausgezeichneter Stratege organisieren und planen Sie Ihr Handeln und überlassen nichts dem Zufall. Ihre Stärke ist der Intellekt; Ihr analytisches Potenzial ist Ihr bevorzugtes Mittel, um Ihre Ziele zu erreichen. Durch Ihr methodisches Vorgehen sind Sie ein wertvoller Mitarbeiter – auch wenn es Ihnen gelegentlich an Enthusiasmus und Dynamik fehlt. Ein wenig mitteilsames Verhalten, das der andere als Kälte auslegen könnte – vergessen Sie das nicht! Auch wenn Ihre Bemühungen auf pragmatisches Handeln und materiellen Erfolg aus sind, sollten Sie es lernen, Ihren Gefühlen und einer gewissen Spontaneität öfter einmal freien Lauf zu lassen. Dies gilt auch für Ihren Verführungsplan, der – zwangsläufig – bis ins kleinste Detail geplant sein wird. Man ist feinsinnig und für Nuancen empfänglich oder nicht … Der andere sollte wissen, dass zum Zeitpunkt X alles *perfekt* sein muss! Ein Detail, das nicht stimmt, eine falsche Nuance, und alles ist verdorben, er/sie ist verärgert! Sofort taucht die Abwehr wieder auf, die Libido ist blockiert, was ursächlich für eine vorübergehende Frigidität oder Impotenz sein kann. Dann heißt es, alles zu einem günstigeren Zeitpunkt wieder von vorne zu beginnen. Inzwischen könnte eine Partie Schach, Scrabble oder Backgammon das Richtige sein. Doch als gutes Erdzeichen hat die Jungfrau wie der Stier oder Steinbock, obgleich sie stark vom Kopf gesteuert wird – sie wird wie die Zwillinge von Merkur regiert – auch eine körperliche Konnotation. Ihre Sexualität, die sich in der Regel nicht allzu früh manifestiert, diktiert Ihnen anschließend, »Dampf zu machen«: Sie holen das alles wieder auf und bleiben bis ins hohe Alter aktiv. Wer könnte sich da beklagen?
Schlüsselbegriffe: Analysieren, kritisieren, planen, organisieren.

MARS IN DER WAAGE

(zum Beispiel Nelson Mandela, Winston Churchill, Sigmund Freud, John Lennon, Freddie Mercury, Bill Gates, Bill Clinton, Roman Polanski, Elvis Presley, Mylène Farmer, Nicole Kidman, Michael Douglas, Françoise Sagan, Kim Basinger, Prince William von England, Kate

Middleton, Joanne K. Rowling, Dominique de Villepin, Jean-Marc Ayrault, Martine Aubry, Maria Callas, Gisele Bündchen, Pamela Anderson, Jean Reno, Tony Parker, Emmanuelle Béart)
Sie sind ruhig, ausgeglichen, gerecht und diplomatisch: der traumhafte Schiedsrichter bei einem Konflikt, in Ihrem Urteil umso unparteiischer, als es frei von Emotionen ist und Sie es verstehen, objektiv zu bleiben. Ihre Energie wird im Dialog kanalisiert, Sie lieben Dialektik und geistige Spielereien. Ihre Form von Aggressivität ist vor allem intellektuell, wobei Sie damit nicht den Konflikt suchen, sondern im Gegenteil die Schlichtung über den Dialog. Dies ist ein wertvoller Zug in einer Paarbeziehung, der dazu beitragen kann, den häuslichen Frieden, die Harmonie zu erhalten, sei sie auch relativ oder provisorisch: Machen Sie davon guten Gebrauch, wenn sich zu Hause ein Unwetter ankündigt. Sie begeistern sich für die Diskussion und alles zum Thema Psychologie oder Philosophie; Diskussionen drehen sich vorzugsweise um die Liebe, das Miteinander-Teilen, Gesetze. Sie sind ein glühender Verfechter der Gewaltlosigkeit, der Gerechtigkeit und gerechten Verteilung, der Rechte jedes Einzelnen; dafür würden Sie auch auf die Barrikaden gehen. Hierauf verwenden Sie Ihre gebündelte Energie. Oder – eine andere denkbare Variante – auf die Suche nach dem Vergnügen, das Sie sich raffiniert und von süßen Zärtlichkeiten geschmückt wünschen. Diese Suche kann suchtartige, besessene Züge annehmen. Weitersagen!
Schlüsselbegriffe: Dialog, miteinander teilen, versöhnen, genießen …

MARS IM SKORPION

(zum Beispiel Mahatma Gandhi, Coluche, Josef Stalin, Jean-Paul Sartre, Mel Gibson, Leonardo di Caprio, Jude Law, Grace Kelly, Vanessa Paradis, Jennifer Aniston, Martin Sheen, Michael Schumacher, Karl Lagerfeld, Marc Zuckerberg, Liam Nelson, Kurt Cobain, Benicio del Toro, Daniel Belavoine, Florent Pagny, Raymond Domenech)
Sie verfügen sozusagen über unerschöpfliche vitale Ressourcen – ist nicht der Skorpion das einzige Lebewesen, das radioaktive Strahlung unbeschadet aushält? Ihre Stärke entfaltet sich vor allem im Konflikt, in der Herausforderung, im Selbstübertreffen. Kritische Situationen, Probleme und Anstrengungen spornen Sie an, sodass Sie zu außergewöhnlichen Leistungen fähig werden, vor allem wenn es darum geht zu beweisen, dass Sie besser sind als andere. Um zu gewinnen, lassen Sie sich gelegentlich mit Überschwang auf selbstmörderische Abenteu-

er ein. Um siegreich aus einer Diskussion hervorzugehen, nutzen Sie gerne – und mit listigem Vergnügen – eine entwaffnende Unehrlichkeit. Da Sie zudem der geborene Polemiker sind, werden Sie so zu einem gefürchteten Gegner. Kurz: Es ist besser, Sie auf seiner Seite zu haben und nicht als Gegner …

Die Menschen in Ihrer Umgebung – insbesondere Ihre Partnerin/Ihr Partner – wissen, dass Ihre kalten Wutausbrüche am schlimmsten sind und es in diesem Falle heißt »Rette sich wer kann«! Sie machen alle nieder und können von einer raffinierten mentalen Grausamkeit sein, denn Sie verstehen es instinktiv, in den wunden Punkten anderer herumzustochern. Ihre erstaunliche Lebenskraft wirkt auf andere magnetisch anziehend und übt auf das andere Geschlecht eine gewisse Faszination aus: Es ist schwierig, für Ihren starken Sex-Appeal unempfänglich zu bleiben! Sie werden von zwingender Lust beseelt und diese Lust flirtet mit dem Todesgedanken: Thanatos ist nicht weit. »Ich sterbe in dir, in einem quasi erotischen Opferungsakt.« Oder – nach dem Vorbild der Gottesanbeterin: »Ich nehme dir symbolisch dein Leben.« Dies gilt umso mehr, wenn er/sie sich für ihren/seinen Verrat rächt, wenn sie/er Sie enttäuscht hat: Dann werden Sie sie/ihn wieder zum völlig abhängigen Sklaven machen. Darauf folgen Spiele der Manipulation, sadomasochistische Sitzungen von Erotomanen, deren Grenzen besonders gefährlich, weil ungewiss sind … Sie neigen übrigens dazu, eine echte *sex-machine* zu sein, und machen eine deutliche Trennung zwischen Sex und Gefühlen. Gut zu wissen: Ihre besonders anspruchsvolle Libido kann in eine fruchtbare Kreativität umgewandelt werden.

Schlüsselbegriffe: Zweifeln, angreifen, zerstören, umgestalten.

MARS IM SCHÜTZEN

(zum Beispiel Johann Sebastian Bach, Arthur Rimbaud, Jules Verne, Angela Merkel, François Mitterrand, François Hollande, François Fillon, Wladimir Putin, Ludwig XIV., C. G. Jung, Greta Garbo, Rita Hayworth, Sharon Tate, Joan Baez, Jennifer Lopez, Jack Nicholson, John Travolta, Jane Birkin, Cate Blanchett, Meg Ryan, Bernard Tapie, Ryan Gosling, Claude François, Anne Lavigne, Nolwenn Leroy, Rihanna)

Ihr feuriges Temperament strebt nach großen Werken. Sie haben Geschmack am Abenteuer, am Risiko, gehen gerne auf Reisen in möglichst exotische Gefilde, die Sie mit einer anderen Realität, mit dem Unbekannten konfrontieren. Als Kind von Jupiter, Ihrem Planeten,

alias dem vielgestaltigen Zeus, der sich in vielfacher Form inkarnierte mit dem einzigen Ziel, zu verführen, verstehen Sie es, sich anzupassen und zu wandeln, um die Aufmerksamkeit des anderen zu erregen und sie/ihn zu erobern. Da Sie jedoch von edlem Geist und loyal veranlagt sind, spielen Sie – im Prinzip – mit offenen Karten! Frei, ungebunden und ohne festes Ziel durch die Welt zu gehen, eröffnet Ihnen die mitreißendsten Perspektiven. Ihre schönsten Qualitäten sind Ihr Lebenshunger, Ihre Unabhängigkeit und Ihr Idealismus. Natürlich gepaart mit Humor, Ihrer unschlagbaren Verführungswaffe. Sorglos, verschwenderisch, enthusiastisch und mutig haben Sie etwas von Don Quichotte an sich, dem Rächer der Benachteiligten, der mit der Zeit ruhiger wird, ohne jedoch seine gute Laune und sein Vertrauen in das Leben zu verlieren ... ebenso wenig wie seine Begeisterung für das geliebte Wesen? Sportliche Betätigung – Reiten, Golf, Fechten – liefert Ihnen großes Vergnügen: Mehr als andere brauchen Sie Freiraum und Bewegung. Wenn Sie sagen, Sie gingen nur eben Zigaretten kaufen, muss dies nicht unbedingt ein Vorwand sein, um die Tabakhändlerin anzubaggern. Der Jagdinstinkt ist gut entwickelt: Sie brauchen es, den anderen zu erobern. Das ist ein wichtiges Detail. Mein Rat an die/den Auserwählten: Um diesen Zentauren (oder diese Amazone) in Ihren Fängen zu halten und treu sein zu lassen, sollten Sie sich wandeln, unterhalten Sie sich, diskutieren Sie über alles, über ernste oder philosophische Themen ebenso wie über den letzten Hype im Internet (ihn interessiert einfach alles), bleiben Sie ein klein wenig geheimnisvoll und unerreichbar. Allerdings nicht zu lange, denn Geduld ist nicht seine Stärke, und es graut ihm übrigens vor Launen. Die Lösung ist der goldene Mittelweg!
Schlüsselbegriffe: Zu einer Synthese zusammenfassen, glauben, erobern, Erfolg haben.

MARS IM STEINBOCK

(zum Beispiel Albert Einstein, Walt Disney, Bob Marley, Albert II. von Monaco, Steven Spielberg, Woody Allen, Brad Pitt, Gérard Depardieu, David Bowie, Nicolas Cage, Katie Holmes, Sharon Stone, Julia Roberts, Marlon Brando, Alain Delon, Catherine Zeta-Jones, Rachida Dati, Jeanne Moreau, Marie Trintignant, Robert Pattinson, Orlando Bloom, Shakira)
Wissen Sie, dass Sie den Willen eines Armeegenerals haben? Ihren Wünschen widersteht nichts und niemand, nicht einmal Sie selbst: Sie

haben beschlossen, eine Diät zu befolgen? Keine Versuchung wird Sie davon abbringen. Ihr eiserner Wille bricht nie zusammen, und Sie sind mit sich ebenso hart und fordernd wie anderen gegenüber. Robust und massiv wie eine Eiche – traditionell ist diese Ihr Baum – sind Sie mutig und hartnäckig, gehen mit Bedacht und Entschiedenheit vor. Da Sie zu langen Anstrengungen fähig sind, überschätzen Sie Ihre – übrigens beachtliche – Widerstandskraft: Sie können ohne Pause bis zur Erschöpfung arbeiten. Sie handeln methodisch, konzentriert und unerbittlich und entscheiden sich für weitreichende Aufgaben, die Sie zum Guten führen. Faulheit und Leichtsinn bei anderen sind für Sie unerträglich; dann zeigen Sie sich moralisierend, was Ihre Umgebung verstimmen kann. Übertreiben Sie dem anderen gegenüber nicht damit; sie/er könnte es leid werden, sich gedemütigt fühlen und (bei kritischen Planetenaspekten) beschließen, einmal zu schauen, ob die Kirschen aus Nachbars Garten nicht besser schmecken und der Alltag dort nicht amüsanter ist. Das wäre bedauerlich, denn Sie sind wie ein guter Wein: Sie werden mit der Zeit immer besser – schließlich ist Chronos Ihr Meister – und Ihr zurückhaltender Charme kommt immer besser zur Geltung. Auch Ihre Sexualität bekommt dies zu spüren, die Sie bis ins hohe Alter Heldentaten vollbringen lassen wird … Ehrlich und treu werden Sie sich dem anderen definitiv verbunden fühlen, wie der Efeu.

Trifft diese Position von Mars auf Sie zu, gnädige Frau, so werden Sie sich von älteren, vorzugsweise dominierenden Männern angezogen fühlen, die sich bereits eine gesellschaftlich erfolgreiche Stellung erarbeitet haben. Kurz gesagt, gehören Sie zu den Frauen, die Macht als ein starkes Aphrodisiakum empfinden.

Schlüsselbegriffe: Benutzen, rationalisieren, kontrollieren, (sich) verwirklichen.

MARS IM WASSERMANN

(zum Beispiel Leonardo da Vinci, General Charles de Gaulle, Elisabeth II. von England, Victor Hugo, Michelle Obama, Carla Bruni, Jane Fonda, Serge Gainsbourg, Charles Aznavour, Scarlett Johansson, Justin Timberlake, Adriana Karembeu, Laetitia Hallyday, Eva Longoria, Michel Sardou, Charlotte Gainsbourg, Mike Brant, Laurent Gerra, Kristen Stewart, Laure Manadou, Lance Armstrong, Adele)

Sie haben etwas von einem Zauberlehrling an sich; mit Leidenschaft stürzen Sie sich in die Erprobung oder Erfindung einer neuen Technik, wobei Sie der Versuch mehr interessiert als das Ergebnis. Im Bett nimmt dies die Form sensorischer/sexueller Erforschungen jenseits ausgetretener Pfade an, ohne jegliches bremsende Vorurteil. Dabei belasten Sie sich auch nicht unbedingt mit gefühlsmäßigen Überlegungen, die der Reinheit der Erfahrung schaden würden (!). Ihre Lebenskraft ist eher mental und spirituell als körperlich oder affektiv. Sie tragen eine unerbittliche Unabhängigkeit zur Schau, allerdings nehmen Freunde, männlich wie weiblich, einen wichtigen Platz in Ihrem Alltag und Ihrem Herzen ein: Unmöglich für Sie, sich ein Leben ohne sie vorzustellen – gelegentlich ziehen Sie die Freunde sogar der Familie vor, was Ihnen wiederum den empörten Unwillen der Familie zuzieht. Die Liebe nimmt für Sie vorzugsweise die Form einer Liebesfreundschaft an, einer verständnisinnigen Gesellenbruderschaft – grundsätzlich sind Sie ein Feind einer zerstörerischen Leidenschaft, die Ihnen Ihre schöne Unabhängigkeit rauben würde.

Tatsächlich tun Sie sich schwer damit, sich Sitten, Gebräuchen und anderen Disziplinen zu beugen: Sie glauben, Sie seien von den Regeln befreit, die für alle anderen gelten. Auch ohne sich für ein bestimmtes politisches Lager zu engagieren – dafür sind Sie zu freiheitsliebend – »kämpfen« Sie für eine bessere Welt; Sie haben einen prometheischen Geist. Ihre – meist intellektuelle – Aktivität ist unregelmäßig, aber intensiv. Hüten Sie sich vor utopischen Projekten, denn Sie leben in der Zukunft und Ihre Fantasie ist groß: In Ihnen schlummert ein visionärer Geist.

MARS IN DEN FISCHEN

(zum Beispiel Michelangelo, Che Guevara, Vincent van Gogh, König Juan Carlos von Spanien, Marilyn Monroe, Ava Gardner, Steve McQueen, Elton John, Denzel Washington, Elizabeth Taylor, Juliette Binoche, Michelle Pfeiffer, Anthony Hopkins, Johnny Cash, Heidi Klum, Michael Fassbender, Bob Dylan, Aristoteles Onassis, Tina Turner, Paris Hilton, Cindy Crawford, Tom Hanks, Bono (U2), Jacques Dutronc, Mathilde Seigner, Claire Chazal, Norah Jones)

Ihre Lebenskraft ist wie ein schlafendes Gewässer: unerschöpflich und unvorhersehbar. Ihre Achillesferse ist Ihre Unentschlossenheit und Ihre Schwierigkeit, sich zu engagieren – für eine Idee, eine Entscheidung, eine Tat. Sie leben in einer Art Tagtraum, einem schlafwandlerischen Zustand und neigen mehr oder weniger zu einer Spaltung zwischen

Traum und Wirklichkeit. Vor mehreren Wahlmöglichkeiten haben Sie daher Probleme, sich festzulegen, gemäß der Lebensweisheit von André Gide »Wählen ist weniger ein Auswählen als ein Ausschließen«. Sie möchten sich alle Möglichkeiten offenlassen – sicher nicht zur Freude Ihrer Eroberungen … Sehen Sie sich einem Hindernis oder einer Widrigkeit gegenüber, suchen Sie nach Wegen, um diese zu umgehen. Sie ziehen es vor, durch List oder Verführung zu handeln. Diese ist recht häufig unwiderstehlich und enthält etwas Geheimnisvolles: Sie faszinieren und Ihre häufig sehr schönen Augen sind an Ihrem Charme nicht unbeteiligt. Wer wird einem Schleiertanz der Sylphide widerstehen können, die Sie nun einmal sind, oder dem etwas verlorenen-verletzlichen Blick, Herr Mars in den Fischen?

Hüten Sie sich im Leben vor hinterhältigen Schlägen, vor Verleumdungen und übler Nachrede. Mit Ihrer nonchalanten Art sind Sie fähig, unbegrenzte Kräfte zu entfalten, wenn Sie Ihre Ressourcen mobilisieren, dann können Sie eine starke, aber chaotische Aggressivität an den Tag legen. Sie sind sehr sensibel und von außergewöhnlicher Sinnlichkeit, Sie sind fähig, völlig mit dem anderen zu verschmelzen, was so weit gehen kann, dass Sie Ihre Identität verlieren in einer Verbindung, die etwas Kosmisches oder Mystisches hat. Sie sind in der Lage, mit dem anderen Ihre (erotischen) Träume und Fantasien zu teilen; wenn die erotische Ekstase an Perfektion grenzt, fühlen Sie sich mit dem Universum verbunden, dem großen Ganzen, in einer zugleich zerstörerischen und erleuchtenden Emotion.

Schlüsselbegriffe: Glauben, träumen, helfen.

Tabelle der Harmonien und Dissonanzen zwischen der Venus des einen und dem Mars des anderen – und umgekehrt. Kommentare. Der faszinierende Fall paradoxer Dissonanzen

Die wechselseitigen Vergleiche zwischen den Planeten Venus und Mars sind nicht nur für die Bewertung der sexuellen Anziehung entscheidend, sondern auch für die Anziehung an sich, für die Sympathie, die man ausstrahlen oder empfinden kann; sie spiegeln die affektive – und spezieller die erotische – Alchemie wider, die in einer Beziehung vorherrscht. Da dieser Austausch sehr subtil und komplex ist, gibt es auch eine spezifische Art, ihn zu notieren. Daher werden die Dissonanzen (Opposition, Quadrat oder Quadratur) höher bewertet als die grundlegenden Wechselwirkungen (Sonne/Sonne, Sonne/Aszendent etc.), die in *Teil eins (V)* dargelegt wurden.

Warum?

Die Opposition (180°) und mehr noch das Quadrat (90°) zeigen eine starke, aber mehrdeutige und ambivalente Anziehung, verstärkt von zeitweiser Ablehnung, unter dem Strich also eine *Hassliebe*: »Ich liebe dich, ich dich auch nicht.« Zuerst fliegen Teller, dann die Federn des Federkissens – oder umgekehrt (chronologisch gesprochen). Es gibt keine Langeweile, auf die Dauer ist es jedoch anstrengend … Insbesondere wiederum im Falle einer Quadratur, die die Unterschiede noch verschärft – die Gründe hierfür liegen in den *feindlichen* Elementen, die Andersartigkeiten des Partners lassen ihn zeitweise wie einen Fremden oder gar einen Feind erscheinen. Daher die Bezeichnung *Paare wie Hund und Katze*, die im vorliegenden Buch gewählt wurde.

Analyse und Schlussbetrachtung zum Faktor sexuelle/affektive Anziehung. Skala und Bewertung. Einige praktische Beispiele berühmter Paare

Wie auch immer das Ergebnis aussieht, das sich aus den Grundelementen der beiden Geburtshoroskope ergibt (Abgleich beider Sonnen, beider Aszendenten, Sonne/Aszendent und der jeweiligen Venus), wie im ersten Teil erläutert, bleibt der Wert der Wechselbeziehungen von Venus und Mars ein unumgänglicher Faktor, um die affektive Alchemie eines Paares zu bewerten. Egal ob es sich nun um ein Geschwisterpaar, Ehepaar, Freundespaar oder Kollegenpaar handelt, überall, wo Sympathie – oder Antipathie – eine Rolle spielen kann, hat dieser Abgleich seine Berechtigung und spielt die Rolle eines Barometers auf emotionalem bzw. leidenschaftlichem Gebiet.

WICHTIGE ANMERKUNG. Wir weisen darauf hin, dass bei allen, außer den sexuellen Beziehungen – familiär, freundschaftlich, beruflich – die Dissonanzen einen stärkeren negativen Wert annehmen, da die Sexualität die Aufgabe eines Ventils mit starkem Potenzial übernimmt, egal ob ableitend oder transzendierend. Unter aggressiven Planetenaspekten (Transiten) kann die Beziehung dann schlichtweg explodieren, die Ablehnung kann vorherrschen oder gar Hass sich breitmachen. Wenn zudem der Mars des einen die Sonne, den Aszendenten oder den Merkur des anderen angreift, ist ein Streit unausweichlich! So erklärt man spontane Antipathien: *Ich kann ihn nicht riechen, sie geht mir auf die Nerven, ich ertrage seine Berührung nicht, es widert mich an, ihm die Hand zu geben – und überhaupt, sie/er riecht schlecht.*

SKALA FÜR DIE BEURTEILUNG DER SEXUELLEN/ AFFEKTIVEN ANZIEHUNG

Wie Sie wissen, müssen Sie die Bewertung in beiden Richtungen vornehmen und geben:

- 6 für die Konjunktion (Planeten oder Aszendenten in demselben Tierkreiszeichen)

- 5 für das Trigon (Planeten oder Aszendenten in demselben Element)

- 4 für das Sextil (Planeten oder Aszendenten in passenden Elementen – Feuer/Luft oder Erde/Wasser)

- 2 für das Halbsextil (30°)

- 0 für den Quincunx (150°)

- 4 für die Opposition (180°)

- 3 für das Quadrat (90°)

EINIGE PRAKTISCHE BEISPIELE BERÜHMTER PAARE

1. *François Hollande + Valérie Trierweiler*
   Venus F. H. – Mars V. T.: Halbsextil 2
   Venus V. T. – Mars F.H.: Sextil 4
   Gesamt: Venus – Mars: 6
   Von dem Maximum (12) und dem Minimum (0) möglicher (12), ergibt dies einen interessanten Wert von 6: alles in allem ein ehrenwerter Mittelwert.

2. *François Hollande + Ségolène Royal*
   Venus F. H. – Mars S. R.: Halbsextil 2

Venus S. R. – Mars F. H.: Trigon 5
Gesamt: Venus – Mars: 7
Ein Unterschied zugunsten von Ségolène Royal bezüglich der rein sexuellen Anziehung. Siehe weiter unten den Vergleich des *globalen menschlichen Einvernehmens* dieser beiden Paare.
Dasselbe Ergebnis (7) findet man beispielsweise bei dem Paar *François Barouin* und *Michèle Laroque*.
Wie bei Tausenden anderen.
Hingegen ergibt sich ein recht erstaunlicher Wert bei dem Paar *Johnny Hallyday* und *Laetitia* (10 !). Hier ist die sexuelle Anziehung sehr stark, im Gegensatz zum menschlichen Einvernehmen, das nicht reibungslos funktioniert (siehe weiter unten).

3. *Elizabeth Taylor + Richard Burton*
   Venus E. T – Mars R. B.: Opposition 4
   Venus R. B. – Mars E. T.: Sextil 4
   Gesamt: Venus – Mars: 8
   Siehe weiter unten den Vergleich zum *globalen menschlichen Einvernehmen* dieses Paares.

4. *Prince William + Kate Middleton*
   Venus W. – Mars K.: Quincunx: 0
   Venus K. – Mars W.: Trigon: 5
   Gesamt: 5
   Die sexuelle/affektive Anziehung spielt tatsächlich eine Rolle, sie ist jedoch nicht der vorherrschende Faktor im Einvernehmen dieses Paares, das von anderen Elementen zusammengeschweißt wird. Siehe weiter unten den Vergleich zum *globalen menschlichen Einvernehmen* dieses Paares.

5. *Serge Gainsbourg + Jane Birkin*
   Venus S. G. – Mars J. B.: Quadrat 3
   Venus J. B. – Mars S. G.: Quadrat 3
   Gesamt: 6
   Ein guter Mittelwert also, was die sexuelle Anziehung betrifft.

6. *Serge Gainsbourg + Bambou* (sie war im Leben und Herzen von S. G. die Nachfolgerin von Jane Birkin)
   Venus S. G. – Mars B.: Quadrat 3
   Venus B. – Mars S. G.: Sextil 4

Gesamt: 7

Ein etwas höherer Wert, vor allem jedoch beläuft sich der Wert des menschlichen Einvernehmens auf 33, während er für das Paar S. G. und J. B. nur bei 14 liegt! Im Alltag herrschte also in dieser zweiten Verbindung von Serge Gainsbourg eine größere Harmonie.

Über den Wert für das globale menschliche Einvernehmen sprechen wir weiter unten noch ausführlicher.

… Und nun: Spielen Sie! …

ZUSAMMENFASSENDE ÜBERSICHTSTABELLE DER VER-SCHIEDENEN GESTIRN-KOMBINATIONEN MIT BEWERTUNG DES AFFEKTIVEN/LIEBESQUOTIENTEN (AQ) DES PAARS (TAB. XII)

Einige praktische Beispiele berühmter Paare zur Bewertung des globalen menschlichen Einvernehmens des Paares.

Wie im ersten Teil bereits erwähnt, geht es darum, das grundsätzliche Einvernehmen zweier Menschen zu bewerten, indem die angegebenen Parameter zu der entsprechenden Anzahl Herzen addiert werden. Das recht typische Paar Michelle und Barack Obama nehmen wir als Beispiel. Dieses Beispiel ist auf praktischem Gebiet besonders aufschlussreich, weil die Geburtsstunde von Michelle Obama nicht bekannt ist, was mich gezwungen hat, eine Notlösung zu finden – der Parameter des Aszendenten wird durch Venus ersetzt, auch wenn somit diese Planetenkreuzung im Hinblick auf eine ausgewogene Bewertung ein zweites Mal herangezogen wird.

Hier also nochmals die Liste der Planetenparameter, die zu berücksichtigen sind, wobei am Ende der Vergleich und der Wert Venus/Mars hinzuzufügen sind, wie weiter oben analysiert:

- Sonne von A/Sonne von B

- Sonne von A/Aszendent von B

- Sonne von B/Aszendent von A

- Aszendent von A/Aszendent von B

- Sonne von A/Venus von B

- Venus von A/Sonne von B

Je nach der Beziehung (*Aspekt* oder Winkel), die jedes dieser verschiedenen Elemente kennzeichnet und die man anhand der verschiedenen Tabellen bestimmt, erhält man über die begleitende Legende die *Anzahl*

Herzen für jede Planetenkreuzung. Zu dem so gewonnenen Gesamtwert muss dann noch der Wert Venus/Mars hinzugefügt werden (siehe Tabelle und Berechnung weiter oben).

Hier einige Beispiele dieser Bewertung des *globalen menschlichen Einvernehmens* mit dem entsprechenden Benotungsschema (siehe erster Teil):

Geben Sie ...

- 5 für die Konjunktion (Planeten oder Aszendenten in demselben Tierkreiszeichen)

- 4 für das Trigon (Planeten oder Aszendenten in demselben Element)

- 3 für das Sextil (Planeten oder Aszendenten) in passenden Elementen (Feuer/Luft oder Erde/Wasser)

- 2 für das Halbsextil (30°)

- 1 für das Quincunx (150°)

- 3 für die Opposition (180°)

- 3 für das Quadrat (90°)

STAFFELUNG DER ERGEBNISSE:

Eine Vorstellung von der Intensität der Bindung, insbesondere der affektiven Bindung zwischen zwei Menschen, erhält man anhand der folgenden Bewertungsskala, wobei man wissen muss, dass diese zwischen einem Minimum von -21 (7 x -3) und einem Maximum von + 35 (7 x 5) + 12 (2 x 6) für den Faktor sexueller Anziehung liegt, insgesamt also bei 47. So müsste man ganz unten auf der Skala theoretisch also finden: -21, ohne den Faktor Venus/Mars, der als Minimum die Note 0 erhält (2 Quincunxe); ganz oben auf der Skala die sieben Konjunktionen, benotet mit 5.

Zwischen -21 und + 47 beträgt der Unterschied also 68.
- Von -21 bis 0 handelt es sich um eine problematische Beziehung, zwischen -21 und -10 ist sie ausgesprochen schlecht: Rette sich, wer kann!

- Von 0 bis 10 ist die Beziehung durchschnittlich, recht anständig; man hat gemeinsame Vorlieben, bringt sich Sympathie entgegen.

- Von 10 bis 25 ist die Beziehung sehr gut: Man bringt sich Sympathie entgegen und hat Spaß miteinander.

- Über 25: Hier handelt es sich um eine traumhafte Beziehung! Sollten Sie diesen seltenen Vogel gefunden haben, halten Sie ihn sich unbedingt warm!

Man muss wissen, dass die höchsten und niedrigsten Werte rein theoretisch und abstrakt sind und in der Realität nicht vorkommen. Sie dienen also lediglich als Richtwert für eine so realitätsfremde wie katastrophale Beziehung, da zwei Menschen, die ausschließlich durch Dissonanzen verbunden sind, eine reine Kopfgeburt sind; sollte es sie tatsächlich geben, kann man sich nur schwer vorstellen, welche Bindung es zwischen ihnen geben könnte. Dasselbe gilt für zwei Menschen, bei denen alle Faktoren ihrer Horoskope in Konjunktion stünden, also in denselben Tierkreiszeichen: Diese Eventualität ist ebenso unwahrscheinlich.
Voilà. Nun steht Ihnen alles zur Verfügung, um Ihren *AQ* (affektiven Quotienten oder Liebesquotienten) zu berechnen, oder den *Quotienten des globalen menschlichen Einvernehmens* nach dem Beispiel der folgenden Paare:

FRANÇOIS HOLLANDE + VALÉRIE TRIERWEILER

• Sonne A – Sonne B: Opposition 3

• Sonne A – Aszendent B: Konjunktion 5

• Aszendent A – Sonne B: Trigon 4

• Aszendent A – Aszendent B: Sextil 3

• Sonne A – Venus B: Opposition 3

• Venus A – Sonne B: Trigon 4

• Venus A – Venus B: Trigon 4

VENUS–MARS
Venus A – Mars B: Halbsextil 2
Venus B – Mars A: Sextil 4

Gesamt: 32 (Venus–Mars: 6 von maximal 12)
Ein außergewöhnliches globales Einvernehmen! Sie ergänzen sich wunderbar und sind – in der Regel – auf derselben Wellenlänge! (Siehe meine Analyse in *Paare, die sich magnetisch anziehen/sich ergänzen*)...

FRANÇOIS HOLLANDE + SÉGOLÈNE ROYAL

• Sonne A – Sonne B: Halbsextil 2

• Sonne A – Aszendent B: Opposition 3

• Aszendent A – Sonne B: Quadrat -3

• Aszendent A – Aszendent B: Trigon 4

• Sonne A – Venus B: Konjunktion 5

• Venus A – Sonne B: Halbsextil 2

• Venus A – Venus B: Sextil 3

VENUS–MARS
Venus A – Mars B: Halbsextil 2
Venus B – Mars A: Trigon 5

Gesamt: 23 (Venus–Mars: 7)
Schlussbetrachtung: Das globale menschliche Einvernehmen ist zwar sehr gut, beim Präsidentenpaar jedoch deutlich größer, während der Quotient der sexuellen Anziehung etwas niedriger ist als bei dem Paar François Hollande/Ségolène Royale.

ELIZABETH TAYLOR + RICHARD BURTON

• Sonne A – Sonne B: Trigon 4

• Sonne A – Aszendent B: Halbsextil 2

- Aszendent A – Sonne B: Halbsextil 2

- Aszendent A – Aszendent B: Trigon 4

- Sonne A – Venus B: Sextil 3

- Venus A – Sonne B: Quincunx 1

- Venus A – Venus B: Quadrat -3

VENUS–MARS
Venus A – Mars B: Opposition 4
Venus B – Mars A: Sextil 4

Gesamt: 21 (Venus–Mars: 8)
Ein recht hoher Quotient bei der sexuellen Anziehung – wer hätte daran gezweifelt! – mit einem überdurchschnittlichen Wert beim globalen Einvernehmen. Ob es deshalb nach der Scheidung zu einer erneuten Heirat kam – trotz einer turbulenten Beziehung? (Siehe auch die Analyse in die *leidenschaftlichen Paare).*

PRINCE WILLIAM + KATE MIDDLETON

- Sonne A – Sonne B: Opposition 3

- Sonne A – Aszendent B: Sextil 3

- Aszendent A – Sonne B: Halbsextil 2

- Aszendent A – Aszendent B: Quincunx 1

- Sonne A – Venus B: Quincunx 1

- Venus A – Sonne B: Trigon 4

- Venus A – Venus B: Quadrat -3

VENUS–MARS
Venus A – Mars B: Quincunx 0
Venus B – Mars A: Trigon 5

Gesamt: 16 (Venus–Mars: 5).
Ein sehr zufriedenstellender Wert beim globalen Einvernehmen, die sexuelle Anziehung ist etwas unterdurchschnittlich. Der erste Wert kompensiert sicher den relativ schwachen zweiten Wert (siehe meine Analyse in *Paare, die sich magnetisch anziehen/sich ergänzen*).

NICOLAS SARKOZY + CARLA BRUNI

- Sonne A – Sonne B: Halbsextil 2

- Sonne A – Aszendent B: Quincunx 1

- Aszendent A – Sonne B: Trigon 4

- Aszendent A – Aszendent B: Sextil 3

- Sonne A – Venus B: Quadrat -3

- Venus A – Sonne B: Halbsextil 2

- Venus A – Venus B: Halbsextil 2

VENUS–MARS
Venus A – Mars B: Sextil 4
Venus B – Mars A: Quincunx 0

Gesamt: 15 (Venus–Mars: 4)
Die Ergebnisse liegen nur wenig unter denen des Prinzenpaars aus England! Ein schönes Einvernehmen also.

NICOLAS SARKOZY + CÉCILIA ATTIAS

- Sonne A – Sonne B: Quadrat -3

- Sonne A – Aszendent B: Quadrat -3

- Aszendent A – Sonne B: Sextil 4

- Aszendent A – Aszendent B: Halbsextil 2

- Sonne A – Venus B: Halbsextil 2

- Venus A – Sonne B: Halbsextil 2

- Venus A – Venus B: Halbsextil 2

VENUS–MARS
Venus A – Mars B: Halbsextil 2
Venus B – Mars A: Halbsextil 2

Gesamt: 10 (Venus–Mars: 4)
Ein grenzwertiges globales Einvernehmen, weit davon entfernt, berauschend zu sein – Zusammenstöße bleiben nicht aus, ebenso wenig momentane Enttäuschungen, der Wert der sexuellen Anziehung ist sehr, sehr mittelmäßig …

PRINCE CHARLES + CAMILLA

- Sonne A – Sonne B: Trigon 4

- Sonne A – Aszendent B: Quadrat -3

- Aszendent A – Sonne B: Halbsextil 2

- Aszendent A – Aszendent B: Konjunktion 5

- Sonne A – Venus B: Trigon 4

- Venus A – Sonne B: Quadrat -3

- Venus A – Venus B: Quadrat -3

VENUS–MARS
Venus A – Mars B: Trigon 5
Venus B – Mars A: Quincunx 0

Gesamt: 11 (Venus–Mars: 5)
Eher dürftig, dieser fast durchschnittliche Wert! Wer hätte das gedacht? Und das trotz der Sonnen im Trigon (siehe die Analyse in die *leidenschaftlichen Paare*).

PRINCE CHARLES + DIANA

- Sonne A – Sonne B: Trigon 4

- Sonne A – Aszendent B: Halbsextil 2

- Aszedent A – Sonne B: Halbsextil 2

- Aszendent A – Aszendent B: Trigon 4

- Sonne A – Venus B: Opposition 4

- Venus A – Sonne B: Quadrat -3

- Venus A – Venus B: Quincunx 1

VENUS–MARS
Venus A – Mars B: Halbsextil 2
Venus B – Mars A: Quincunx 0

Gesamt: 14 (Venus–Mars: 2)
Auf den ersten Blick kein durchschlagendes Ergebnis – es sei denn, die anderen Planeten (nicht berücksichtigt) gleichen ihn aus (siehe *Vorbehalte* weiter unten). Weder das globale Einvernehmen noch die recht minimalistische sexuelle Anziehung scheinen berauschend (siehe Analyse in *die leidenschaftlichen Paare*) – denn ihre Sonnen stehen im Trigon, ein Beweis dafür, dass dies nicht ausreicht! PS: Es ist festzuhalten, dass Prince Charles einen Krebs gegen ein zweites *Alter Ego* desselben Tierkreiszeichens ausgetauscht hat, mit dieser Partnerin liegt der Vorteil im intimen Bereich: Alles ist relativ!

JOHNNY HALLYDAY + LAETITIA

- Sonne A – Sonne B: Quadrat -3

- Sonne A – Aszendent B: Opposition 3

- Aszendent A – Sonne B: Opposition 3

- Aszendent A – Aszendent B: Quadrat -3

- Sonne A – Venus B: Sextil 3

- Venus A – Sonne B: Quincunx 1

- Venus A – Venus B: Trigon 4

VENUS–MARS
Venus A – Mars B: Opposition 4
Venus B – Mars A: Konjunktion 6

Gesamt: 18 (Venus–Mars: 10 !).

Ein eindrucksvoller affektiver/sexueller Wert – nah am absoluten Maximum (12) – und der Höchstwert dieser Beispielliste! Die Sinnlichkeit der Fische-Geborenen Laetitia verfügt über mehr als ein Geheimnis in ihrer Sirenenflosse, genug jedenfalls, um den kopflastigen Zwilling Johnny Hallyday zu »inkarnieren«. Hinzu kommt ein sehr schönes Einvernehmen im Alltag – trotz der Sonnen, die in Dissonanz stehen (siehe Analyse der *Paare wie Hund und Katze*)! Was will man mehr?

Vorbehalte oder Die lieben Abwesenden: Die Faktoren von Mond, Merkur und einigen anderen

Wie in der Einleitung zu diesem Buch ausführlich erläutert, geht es hier nicht darum, alle Faktoren des Geburtshoroskops zu berücksichtigen – das Buch müsste in diesem Fall einen Umfang von tausend Seiten bekommen, ich wollte jedoch gerne den spielerischen Charakter beibehalten, zwangsläufig auf Kosten der Vollständigkeit eines didaktischen Handbuchs. Man möge mir diese notwendigen Lücken verzeihen ... und diese zwangsläufige Unvollkommenheit. Insbesondere fehlt der Mond, der Spiegel unserer Emotionen – ein grausamer Verzicht! Merkur und seine Symbolik in Verbindung mit der mentalen Ebene, dem intellektuellen Einvernehmen, glänzt ebenfalls durch Abwesenheit – sorry! – wie alle langsamen Planeten, die äußerst wichtig sind und gelegentlich die Basis einer Beziehung darstellen. Was beispielsweise den Erfolg und die offensichtliche Harmonie beim Ehepaar Obama ausmacht, ist großteils dem perfekten Trigon von Jupiter (Glück, Schutz) im Widder von Michelle mit der Sonne im Löwen ihres bemerkenswerten Ehemanns zu verdanken.

WEITERE WICHTIGE ANMERKUNGEN:

1. Es war nötig, die Dinge zu vereinfachen. Da es praktisch unmöglich ist, die Existenz echter Sextile im engeren Sinn (Aspekt von 60°), der Trigone (120°) und anderer Faktoren zu überprüfen, da der Durchschnittsleser die präzisen Positionen seiner Geburtsplaneten nicht kennt, haben wir die Tierkreiszeichen insgesamt betrachtet sowie deren Beziehungen (oder Aspekte) mit den anderen Zeichen und haben geprüft, ob deren *Elemente* in Harmonie stehen oder nicht. Dasselbe Problem stellte sich hinsichtlich der Konjunktionen, einem theoretischen Winkel von 0 bis 10°. Hier haben wir das Tierkreiszeichen insgesamt berücksichtigt. Nun steht in ein und demselben Tierkreiszeichen die Sonne des einen am Beginn und die des anderen am Ende des Tierkreiszeichens, *fachlich gesehen* besteht also keine Konjunktion – aber es besteht eine offensichtliche Verwandtschaft bei den Merkmalen, die diesem Tierkreiszeichen zugeordnet werden, was mir wesentlich erschien. Dasselbe gilt für die Quadrate (oder Quadraturen), wo der Winkelabstand in der Praxis vielleicht größer ist als 90°. Die Dissonanz zwischen den betroffenen *Elementen* besteht jedoch trotzdem, die Natur dieser Elemente wird gewahrt, und das ist ausschlaggebend.

Insgesamt gilt: *Das Bessere ist der Feind des Guten*, nicht wahr? *Nobody's perfect!* Als Entschuldigung oder Erklärung für diese Mängel weisen wir auf die zusätzliche »änorrme«, wie König Ubu sagen würde, Komplikation der Berechnungen für den Leser hin. Sie, liebe Leserin, lieber Leser, müssen bereits **sieben** Faktoren berücksichtigen, zusätzlich noch die **beiden** Faktoren in Zusammenhang mit der Wechselbeziehung Venus–Mars, insgesamt also **neun** Faktoren. Das scheint einigen bereits recht kompliziert zu sein – ich höre die Seufzer bis hierher! Aber ohne Fleiß kein Preis, *nicht wahr?*

2. Mein (gutes) Gewissen zwingt mich, Ihnen über eine Ausnahme zu berichten, die alles zunichtemacht, was Sie soeben gelesen haben, die mein Spiel hinfällig und nutzlos macht, die mich am Schlafen hindert, seit ich daran denke. Wie ein Verbrecher, der seine Untaten gestehen muss, werde ich Ihnen die gewaltige und belastende Ausnahme nennen, die – natürlich – die Regel bestätigt. Es handelt sich um *Paare im Kreuzschema*.

Was bedeutet das? Nehmen wir einmal an, Sie sind Widder mit Aszendent Waage und begegnen einem Krebs mit Aszendent Steinbock oder einem Steinbock mit Aszendent Widder. Das müsste eigentlich der sichere Knalleffekt, Hass auf den ersten Blick sein, wenn man diese Faktoren bedenkt, die sich alle untereinander in Dissonanz befinden.

So ist es aber nicht. Hier geschieht etwas, als gäbe es zwischen diesen vier Himmelsrichtungen im Tierkreis ein Kräftespiel, das diese Wesen wie zur Vervollständigung zueinandertreibt. Es ist eine Tatsache: Selbst wenn dies keine völlig ruhige Beziehung ergibt, so wird es wahrscheinlich doch eine vollständige leidenschaftliche Liebe auf den ersten Blick sein, eine Art unwiderstehliche gegenseitige Sogwirkung aus einem sozusagen irrationalen gegenseitigen Bedürfnis heraus. Victor Hugo würde sagen: »Ein einziges Wesen fehlt euch und alles ist entvölkert.«

So, nun ist es gesagt. Das musste sein, auch wenn dieser Fall eher selten vorkommt …

Last but not least hatte ich Ihnen ein »Spiel« versprochen, kein astrologisches Lehrbuch. Vertrag erfüllt!

Sollten Sie die Analyse Ihrer Beziehung weiter vertiefen wollen, gibt es zahlreiche Internetseiten, darunter auch meine: www.eteissier.com, auf denen Sie individuelle Darstellungen finden. Auf meiner Seite beispielsweise finden Sie zugleich eine vollständige Analyse Ihres Geburtshoroskops und, sehr angezeigt für das Thema, das uns hier beschäftigt, das Ihrer Paarbeziehung – oder einer anderen Beziehung, denn es gibt drei verschiedene Arten von *Astrocouples (astrologische Paare)* – Liebespaare, freundschaftlich/familiäre Paare und berufliche Paare.

FLUCTUAT NEC MERGITUR. ANMERKUNGEN. WERMUTS-TROPFEN. KRISEN/CHANCEN/SCHEITERN

Böse Zungen werden sagen: *Davor große Worte, währenddessen sanfte Worte und danach harte Worte.* Ohne so weit zu gehen – man hat Klasse oder man hat keine –, können wir sicher sein, dass keinem Paar auf Erden gewisse Turbulenzen erspart bleiben werden! Wir sind nicht perfekt und unter drastischen Einflüssen der Gestirne ziehen sich Wolken zusammen, die negativen Seiten des anderen springen uns ins Auge und – vor allem! – wir haben nicht mehr dieselbe Nachsicht gegenüber den Fehlern und Verfehlungen des/der anderen. Wenn der Mann Ihrer Träume wieder einmal seine Zigarettenkippen in die Toilette wirft, obwohl er Ihnen nicht nur seit Langem versprochen hat, mit dem Rauchen aufzuhören, sondern auch *geschworen* hat, inzwischen den eigens aufgestellten Aschenbecher zu benützen – dann ist es eben genau einmal zu viel! Sie schäumen vor Wut. Er seinerseits, der Sie sonst liebevoll geneckt hat, wenn Ihnen ein Essen missglückt ist, lässt sich nun ironisch und sarkastisch darüber aus: *Du bist wirklich nicht sehr begabt, Liebling; du solltest bei meiner Mutter in die Lehre gehen!* Kurz und gut, wir sehen gegenseitig unsere Fehler wie unter einem Vergrößerungsglas. Null Toleranz! Zudem – und da drückt der Schuh am meisten! – ist der Zauber, der uns unwiderstehlich zu ihr oder ihm gezogen hat, unter der erbarmungslosen Sonne der schlechten Aspekte dahingeschmolzen. »Man liebt zuletzt seine Begierde, und nicht das Begehrte«, wie Nietzsche es subtil ausdrückte.

Ob man zum Drama neigt – vor allem Löwe und Skorpion –, ob man besonders kritisch oder manisch ist – vor allem Jungfrau und Widder –, ob man pessimistisch ist – vor allem Fische und Krebs –, ob man cholerisch ist – der Stier, wenn er erst einmal wütend ist, und auch der Widder –, oder ungeduldig – wie die Zwillinge und der Schütze –, wenn der Freiheitsgedanke reizt – Wassermann und auch Zentaur –, wenn man zu empfindlich und schrecklich romantisch ist – die Waage und auch die Fische –, sehr schnell wird man die Kehrseite der Medaille sehen. Sehr schnell oder nach und nach, das kommt auf die individuelle Situation an … Aber es ist nun einmal so: Wir alle haben unsere Schwächen, neigen jedoch dazu, nur die des Gegenübers wahrzunehmen und die eigenen zu vergessen. Sorgen wir dafür, das Kind nicht mit dem Bade auszuschütten.

GENAUES TIMING

Jeder Astrologe wird Ihnen das sagen: Die Entwicklung einer Beziehung hängt mit den Sternen zusammen – oder vielmehr mit den Planetentransiten. Es gibt keinen Zufall! So, wie man in einem Geburtshoroskop die günstigen Momente für eine prägende Begegnung herauslesen kann, so kann man bei einer Gegenüberstellung der Horoskope eines bereits bestehenden Paares die Phasen – oder gar Tage – bestimmen, die im Kalender rot angestrichen werden sollten; anders gesagt: die unruhigen Phasen, die dieses Paar erwarten.

Dabei ist eine (scheinbar) große Ungerechtigkeit festzustellen: Die Paare, deren Beziehung besonders gefestigt ist, deren Beziehung besonders osmotisch ist, die – fachlich gesagt – einen oder mehrere präzise Kontaktpunkte in ihren Horoskopen haben, sind besonders verwundbar. Warum?

Weil diese gemeinsamen Punkte, die zum Zeitpunkt ihrer ersten Begegnung in Schwingung geraten sind, angeregt durch das Trigon von Uranus oder Pluto beispielsweise, unter aggressiven Einflüssen zu neuralgischen Punkten werden, was eine explosive Stimmung erzeugen kann. Dieselbe Erklärung gilt für glückliche oder unglückliche Ereignisse, die das Paar als Einheit betreffen: eine Geburt, ein Unfall, eine schwere Krankheit. Eine solche Krankheit zeigt sich natürlich im Horoskop der erkrankten Person, aber auch in dem ihrer Gefährtin/ihres Gefährten. Dieselbe Resonanz ist übrigens zwischen den Horoskopen einer Mutter und deren Kinder zu beobachten, eines Chefs oder eines Unternehmens mit dem eines Angestellten … Hierbei unterliegen alle ein und derselben kosmischen Synergie.

Stellen wir uns vor, dass die Grundlagen eines Paares beispielsweise auf einem ausschließlich körperlichen Einvernehmen und einer vulkanartigen sexuellen Anziehung beruhen, während die Harmonie auf menschlicher Ebene stark zu wünschen lässt. In diesem Fall gilt für sie eine unterschiedliche Werteskala, sie haben voneinander abweichende Zielsetzungen, und es besteht die Gefahr, dass dieses Schiff dem Sturm nicht wird standhalten können. Es droht der Schiffbruch! Eine traurige Bilanz, wo doch die Einschiffung in den Hafen der Ehe ein absolutes Muss gewesen war angesichts der heißen Leidenschaft, die dieses Paar anfangs entflammt und beinahe verzehrt hätte …

Angesichts dieser neuen kritischen Realität eröffnen sich zwei Wege: Entweder erweist sich die Krise – im Chinesischen Synonym mit Chance – als Gelegenheit, gründlich aufzuräumen und die Beziehung von allen heimlichen Giften zu reinigen, die sie langsam aber sicher verdorben haben. Verhält es sich so, kann sich das Paar mit etwas menschlicher Reife und Anständigkeit auf beiden Seiten (und einem guten gemeinsamen Stern!) wieder erholen und auf einer neuen Basis neu beginnen oder – falls die Prüfung zu schwer ist, die Helden erschöpft und die Planetentransite erdrückend sind – das Gespann fährt direkt gegen die Wand. Das ist gelegentlich eine verfahrene Situation, denn das Paar hatte ein echtes Potenzial und schüttet hier das Kind mit dem Bade aus.

Diese Schlappe muss das Paar einstecken. Nach einer anstrengenden Phase wird es beiden Verwundeten möglich sein, sich neu aufzubauen und zu sich selbst zu finden, sich besser zu kennen, zu erfahren, was er (oder sie) wirklich sucht und vor allem, was er (oder sie) künftig verweigern wird. Hier ist eine Trauerphase nötig, insbesondere wenn die Umstände ungleich sind, beispielsweise wenn einer der Partner betrogen oder verlassen wurde.

WIE SICH PERSÖNLICHE PROBLEME BEIM ANDEREN SPIEGELN ... UND UMGEKEHRT

Bekanntlich muss man sich erst selbst lieben, um den anderen lieben zu können. Sonst wird der andere nur dazu dienen, der Vergrößerungsspiegel der eigenen Fehler zu sein. Es ist daher eine unabdingbare Voraussetzung für eine lebensfähige und bereichernde Beziehung, sich selbst anzunehmen – und sei es in einem Prozess gesunder Bewusstwerdung in Hinblick auf eine persönliche Weiterentwicklung. Vergessen wir auch nicht, dass quasi krankhafte Verhaltensprobleme, die man zu Beginn einer Beziehung sehen kann – oder nicht sehen will (*Friede, Freude, Eierkuchen!* denkt man noch), unter schlechten Planetentransiten langsamer Planeten (also *ipso facto* selten) mit Macht hervortreten können.

Hierhin gehören das problematische Verhalten narzisstischer und/oder aggressiver Perverser, von Manipulierern oder Depressiven, von Charakteren, die so schwach wie trostlos sind, von Haustyrannen oder Menschen mit abscheulicher OCD (Obsessive Compulsive Disorder, einer Zwangsstörung), die uns erbittern, oder auch von *Borderline*-Persönlichkeiten, deren unangenehmes Verhalten bei einem heftigen Planetenklima hervorbricht. Ein solches Klima bringt kritikwürdige Haltungen ans Licht, die bisher von einem positiven Klima überdeckt wurden. Dann heißt es »alles oder nichts« ...

Bei kritischen Transiten des einen Partners – einer Dissonanz von Uranus, die uns rebellisch werden lässt auf der Suche nach einer Befreiung, einer Emanzipation, die uns wieder uns selbst zurückgibt, oder einer Dissonanz von Pluto, die mit der Vergangenheit gründlich aufräumt, die verlangt, dass wir uns unserer eigentlichen Talente wieder bewusst werden und die uns von Grund auf verwandelt – erkennt uns unsere Umgebung plötzlich nicht wieder … Und auch wir selbst haben Mühe, uns in diesem großen inneren Durcheinander zurechtzufinden, einer Quelle von Angst und Infragestellung. Die Konstellation hat sich geändert. Man ist bereit zu einem neuen Abenteuer oder einfach nur einer Persönlichkeit überdrüssig, die man nicht – oder nicht mehr – ist.

Auf jeden Fall muss man wissen, dass ein Paar keine statische Einheit ist, sondern sich in ständiger Entwicklung befindet. Und dass wir das Risiko auf uns nehmen müssen, mit dem kosmischen Strom zu schwimmen, wie es im *Tao* heißt. Die Unbeständigkeit akzeptieren müssen, die unser Leben auf der Erde begleitet, indem wir *Ja* sagen zum Leben.

EPILOG

*»Das Schöne an der Liebe ist die Verflechtung der Wahrheit
des anderen mit der eigenen und der eigenen Wahrheit mit
der des anderen, es ist das Finden der Wahrheit durch die
Andersartigkeit.«*

EDGAR MORIN (LIEBE, POESIE, WEISHEIT)

Das Spiel ist aus, nichts geht mehr!
Haben Sie sich amüsiert? Haben Sie gut gespielt? Sind Sie mit dem Ergebnis zufrieden? Wissen Sie nun etwas mehr über SIE und sich, über IHN und sich?
Etwas ernsthafter: In einer zunehmend unpersönlichen, weil technisierten Welt sind Herz und Gemüt schrecklich unterrepräsentiert. Die Paarbeziehung bleibt einer der letzten Zufluchtsorte, in dem wir unsere Menschlichkeit voll ausleben können. Umso wertvoller ist es, die verwandte Seele zu finden. Man könnte auch sagen: entscheidend für unser Überleben als empfindsame Wesen.
Wir sind alle nach demselben Modell gebaut und doch mit wie vielen Unterschieden! Unterschieden, die bedingt sind durch unsere Gene, unsere Sterne, unter denen wir geboren sind, durch das, was wir erlebt haben. Montaigne zufolge »unbeständig und veränderlich«, sind wir auf der Suche nach unserer zweiten »Orangenhälfte«, die uns mit den genauen Umrissen eines Puzzleteils vervollständigen wird. Manchmal haben wir das bemerkenswerte Glück, dieser Hälfte zu begegnen, dann ertönt der Jubel einer perfekten, wunderbaren Übereinstimmung. Manchmal erweist diese Hälfte sich nur als armseliges Orangenviertel, und wir haben es schwer miteinander. Es ist wie der Gang durch eine Wüste, wie der Abstieg in die Hölle, der uns alleine und ratlos zurücklässt. Wir denken, unser affektiver Horizont habe sich endgültig verdunkelt, die Sonne würde nicht mehr scheinen und der Rausch liebevoller Umarmungen sei uns nun für immer versagt.
Falsch! Unter dem herrlichen und erregenden Trigon von Uranus, dem Planeten der Liebe auf den ersten Blick!, oder von Pluto, dem großen Erneuerer, werden wir wiedergeboren und alles beginnt neu!
In anderen Fällen schleppen wir unsere Beziehung mit wie eine Kette, wie eine Bürde; wir erleben sie wie eine Prüfung. Ja, genau: wie einen Test. Wir werden uns weiterentwickeln, auf dem Weg der Selbsterkenntnis voranschreiten, wachsen, uns alles in allem perfektionieren. »Der

Mensch ist ein Lehrling, der Schmerz ist sein Meister«, sagte Alfred de Vigny.

Denn wir haben hier auf der Erde eine Rolle zu spielen: »The world's a stage and we are merely player« … Wir sind bloße Spieler, so nannte es der elisabethanische Dichter Shakespeare. Die Rolle, die uns zugeteilt ist, hat nichts mit Zufall zu tun, sondern mit Notwendigkeit. *Mektoub* nennen es die Mohammedaner. Unser Schicksal wird uns demjenigen oder derjenigen begegnen lassen, die unsere Rolle vorsieht, es wird uns vielleicht zwingen, unter dem Joch der Eifersucht oder der Enttäuschung zu gehen. Dieser sehr spezielle – und sich seiner Rolle nicht bewusste – Mentor muss nicht unbedingt der dominierende Teil in einer Paarbeziehung sein; bekanntlich kann die Kraft des Schwachen fürchterlich sein. Derjenige, den wir verlassen und gedemütigt haben, der vielleicht vernichtend geschlagen ist, wird uns später heimsuchen und uns unsere Kleinheit bewusst machen … später, unter besonderen Planetentransiten wie einer Dissonanz von Saturn, die uns zwingt, alte Rechnungen zu begleichen, unsere Passiva auszugleichen.

Genug mit Unglück und Scheitern. Zum Glück gibt es auch die glücklichen Liebesbeziehungen – möge es Apollinaire und Brassens nicht missfallen! Ist unser Lebensabend dann gekommen, erinnern wir uns wie Philemon und Baucis, wenn wir uns anschauen und uns in einer zärtlichen Nostalgie bei der Hand halten, an den exquisiten Ausspruch der Marquise de Sévigné, dieser unsterblichen Wassermann-Geborenen: »Das Herz hat keine Falten.«

Bis dahin jedoch wollen wir nach dem Motto leben: *Carpe diem*!

ASPEKTE: Winkelabstand zwischen zwei Planeten (oder Gestirnen) im Verhältnis zur Erde. Dieser Winkel (ausgedrückt in Längengraden) trennt zwei Planeten. Man unterscheidet harmonische Aspekte (Trigon = 120°; Sextil = 60°, Halbsextil 30°), dissonante Aspekte (Quadrat=90°, Opposition=180°) und neutrale Aspekte (Konjunktion = 0°).

ASTRALE IDENTITÄT: Die wichtigste Anwendung der Astrologie ist die Charakterstudie. Anhand einer Analyse des Geburtshoroskops kann ein astrologisch-psychologisches Porträt des Menschen erstellt werden, dabei können die vielfältigen Facetten seiner Persönlichkeit und seine verborgenen Energien aufgedeckt werden.

ASTROLOGIE: Der Name kommt vom griechischen *Astrologos,* Diskurs über die Sterne. Die Astrologie ist zugleich eine Kunst, eine Wissenschaft und eine Weisheit. Sie gründet sich auf die wissenschaftliche Beobachtung der Gestirne und versucht, deren Einflüsse auf Ereignisse auf der Erde (Mundanastrologie) sowie auf den Charakter und das Schicksal der Individuen (genethlische oder Individualastrologie) zu bestimmen.

ASZENDENT: Der Aszendent ist der Schnittpunkt des Osthorizonts mit dem Tierkreis (oder der Ekliptik) genau zum Zeitpunkt Ihrer Geburt. Seine Position in Ihrem Geburtshoroskop ist ein sehr persönliches Element, denn bereits vier Minuten später ist der Aszendent um einen Bogengrad weitergewandert. Der Aszendent bildet die Spitze des Ersten Hauses, er bestimmt Ihr äußeres Erscheinungsbild, Ihre Konstitution und Ihr Verhalten.

DEKADE: Im Alten Ägypten wurde der Tierkreis in 36 gleiche Zonen von jeweils 10° unterteilt, die als Dekaden bezeichnet wurden. Jedes Sternzeichen umfasst drei Dekaden.

DOMINANT: Dominant ist der – oder sind die – Planete(n), die ein Horoskop beherrscht/beherrschen.

EKLIPTIK: Die Ekliptik, um die sich die Zone des Tierkreises erstreckt, fällt mit der scheinbaren Sonnenbahn um die Erde zusammen. Sie schneidet den Himmelsäquator in zwei Punkten, diese markieren die

Frühjahrs-Tagundnachtgleiche (oder Frühjahrspunkt) und die *Herbst-Tagundnachtgleiche*. Im heliozentrischen Weltbild entspricht sie der Erdumlaufbahn.

FRÜHLINGSPUNKT: Der Schnittpunkt zwischen der Ekliptik und dem Himmelsäquator. Er entspricht dem ersten Tag des Frühlings und Null Grad Widder.

GEBURTSHOROSKOP: Für das Geburtshoroskop wird die Himmelskarte zum Zeitpunkt der Geburt interpretiert. Die Himmelskarte ist ein Diagramm der Himmelstopographie (Planeten, Sternzeichen, Häuser…) zu einem bestimmten Zeitpunkt und für einen bestimmten Ort. So kann man die Himmelskarte bei der Geburt eines Menschen, bei der Gründung einer Firma, eines Landes (Verfassungsgebung), der Fertigstellung eines Schiffs, eines Buches etc. erstellen.

HAUS: Im Mittelalter teilte man den Himmel in zwölf Felder oder Häuser, diese waren je nach dem gewählten Berechnungssystem gleich oder ungleich groß. Diese Aufteilung des Himmels, die jedem Haus einen speziellen Lebensbereich zuordnet, nennt man »Domifikation«. Beispiele: Das Zweite Haus ist mit Gewinnen und den Finanzen verknüpft, das Vierte Haus mit dem Familienheim, der Kindheit und dem Ende des Lebens, das Sechste Haus mit der Gesundheit und der Berufstätigkeit etc.

HIMMELSÄQUATOR: Der Himmelsäquator ist die Verlängerung des Erdäquators hinaus auf die Himmelskugel.

HIMMELSKARTE: Als Himmelskarte bezeichnet man ein Diagramm der Himmelstopographie (die Positionen der Planeten, des Aszendenten un der Himmelsmitte auf dem Tierkreis) zu einem bestimmten Zeitpunkt und für einen bestimmten Ort. So kann man die Himmelskarte bei der Geburt eines Menschen, bei der Gründung einer Firma, eines Landes (Verfassungsgebung), der Fertigstellung eines Schiffs, eines Buches etc. erstellen.

HIMMELSMITTE: Sie ist die Spitze des Zehnten Hauses und entspricht auf der Himmelskugel dem Schnittpunkt des Meridians mit der Ekliptik.

HIMMELSTIEFE: Ein fiktiver Punkt der Himmelskarte, der der Himmelsmitte gegenüberliegt. Dieser Punkt markiert den Beginn des Vierten Hauses.

KONJUNKTION: Stehen zwei Planeten »in Konjunktion«, beträgt der Winkel, den sie im Verhältnis zur Erde bilden, 0°, d.h. sie sind auf der gleichen Position auf dem Tierkreis. Die Konjunktion ist ein ambivalenter Aspekt, dessen Wert – dissonant oder harmonisch – von den beteiligten Planeten abhängt sowie von den Aspekten, die sie mit anderen Gestirnen des Horoskops bildet.

KONSTELLATION: Gruppe von Fixsternen ohne Zusammenhang mit den *Sternzeichen* des Tierkreises, die alle in demselben Verhältnis zueinander stehen (30°). Dies ist das Ergebnis der Teilung der Ekliptik – oder des Tierkreises – durch zwölf, wobei das astrologische Jahr am 21. März beginnt. Dieser Tag im Frühling entspricht auf der Ekliptik 0°. Die *Konstellationen* hingegen sind ungleich. Der Tierkreis der Sternzeichen und der Tierkreis der Konstellationen fiel zum Zeitpunkt der astrologischen Kodifizierung vor rund 2000 Jahren zusammen. Derzeit beträgt die Abweichung etwa ein Sternzeichen als Ergebnis der Präzession der Äquinoktien (Tagundnachtgleichen). Dies ändert jedoch nichts am tropischen Tierkreis der Astrologen, die mit einem Tierkreis der *Jahreszeiten* arbeiten, denn der Mensch ist ein Wesen der Jahreszeit – und nicht der *Konstellationen*.

MERIDIAN: Der Meridian ist ein Element des Geburtshoroskops, er hängt mit dem Längengrad des Geburtsortes zusammen. Er ist der Großkreis auf der Himmelskugel, der durch beide Pole und den Zenit des Geburtsortes geht.

OPPOSITION: Stehen zwei Planeten »in Opposition«, so bilden sie im Verhältnis zur Erde einen 180°-Winkel. Dieser Aspekt wird bei bestimmten Analysen von Synastrien als dissonant oder komplementär bezeichnet (s. unser Computerprogramm *Astrocouple*).

PLANET: Vom griechischen »planētēs«, Wandelstern. Ein Himmelskörper, der um die Sonne oder einen Stern kreist. Die Astrologie berücksichtigt die acht Planeten unseres Sonnensystems, die beiden Lichtquellen Sonne und Mond und deren Einflüsse auf die Erde.

QUADRAT: Stehen zwei Planeten »im Quadrat«, bilden sie im Verhältnis zur Erde einen 90°-Winkel. Dieser wichtige Aspekt wird als dissonant bezeichnet, weil es sich um einen Spannungsaspekt handelt.

SEXTIL: Stehen zwei Planeten »im Sextil«, bilden sie im Verhältnis zur Erde einen 60°-Winkel. Dieser Aspekt wird als *harmonisch* bezeichnet.

STERNZEICHEN: Der Tierkreis (oder Zodiakus) ist unterteilt in zwölf Tierkreiszeichen von jeweils 30°. Das erste Zeichen im Tierkreis ist der Widder. Als Frühlingszeichen symbolisiert der Widder die Erneuerung der Erde. Der Mensch ist ein Wesen der Jahreszeiten. Der Widder beginnt bei Null Grad des Tierkreises. Die Tierkreiszeichen verdanken ihre Namen den Konstellationen, die, von der Erde aus gesehen, hinter ihnen stehen. Vor rund 2000 Jahren, als die Astrologie kodifiziert wurde (insbesondere von Manilius und Ptolemäus), stand das Sternbild Widder genau *hinter* dem Tierkreiszeichen Widder. Durch die Wirkung der Präzession (Vorrücken) der Tagundnachtgleiche (Kreiselbewegung der Erdachse) hat sich Null Grad um 72 Sekunden pro Jahr verschoben. In 2176 Jahren durchläuft er somit ein komplettes Sternzeichen. Allerdings haben die Tierkreiszeichen, selbst wenn sie nicht mehr den Konstellationen entsprechen (die viel zu weit entfernt sind, um hier unten bei uns Einfluss zu haben), ihre Namen beibehalten. Maßgebliches Kriterium bleibt jedoch der Frühlingsbeginn, selbst wenn er sich im Tierkreis unmerklich weiterbewegt.

SYNASTRIE: Vergleich von zwei oder mehreren Geburtshoroskopen, um die Affinitäten und Spannungen zu beurteilen, die eine Beziehung kennzeichnen (s. unser Computerprogramm *Astrocouple*).

TIERKREISMENSCH: Seit Hermes Trismegistos im 2. Jh., vor allem jedoch seit der Renaissance, stellt die Astrologie Verbindungen zwischen den Sternzeichen und dem menschlichen Körper her, der symbolisch ans Firmament versetzt wird. Diese Darstellung nennt man den *Tierkreismensch*. Dabei wird der Widder dem Kopf zugeordnet (den er regiert), der Stier der Kehle und dem Hals, die Waage den Nieren und die Fische schließlich den Füßen.

TRANSIT (planetarer): Ausgehend von einer Himmelskarte (oder Fotografie des Himmels zum Zeitpunkt der Geburt) können anhand der Planetenpositionen, die von Sternwarten ausgegeben (und in Computerprogramme aufgenommen) werden, die Klimata oder auch Ereignisse in der Vergangenheit oder Zukunft bestimmt werden. Für diese *Vorhersagen* werden mehrere Methoden herangezogen, am geläufigsten ist die der »Transite«. Dabei werden die Momente bestimmt, wo verschiedene Gestirne, die mehr oder weniger schnell am Himmel weiterziehen, *Aspekte* (Konjunktion, Quadrat etc.) mit den Gestirnen des Geburtshimmels bilden, wodurch diese reaktiviert werden.

TRIGON: Stehen zwei Planeten »im Trigon«, bilden sie im Verhältnis zur Erde einen 120°-Winkel. Dieser Aspekt wird als *harmonisch* bezeichnet.

ZODIAKUS (TIERKREIS): Der Tierkreis oder Zodiakus beidseits der Ekliptik ist eine Zone von 17°, in der sich die Planeten unseres Sonnensystems bewegen. Der Zodiakus ist unterteilt in zwölf gleiche Teile mit jeweils 30°, die als Tierkreiszeichen bezeichnet werden. Der Tierkreis beginnt am Frühlingspunkt (Null Grad Widder).

Tabelle 3

Bewertung des Verhältnisses zwischen Ihren Sonnenzeichen
Suchen Sie das passende Kästchen für Ihr Paar und tragen Sie die dazugehörige Anzahl entsprechend dem Verhältnis zwischen Ihren jeweiligen Sonnenzeichen und der Skala auf S. 95 ein.
Beispiel: Das Paar Löwe/Waage (Liebesfreundschaft) erhält 3.
Das Paar Widder/Schütze (leidenschaftliches Paar) erhält 4 etc.

	Widder	Stier	Zwillinge	Krebs	Löwe	Jungfrau	Waage	Skorpion	Schütze	Steinbock	Wassermann	Fische
Widder												
Stier												
Zwillinge												
Krebs												
Löwe												
Jungfrau												
Waage												
Skorpion												
Schütze												
Steinbock												
Wassermann												
Fische												

TABELLE 4

Bewertung des Verhältnisses zwischen Ihrem Sonnenzeichen (A) und dem Aszendenten des anderen (B)
Beziehen Sie sich hierzu auf S. 95 und notieren Sie die Anzahl in dem entsprechenden Kästchen.

	Widder	Stier	Zwillinge	Krebs	Löwe	Jungfrau	Waage	Skorpion	Schütze	Steinbock	Wassermann	Fische
Widder												
Stier												
Zwillinge												
Krebs												
Löwe												
Jungfrau												
Waage												
Skorpion												
Schütze												
Steinbock												
Wassermann												
Fische												

TABELLE 5

Bewertung des Verhältnisses zwischen dem Sonnenzeichen des anderen (B) und Ihrem Aszendenten (A)
Beziehen Sie sich hierzu auf S. 95 und notieren Sie die Anzahl in dem entsprechenden Kästchen.

	Widder	Stier	Zwillinge	Krebs	Löwe	Jungfrau	Waage	Skorpion	Schütze	Steinbock	Wassermann	Fische
Widder												
Stier												
Zwillinge												
Krebs												
Löwe												
Jungfrau												
Waage												
Skorpion												
Schütze												
Steinbock												
Wassermann												
Fische												

TABELLE 6

Bewertung des Verhältnisses zwischen Ihrem Aszendenten (A) und dem des anderen (B)
Beziehen Sie sich hierzu auf S. 95 und notieren Sie die Anzahl in dem entsprechenden Kästchen.

	Widder	Stier	Zwillinge	Krebs	Löwe	Jungfrau	Waage	Skorpion	Schütze	Steinbock	Wassermann	Fische
Widder												
Stier												
Zwillinge												
Krebs												
Löwe												
Jungfrau												
Waage												
Skorpion												
Schütze												
Steinbock												
Wassermann												
Fische												

TABELLE 7

Bewertung des Verhältnisses zwischen Ihrem Sonnenzeichen (A) und der Venus des anderen (B)
Beziehen Sie sich hierzu auf S. 95 und notieren Sie die Anzahl in dem entsprechenden Kästchen.
PS: Die Position von Venus in den Tierkreiszeichen finden Sie ab S. 235.

	Widder	Stier	Zwillinge	Krebs	Löwe	Jungfrau	Waage	Skorpion	Schütze	Steinbock	Wassermann	Fische
Widder												
Stier												
Zwillinge												
Krebs												
Löwe												
Jungfrau												
Waage												
Skorpion												
Schütze												
Steinbock												
Wassermann												
Fische												

TABELLE 8

Bewertung des Verhältnisses zwischen Ihrer Venus (A) und dem Sonnenzeichen des anderen (B)
Beziehen Sie sich hierzu auf S. 95 und notieren Sie die Anzahl in dem entsprechenden Kästchen.
PS: Die Position von Venus in den Tierkreiszeichen zum Zeitpunkt Ihrer Geburt finden Sie ab S. 235.

	Widder	Stier	Zwillinge	Krebs	Löwe	Jungfrau	Waage	Skorpion	Schütze	Steinbock	Wassermann	Fische
Widder												
Stier												
Zwillinge												
Krebs												
Löwe												
Jungfrau												
Waage												
Skorpion												
Schütze												
Steinbock												
Wassermann												
Fische												

TABELLE 9

Bewertung des Verhältnisses zwischen Ihrer Geburtsvenus (A) und der des anderen (B)
Beziehen Sie sich hierzu auf S. 95 und notieren Sie die Anzahl in dem entsprechenden Kästchen.
PS: Die Position von Venus in den Tierkreiszeichen zum Zeitpunkt Ihrer Geburt finden Sie ab S. 235.

	Widder	Stier	Zwillinge	Krebs	Löwe	Jungfrau	Waage	Skorpion	Schütze	Steinbock	Wassermann	Fische
Widder												
Stier												
Zwillinge												
Krebs												
Löwe												
Jungfrau												
Waage												
Skorpion												
Schütze												
Steinbock												
Wassermann												
Fische												

TABELLE 10

Bewertung des Verhältnisses zwischen Ihrer Venus (A) und dem Mars des anderen (B)
Ankreuzen und bewerten!
Achtung! Hier müssen Sie sich auf eine andere Skala beziehen und zwar:
♂ In ein und demselben Sternzeichen: 6
△ In Sternzeichen desselben Elements: 5
✳ In Sternzeichen harmonischer Elemente, Wasser/Erde oder Feuer/Luft: 4
⚼ In benachbarten Sternzeichen: 2
⚻ Sternzeichen in neutralem Quincunx: 0
☍ Sternzeichen in Opposition: 4
□ Sternzeichen im Quadrat: 3

	Widder	Stier	Zwillinge	Krebs	Löwe	Jungfrau	Waage	Skorpion	Schütze	Steinbock	Wassermann	Fische
Widder	♂	⚼	✳	□	△	⚻	☍	⚻	△	□	✳	⚼
Stier	⚼	♂	⚼	✳	□	△	⚻	☍	⚻	△	□	✳
Zwillinge	✳	⚼	♂	⚼	✳	□	△	⚻	☍	⚻	△	□
Krebs	□	✳	⚼	♂	⚼	✳	□	△	⚻	☍	⚻	△
Löwe	△	□	✳	⚼	♂	⚼	✳	□	△	⚻	☍	⚻
Jungfrau	⚻	△	□	✳	⚼	♂	⚼	✳	□	△	⚻	☍
Waage	☍	⚻	△	□	✳	⚼	♂	⚼	✳	□	△	⚻
Skorpion	⚻	☍	⚻	△	□	✳	⚼	♂	⚼	✳	□	△
Schütze	△	⚻	☍	⚻	△	□	✳	⚼	♂	⚼	✳	□
Steinbock	□	△	⚻	☍	⚻	△	□	✳	⚼	♂	⚼	✳
Wassermann	✳	□	△	⚻	☍	⚻	△	□	✳	⚼	♂	⚼
Fische	⚼	✳	□	△	⚻	☍	⚻	△	□	✳	⚼	♂

TABELLE 11

Bewertung des Verhältnisses zwischen Ihrem Geburtsmars (A) und der Geburtsvenus des anderen (B)
Vorgehen wie bei Tab. X erklärt

	Widder	Stier	Zwillinge	Krebs	Löwe	Jungfrau	Waage	Skorpion	Schütze	Steinbock	Wassermann	Fische
Widder												
Stier												
Zwillinge												
Krebs												
Löwe												
Jungfrau												
Waage												
Skorpion												
Schütze												
Steinbock												
Wassermann												
Fische												

TABELLE 12

II Zusammenfassende und wiederholende Tabelle der verschiedenen Gestirnskombinationen und Bewertung des affektiven Quotienten/ Liebesquotienten (AQ) des Paares

Vergleich der planetaren Faktoren	Anzahl	Bezüglich der Legende und der Bewertungen beziehen Sie sich bitte auf den Text.
Sonne A/Sonne B		
Sonne A/Aszendent B		Wichtige Anmerkung:
Asz. A/Asz. B		Bei einer freundschaftli-
Asz. A/Sonne B		chen oder familiären (nicht
Sonne A/Venus B		sexuellen) Beziehung
Venus A/Sonne B		berücksichtigen Sie bei
Venus A/Venus B		Dissonanzen Venus/Mars
Venus A/Mars B		-3 (anstelle von +3).
Mars A/Venus B		
Gesamtzahl erzielter Punkte:		

VENUS IN DEN STERNZEICHEN 1920 BIS 2010

Planet	Aspekt	Sternzeichen	Eintritt	Datum	Austritt	Datum
Venus	im	Skorpion	vom	01.01.1920	bis	03.01.1920
Venus	im	Schützen	vom	04.01.1920	bis	28.01.1920
Venus	im	Steinbock	vom	29.01.1920	bis	22.02.1920
Venus	im	Wassermann	vom	23.02.1920	bis	17.03.1920
Venus	in den	Fischen	vom	18.03.1920	bis	11.04.1920
Venus	im	Widder	vom	12.04.1920	bis	05.05.1920
Venus	im	Stier	vom	06.05.1920	bis	30.05.1920
Venus	in den	Zwillingen	vom	31.05.1920	bis	23.06.1920
Venus	im	Krebs	vom	24.06.1920	bis	17.07.1920
Venus	im	Löwen	vom	18.07.1920	bis	11.08.1920
Venus	in der	Jungfrau	vom	12.08.1920	bis	04.09.1920
Venus	in der	Waage	vom	05.09.1920	bis	28.09.1920
Venus	im	Skorpion	vom	29.09.1920	bis	23.10.1920
Venus	im	Schützen	vom	24.10.1920	bis	16.11.1920
Venus	im	Steinbock	vom	17.11.1920	bis	11.12.1920
Venus	im	Wassermann	vom	12.12.1920	bis	05.01.1921
Venus	in den	Fischen	vom	06.01.1921	bis	01.02.1921
Venus	im	Widder	vom	02.02.1921	bis	06.03.1921
Venus	im	Stier	vom	07.03.1921	bis	24.04.1921
Venus	im	Widder	vom	25.04.1921	bis	01.06.1921
Venus	im	Stier	vom	02.06.1921	bis	07.07.1921
Venus	in den	Zwillingen	vom	08.07.1921	bis	04.08.1921
Venus	im	Krebs	vom	05.08.1921	bis	30.08.1921
Venus	im	Löwen	vom	31.08.1921	bis	25.09.1921
Venus	in der	Jungfrau	vom	26.09.1921	bis	19.10.1921
Venus	in der	Waage	vom	20.10.1921	bis	12.11.1921
Venus	im	Skorpion	vom	13.11.1921	bis	06.12.1921
Venus	im	Schützen	vom	07.12.1921	bis	30.12.1921
Venus	im	Steinbock	vom	31.12.1921	bis	23.01.1922
Venus	im	Wassermann	vom	24.01.1922	bis	16.02.1922

Planet	Aspekt	Sternzeichen	Eintritt	Datum	Austritt	Datum
Venus	in den	Fischen	vom	17.02.1922	bis	12.03.1922
Venus	im	Widder	vom	13.03.1922	bis	05.04.1922
Venus	im	Stier	vom	06.04.1922	bis	30.04.1922
Venus	in den	Zwillingen	vom	01.05.1922	bis	24.05.1922
Venus	im	Krebs	vom	25.05.1922	bis	18.06.1922
Venus	im	Löwen	vom	19.06.1922	bis	14.07.1922
Venus	in der	Jungfrau	vom	15.07.1922	bis	09.08.1922
Venus	in der	Waage	vom	10.08.1922	bis	06.09.1922
Venus	im	Skorpion	vom	07.09.1922	bis	09.10.1922
Venus	im	Schützen	vom	10.10.1922	bis	27.11.1922
Venus	im	Skorpion	vom	28.11.1922	bis	01.01.1923
Venus	im	Schützen	vom	02.01.1923	bis	05.01.1923
Venus	im	Steinbock	vom	06.02.1923	bis	05.03.1923
Venus	im	Wassermann	vom	06.03.1923	bis	31.03.1923
Venus	in den	Fischen	vom	01.04.1923	bis	25.04.1923
Venus	im	Widder	vom	26.04.1923	bis	20.05.1923
Venus	im	Stier	vom	21.05.1923	bis	14.06.1923
Venus	in den	Zwillingen	vom	15.06.1923	bis	09.07.1923
Venus	im	Krebs	vom	10.07.1923	bis	02.08.1923
Venus	im	Löwen	vom	03.08.1923	bis	26.08.1923
Venus	in der	Jungfrau	vom	27.08.1923	bis	20.09.1923
Venus	in der	Waage	vom	21.09.1923	bis	14.10.1923
Venus	im	Skorpion	vom	15.10.1923	bis	07.11.1923
Venus	im	Schützen	vom	08.11.1923	bis	01.12.1923
Venus	im	Steinbock	vom	02.12.1923	bis	25.12.1923
Venus	im	Wassermann	vom	26.12.1923	bis	18.01.1924
Venus	in den	Fischen	vom	19.01.1924	bis	12.02.1924
Venus	im	Widder	vom	13.02.1924	bis	08.03.1924
Venus	im	Stier	vom	09.03.1924	bis	04.04.1924
Venus	in den	Zwillingen	vom	05.04.1924	bis	05.05.1924
Venus	im	Krebs	vom	06.05.1924	bis	07.09.1924
Venus	im	Löwen	vom	08.09.1924	bis	06.10.1924

Planet	Aspekt	Sternzeichen	Eintritt	Datum	Austritt	Datum
Venus	in der	Jungfrau	vom	07.10.1924	bis	01.11.1924
Venus	in der	Waage	vom	02.11.1924	bis	26.11.1924
Venus	im	Skorpion	vom	27.11.1924	bis	20.12.1924
Venus	im	Schützen	vom	21.12.1924	bis	13.01.1925
Venus	im	Steinbock	vom	14.01.1925	bis	06.02.1924
Venus	im	Wassermann	vom	07.02.1925	bis	03.03.1925
Venus	in den	Fischen	vom	04.03.1925	bis	27.03.1925
Venus	im	Widder	vom	28.03.1925	bis	20.04.1925
Venus	im	Stier	vom	21.04.1925	bis	14.05.1925
Venus	in den	Zwillingen	vom	15.05.1925	bis	08.06.1925
Venus	im	Krebs	vom	09.06.1925	bis	02.07.1925
Venus	im	Löwen	vom	03.07.1925	bis	27.07.1925
Venus	in der	Jungfrau	vom	28.07.1925	bis	21.08.1925
Venus	in der	Waage	vom	22.08.1925	bis	15.09.1925
Venus	im	Skorpion	vom	16.09.1925	bis	10.10.1925
Venus	im	Schützen	vom	11.10.1925	bis	05.11.1925
Venus	im	Steinbock	vom	06.11.1925	bis	04.12.1925
Venus	im	Wassermann	vom	05.12.1925	bis	05.04.1926
Venus	in den	Fischen	vom	06.04.1926	bis	05.05.1926
Venus	im	Widder	vom	06.05.1926	bis	01.06.1926
Venus	im	Stier	vom	02.06.1926	bis	27.06.1926
Venus	in den	Zwillingen	vom	28.06.1926	bis	23.07.1926
Venus	im	Krebs	vom	24.07.1926	bis	17.08.1926
Venus	im	Löwen	vom	18.08.1926	bis	10.09.1926
Venus	in der	Jungfrau	vom	11.09.1926	bis	04.10.1926
Venus	in der	Waage	vom	05.10.1926	bis	28.10.1926
Venus	im	Skorpion	vom	29.10.1926	bis	21.11.1926
Venus	im	Schützen	vom	22.11.1926	bis	15.12.1926
Venus	im	Steinbock	vom	16.12.1926	bis	08.01.1927
Venus	im	Wassermann	vom	09.01.1927	bis	01.02.1927
Venus	in den	Fischen	vom	02.02.1927	bis	25.02.1927
Venus	im	Widder	vom	26.02.1927	bis	21.03.1927

Planet	Aspekt	Sternzeichen	Eintritt	Datum	Austritt	Datum
Venus	im	Stier	vom	22.03.1927	bis	15.04.1927
Venus	in den	Zwillingen	vom	16.04.1927	bis	11.05.1927
Venus	im	Krebs	vom	12.05.1927	bis	07.06.1927
Venus	im	Löwen	vom	08.06.1927	bis	06.07.1927
Venus	in der	Jungfrau	vom	07.07.1927	bis	08.11.1927
Venus	in der	Waage	vom	09.11.1927	bis	07.12.1927
Venus	im	Skorpion	vom	08.12.1927	bis	03.01.1928
Venus	im	Schützen	vom	04.01.1928	bis	28.01.1928
Venus	im	Steinbock	vom	29.01.1928	bis	21.02.1928
Venus	im	Wassermann	vom	22.02.1928	bis	17.03.1928
Venus	in den	Fischen	vom	18.03.1928	bis	10.04.1928
Venus	im	Widder	vom	11.04.1928	bis	05.05.1928
Venus	im	Stier	vom	06.05.1928	bis	29.05.1928
Venus	in den	Zwillingen	vom	30.05.1928	bis	22.06.1928
Venus	im	Krebs	vom	23.06.1928	bis	17.07.1928
Venus	im	Löwen	vom	18.07.1928	bis	10.08.1928
Venus	in der	Jungfrau	vom	11.08.1928	bis	03.09.1928
Venus	in der	Waage	vom	04.09.1928	bis	28.09.1928
Venus	im	Skorpion	vom	29.09.1928	bis	22.10.1928
Venus	im	Schützen	vom	23.10.1928	bis	16.11.1928
Venus	im	Steinbock	vom	17.11.1928	bis	11.12.1928
Venus	im	Wassermann	vom	12.12.1928	bis	05.01.1929
Venus	in den	Fischen	vom	06.01.1929	bis	01.02.1929
Venus	im	Widder	vom	02.02.1929	bis	07.03.1929
Venus	im	Stier	vom	08.03.1929	bis	19.04.1929
Venus	im	Widder	vom	20.04.1929	bis	02.06.1929
Venus	im	Stier	vom	03.06.1929	bis	07.07.1929
Venus	in den	Zwillingen	vom	08.07.1929	bis	04.08.1929
Venus	im	Krebs	vom	05.08.1929	bis	30.08.1929
Venus	im	Löwen	vom	31.08.1929	bis	24.09.1929
Venus	in der	Jungfrau	vom	25.09.1929	bis	19.10.1929
Venus	in der	Waage	vom	20.10.1929	bis	12.11.1929

Planet	Aspekt	Sternzeichen	Eintritt	Datum	Austritt	Datum
Venus	im	Skorpion	vom	13.11.1929	bis	06.12.1929
Venus	im	Schützen	vom	07.12.1929	bis	30.12.1929
Venus	im	Steinbock	vom	31.12.1929	bis	23.01.1930
Venus	im	Wassermann	vom	24.01.1930	bis	15.02.1930
Venus	in den	Fischen	vom	16.02.1930	bis	11.03.1930
Venus	im	Widder	vom	12.03.1930	bis	05.04.1930
Venus	im	Stier	vom	06.04.1930	bis	29.04.1930
Venus	in den	Zwillingen	vom	30.04.1930	bis	24.05.1930
Venus	im	Krebs	vom	25.05.1930	bis	18.06.1930
Venus	im	Löwen	vom	19.06.1930	bis	13.07.1930
Venus	in der	Jungfrau	vom	14.07.1930	bis	09.08.1930
Venus	in der	Waage	vom	10.08.1930	bis	06.09.1930
Venus	im	Skorpion	vom	07.09.1930	bis	11.10.1930
Venus	im	Schützen	vom	12.10.1930	bis	21.11.1930
Venus	im	Skorpion	vom	22.11.1930	bis	02.01.1931
Venus	im	Schützen	vom	03.01.1931	bis	05.02.1931
Venus	im	Steinbock	vom	06.02.1931	bis	04.03.1931
Venus	im	Wassermann	vom	05.03.1931	bis	30.03.1931
Venus	in den	Fischen	vom	31.03.1931	bis	25.04.1931
Venus	im	Widder	vom	26.04.1931	bis	20.05.1931
Venus	im	Stier	vom	21.05.1931	bis	13.06.1931
Venus	in den	Zwillingen	vom	14.06.1931	bis	08.07.1931
Venus	im	Krebs	vom	09.07.1931	bis	02.08.1931
Venus	im	Löwen	vom	03.08.1931	bis	26.08.1931
Venus	in der	Jungfrau	vom	27.08.1931	bis	19.09.1931
Venus	in der	Waage	vom	20.09.1931	bis	13.10.1931
Venus	im	Skorpion	vom	14.10.1931	bis	06.11.1931
Venus	im	Schützen	vom	07.11.1931	bis	30.11.1931
Venus	im	Steinbock	vom	01.12.1931	bis	24.12.1931
Venus	im	Wassermann	vom	25.12.1931	bis	18.01.1932
Venus	in den	Fischen	vom	19.01.1932	bis	11.12.1932
Venus	im	Widder	vom	12.02.1932	bis	08.03.1932

Planet	Aspekt	Sternzeichen	Eintritt	Datum	Austritt	Datum
Venus	im	Stier	vom	09.03.1932	bis	04.04.1932
Venus	in den	Zwillingen	vom	05.04.1932	bis	05.05.1932
Venus	im	Krebs	vom	06.05.1932	bis	12.07.1932
Venus	in den	Zwillingen	vom	13.07.1932	bis	27.07.1932
Venus	im	Krebs	vom	28.07.1932	bis	07.09.1932
Venus	im	Löwen	vom	08.09.1932	bis	06.10.1932
Venus	in der	Jungfrau	vom	07.10.1932	bis	01.11.1932
Venus	in der	Waage	vom	02.11.1932	bis	26.11.1932
Venus	im	Skorpion	vom	27.11.1932	bis	20.12.1932
Venus	im	Schützen	vom	21.12.1932	bis	13.01.1933
Venus	im	Steinbock	vom	14.01.1933	bis	06.02.1933
Venus	im	Wassermann	vom	07.02.1933	bis	02.03.1933
Venus	in den	Fischen	vom	03.03.1933	bis	26.03.1933
Venus	im	Widder	vom	27.03.1933	bis	19.04.1933
Venus	im	Stier	vom	20.04.1933	bis	14.05.1933
Venus	in den	Zwillingen	vom	15.05.1933	bis	07.06.1933
Venus	im	Krebs	vom	08.06.1933	bis	02.07.1933
Venus	im	Löwen	vom	03.07.1933	bis	26.07.1933
Venus	in der	Jungfrau	vom	27.07.1933	bis	26.07.1933
Venus	in der	Waage	vom	21.08.1933	bis	14.09.1933
Venus	im	Skorpion	vom	15.09.1933	bis	10.11.1933
Venus	im	Schützen	vom	11.10.1933	bis	05.11.1933
Venus	im	Steinbock	vom	06.11.1933	bis	04.12.1933
Venus	im	Wassermann	vom	05.12.1933	bis	05.04.1934
Venus	in den	Fischen	vom	06.04.1934	bis	05.05.1934
Venus	im	Widder	vom	06.05.1934	bis	01.06.1934
Venus	im	Stier	vom	02.06.1934	bis	27.06.1934
Venus	in den	Zwillingen	vom	28.06.1934	bis	22.07.1934
Venus	im	Krebs	vom	23.07.1934	bis	16.08.1934
Venus	im	Löwen	vom	17.08.1934	bis	10.09.1934
Venus	in der	Jungfrau	vom	11.09.1934	bis	04.10.1934
Venus	in der	Waage	vom	05.10.1934	bis	28.10.1934

Planet	Aspekt	Sternzeichen	Eintritt	Datum	Austritt	Datum
Venus	im	Skorpion	vom	29.10.1934	bis	21.11.1934
Venus	im	Schützen	vom	22.11.1934	bis	15.12.1934
Venus	im	Steinbock	vom	16.12.1934	bis	07.01.1935
Venus	im	Wassermann	vom	08.01.1935	bis	31.01.1935
Venus	in den	Fischen	vom	01.02.1935	bis	25.02.1935
Venus	im	Widder	vom	26.02.1935	bis	21.03.1935
Venus	im	Stier	vom	22.03.1935	bis	15.04.1935
Venus	in den	Zwillingen	vom	16.04.1935	bis	10.05.1935
Venus	im	Krebs	vom	11.05.1935	bis	06.06.1935
Venus	im	Löwen	vom	07.06.1935	bis	06.07.1935
Venus	in der	Jungfrau	vom	07.07.1935	bis	08.11.1935
Venus	in der	Waage	vom	09.11.1935	bis	07.12.1935
Venus	im	Skorpion	vom	08.12.1935	bis	02.01.1936
Venus	im	Schützen	vom	03.01.1936	bis	27.01.1936
Venus	im	Steinbock	vom	28.01.1936	bis	21.02.1936
Venus	im	Wassermann	vom	22.02.1936	bis	16.03.1936
Venus	in den	Fischen	vom	17.03.1936	bis	10.04.1936
Venus	im	Widder	vom	11.04.1936	bis	04.05.1936
Venus	im	Stier	vom	05.05.1936	bis	28.05.1936
Venus	in den	Zwillingen	vom	29.05.1936	bis	22.06.1936
Venus	im	Krebs	vom	23.06.1936	bis	16.07.1936
Venus	im	Löwen	vom	17.07.1936	bis	10.08.1936
Venus	in der	Jungfrau	vom	11.08.1936	bis	03.09.1936
Venus	in der	Waage	vom	04.09.1936	bis	27.09.1936
Venus	im	Skorpion	vom	28.09.1936	bis	22.10.1936
Venus	im	Schützen	vom	23.10.1936	bis	15.11.1936
Venus	im	Steinbock	vom	16.11.1936	bis	10.12.1936
Venus	im	Wassermann	vom	11.12.1936	bis	05.01.1937
Venus	in den	Fischen	vom	06.01.1937	bis	01.02.1937
Venus	im	Widder	vom	02.02.1937	bis	08.03.1937
Venus	im	Stier	vom	09.03.1937	bis	13.04.1937
Venus	im	Widder	vom	14.04.1937	bis	03.06.1937

Planet	Aspekt	Sternzeichen	Eintritt	Datum	Austritt	Datum
Venus	im	Stier	vom	04.06.1937	bis	06.07.1934
Venus	in den	Zwillingen	vom	07.07.1937	bis	03.08.1937
Venus	im	Krebs	vom	04.08.1937	bis	30.08.1937
Venus	im	Löwen	vom	31.08.1937	bis	24.09.1937
Venus	in der	Jungfrau	vom	25.09.1937	bis	18.10.1937
Venus	in der	Waage	vom	19.10.1937	bis	11.11.1937
Venus	im	Skorpion	vom	12.11.1937	bis	05.12.1937
Venus	im	Schützen	vom	06.12.1937	bis	05.12.1937
Venus	im	Steinbock	vom	30.12.1937	bis	22.01.1938
Venus	im	Wassermann	vom	23.01.1938	bis	15.02.1938
Venus	in den	Fischen	vom	16.02.1938	bis	11.03.1938
Venus	im	Widder	vom	12.03.1938	bis	04.04.1938
Venus	im	Stier	vom	05.04.1938	bis	28.04.1938
Venus	in den	Zwillingen	vom	29.04.1938	bis	23.05.1938
Venus	im	Krebs	vom	24.05.1938	bis	17.06.1938
Venus	im	Löwen	vom	18.06.1938	bis	13.07.1938
Venus	in der	Jungfrau	vom	14.07.1938	bis	08.08.1938
Venus	in der	Waage	vom	09.08.1938	bis	06.09.1938
Venus	im	Skorpion	vom	07.09.1938	bis	12.10.1938
Venus	im	Schützen	vom	13.10.1938	bis	14.11.1938
Venus	im	Skorpion	vom	15.11.1938	bis	03.01.1939
Venus	im	Schützen	vom	04.01.1939	bis	05.02.1939
Venus	im	Steinbock	vom	06.02.1939	bis	04.03.1939
Venus	im	Wassermann	vom	05.03.1939	bis	30.03.1939
Venus	in den	Fischen	vom	31.03.1939	bis	24.04.1939
Venus	im	Widder	vom	25.04.1939	bis	19.05.1939
Venus	im	Stier	vom	20.05.1939	bis	13.06.1939
Venus	in den	Zwillingen	vom	14.06.1939	bis	08.07.1939
Venus	im	Krebs	vom	09.07.1939	bis	01.08.1939
Venus	im	Löwen	vom	02.08.1939	bis	25.08.1939
Venus	in der	Jungfrau	vom	26.08.1939	bis	19.09.1939
Venus	in der	Waage	vom	20.09.1939	bis	13.10.1939

Planet	Aspekt	Sternzeichen	Eintritt	Datum	Austritt	Datum
Venus	im	Skorpion	vom	14.10.1939	bis	06.11.1939
Venus	im	Schützen	vom	07.11.1939	bis	30.11.1939
Venus	im	Steinbock	vom	01.12.1939	bis	24.12.1939
Venus	im	Wassermann	vom	25.12.1939	bis	17.01.1940
Venus	in den	Fischen	vom	18.01.1940	bis	11.02.1940
Venus	im	Widder	vom	12.02.1940	bis	07.03.1940
Venus	im	Stier	vom	08.03.1940	bis	03.04.1940
Venus	in den	Zwillingen	vom	04.04.1940	bis	05.05.1940
Venus	im	Krebs	vom	06.05.1940	bis	04.07.1940
Venus	in den	Zwillingen	vom	05.07.1940	bis	31.07.1940
Venus	im	Krebs	vom	01.08.1940	bis	07.09.1940
Venus	im	Löwen	vom	08.09.1940	bis	05.10.1940
Venus	in der	Jungfrau	vom	06.10.1940	bis	31.10.1940
Venus	in der	Waage	vom	01.11.1940	bis	25.11.1940
Venus	im	Skorpion	vom	26.11.1940	bis	19.12.1940
Venus	im	Schützen	vom	20.12.1940	bis	12.01.1941
Venus	im	Steinbock	vom	13.01.1941	bis	05.02.1941
Venus	im	Wassermann	vom	06.02.1941	bis	01.03.1941
Venus	in den	Fischen	vom	02.03.1941	bis	26.03.1941
Venus	im	Widder	vom	27.03.1941	bis	19.04.1941
Venus	im	Stier	vom	20.04.1941	bis	13.05.1941
Venus	in den	Zwillingen	vom	14.05.1941	bis	06.06.1941
Venus	im	Krebs	vom	07.06.1941	bis	01.07.1941
Venus	im	Löwen	vom	02.07.1941	bis	26.07.1941
Venus	in der	Jungfrau	vom	27.07.1941	bis	20.08.1941
Venus	in der	Waage	vom	21.08.1941	bis	14.09.1941
Venus	im	Skorpion	vom	15.09.1941	bis	09.10.1941
Venus	im	Schützen	vom	10.10.1941	bis	05.11.1941
Venus	im	Steinbock	vom	06.11.1941	bis	04.12.1941
Venus	im	Wassermann	vom	05.12.1941	bis	05.04.1942
Venus	in den	Fischen	vom	06.04.1942	bis	05.05.1942
Venus	im	Widder	vom	06.05.1942	bis	01.06.1942

Planet	Aspekt	Sternzeichen	Eintritt	Datum	Austritt	Datum
Venus	im	Stier	vom	02.06.1942	bis	26.06.1942
Venus	in den	Zwillingen	vom	27.06.1942	bis	22.07.1942
Venus	im	Krebs	vom	23.07.1942	bis	16.08.1942
Venus	im	Löwen	vom	17.08.1942	bis	09.09.1942
Venus	in der	Jungfrau	vom	10.09.1942	bis	03.10.1942
Venus	in der	Waage	vom	04.10.1942	bis	27.10.1942
Venus	im	Skorpion	vom	28.10.1942	bis	20.11.1942
Venus	im	Schützen	vom	21.11.1942	bis	14.12.1942
Venus	im	Steinbock	vom	15.12.1942	bis	07.01.1943
Venus	im	Wassermann	vom	08.01.1943	bis	31.01.1943
Venus	in den	Fischen	vom	01.02.1943	bis	24.02.1943
Venus	im	Widder	vom	25.02.1943	bis	20.03.1943
Venus	im	Stier	vom	21.03.1943	bis	14.04.1943
Venus	in den	Zwillingen	vom	15.04.1943	bis	10.05.1943
Venus	im	Krebs	vom	11.05.1943	bis	06.06.1943
Venus	im	Löwen	vom	07.06.1943	bis	06.07.1943
Venus	in der	Jungfrau	vom	07.07.1943	bis	08.11.1943
Venus	in der	Waage	vom	09.11.1943	bis	07.12.1943
Venus	im	Skorpion	vom	08.12.1943	bis	02.01.1944
Venus	im	Schützen	vom	03.01.1944	bis	27.01.1944
Venus	im	Steinbock	vom	28.01.1944	bis	20.02.1944
Venus	im	Wassermann	vom	21.02.1944	bis	16.03.1944
Venus	in den	Fischen	vom	17.03.1944	bis	09.04.1944
Venus	im	Widder	vom	10.04.1944	bis	03.05.1944
Venus	im	Stier	vom	04.05.1944	bis	28.05.1944
Venus	in den	Zwillingen	vom	29.05.1944	bis	21.06.1944
Venus	im	Krebs	vom	22.06.1944	bis	16.07.1944
Venus	im	Löwen	vom	17.07.1944	bis	09.08.1944
Venus	in der	Jungfrau	vom	10.08.1944	bis	02.09.1944
Venus	in der	Waage	vom	03.09.1944	bis	27.09.1944
Venus	im	Skorpion	vom	28.09.1944	bis	21.10.1944
Venus	im	Schützen	vom	22.10.1944	bis	15.11.1944

Planet	Aspekt	Sternzeichen	Eintritt	Datum	Austritt	Datum
Venus	im	Steinbock	vom	16.11.1944	bis	10.12.1944
Venus	im	Wassermann	vom	11.12.1944	bis	04.01.1945
Venus	in den	Fischen	vom	05.01.1945	bis	01.02.1945
Venus	im	Widder	vom	02.02.1945	bis	10.03.1945
Venus	im	Stier	vom	11.03.1945	bis	06.04.1945
Venus	im	Widder	vom	07.04.1945	bis	03.06.1945
Venus	im	Stier	vom	04.06.1945	bis	06.07.1945
Venus	in den	Zwillingen	vom	07.07.1945	bis	03.08.1945
Venus	im	Krebs	vom	04.08.1945	bis	29.08.1945
Venus	im	Löwen	vom	30.08.1945	bis	23.09.1945
Venus	in der	Jungfrau	vom	24.09.1945	bis	18.10.1945
Venus	in der	Waage	vom	19.10.1945	bis	11.11.1945
Venus	im	Skorpion	vom	12.11.1945	bis	05.12.1945
Venus	im	Schützen	vom	06.12.1945	bis	29.12.1945
Venus	im	Steinbock	vom	30.12.1945	bis	21.01.1946
Venus	im	Wassermann	vom	22.01.1946	bis	14.02.1946
Venus	in den	Fischen	vom	15.02.1946	bis	10.03.1946
Venus	im	Widder	vom	11.03.1946	bis	04.04.1946
Venus	im	Stier	vom	05.04.1946	bis	28.04.1946
Venus	in den	Zwillingen	vom	29.04.1946	bis	23.05.1946
Venus	im	Krebs	vom	24.05.1946	bis	17.06.1946
Venus	im	Löwen	vom	18.06.1946	bis	12.07.1946
Venus	in der	Jungfrau	vom	13.07.1946	bis	08.08.1946
Venus	in der	Waage	vom	09.08.1946	bis	06.09.1946
Venus	im	Skorpion	vom	07.09.1946	bis	15.10.1946
Venus	im	Schützen	vom	16.10.1946	bis	07.11.1946
Venus	im	Skorpion	vom	08.11.1946	bis	04.01.1947
Venus	im	Schützen	vom	05.01.1947	bis	05.02.1947
Venus	im	Steinbock	vom	06.02.1947	bis	04.03.1947
Venus	im	Wassermann	vom	05.03.1947	bis	29.03.1947
Venus	in den	Fischen	vom	30.03.1947	bis	24.04.1947
Venus	im	Widder	vom	25.04.1947	bis	19.05.1947

Planet	Aspekt	Sternzeichen	Eintritt	Datum	Austritt	Datum
Venus	im	Stier	vom	20.05.1947	bis	12.06.1947
Venus	in den	Zwillingen	vom	13.06.1947	bis	12.06.1947
Venus	im	Krebs	vom	08.07.1947	bis	07.07.1947
Venus	im	Löwen	vom	02.08.1947	bis	01.08.1947
Venus	in der	Jungfrau	vom	26.08.1947	bis	25.08.1947
Venus	in der	Waage	vom	19.09.1947	bis	12.10.1947
Venus	im	Skorpion	vom	13.10.1947	bis	05.11.1947
Venus	im	Schützen	vom	06.11.1947	bis	29.11.1947
Venus	im	Steinbock	vom	30.11.1947	bis	23.12.1947
Venus	im	Wassermann	vom	24.12.1947	bis	17.01.1948
Venus	in den	Fischen	vom	18.01.1948	bis	10.02.1948
Venus	im	Widder	vom	11.02.1948	bis	07.03.1948
Venus	im	Stier	vom	08.03.1948	bis	03.04.1948
Venus	in den	Zwillingen	vom	04.04.1948	bis	06.05.1948
Venus	im	Krebs	vom	07.05.1948	bis	28.06.1948
Venus	in den	Zwillingen	vom	29.06.1948	bis	02.08.1948
Venus	im	Krebs	vom	03.08.1948	bis	07.09.1948
Venus	im	Löwen	vom	08.09.1948	bis	05.10.1948
Venus	in der	Jungfrau	vom	06.10.1948	bis	31.10.1948
Venus	in der	Waage	vom	01.11.1948	bis	25.11.1948
Venus	im	Skorpion	vom	26.11.1948	bis	19.12.1948
Venus	im	Schützen	vom	20.12.1948	bis	12.01.1949
Venus	im	Steinbock	vom	13.01.1949	bis	05.02.1949
Venus	im	Wassermann	vom	06.02.1949	bis	01.03.1949
Venus	in den	Fischen	vom	02.03.1949	bis	25.03.1949
Venus	im	Widder	vom	26.03.1949	bis	18.04.1949
Venus	im	Stier	vom	19.04.1949	bis	13.05.1949
Venus	in den	Zwillingen	vom	14.05.1949	bis	06.06.1949
Venus	im	Krebs	vom	07.06.1949	bis	30.06.1949
Venus	im	Löwen	vom	01.07.1949	bis	25.07.1949
Venus	in der	Jungfrau	vom	26.07.1949	bis	19.08.1949
Venus	in der	Waage	vom	20.08.1949	bis	13.09.1949

Planet	Aspekt	Sternzeichen	Eintritt	Datum	Austritt	Datum
Venus	im	Skorpion	vom	14.09.1949	bis	09.10.1949
Venus	im	Schützen	vom	10.10.1949	bis	05.11.1949
Venus	im	Steinbock	vom	06.11.1949	bis	05.12.1949
Venus	im	Wassermann	vom	06.12.1949	bis	05.04.1950
Venus	in den	Fischen	vom	06.04.1950	bis	04.05.1950
Venus	im	Widder	vom	05.05.1950	bis	31.05.1950
Venus	im	Stier	vom	01.06.1950	bis	26.06.1950
Venus	in den	Zwillingen	vom	27.06.1950	bis	21.07.1950
Venus	im	Krebs	vom	22.07.1950	bis	15.08.1950
Venus	im	Löwen	vom	16.08.1950	bis	09.09.1950
Venus	in der	Jungfrau	vom	10.09.1950	bis	03.10.1950
Venus	in der	Waage	vom	04.10.1950	bis	27.10.1950
Venus	im	Skorpion	vom	28.10.1950	bis	20.11.1950
Venus	im	Schützen	vom	21.11.1950	bis	13.12.1950
Venus	im	Steinbock	vom	14.12.1950	bis	06.01.1951
Venus	im	Wassermann	vom	07.01.1951	bis	30.01.1951
Venus	in den	Fischen	vom	31.01.1951	bis	23.02.1951
Venus	im	Widder	vom	24.02.1951	bis	20.03.1951
Venus	im	Stier	vom	21.03.1951	bis	14.04.1951
Venus	in den	Zwillingen	vom	15.04.1951	bis	10.05.1951
Venus	im	Krebs	vom	11.05.1951	bis	06.06.1951
Venus	im	Löwen	vom	07.06.1951	bis	07.07.1951
Venus	in der	Jungfrau	vom	08.07.1951	bis	08.11.1951
Venus	in der	Waage	vom	09.11.1951	bis	07.12.1951
Venus	im	Skorpion	vom	08.12.1951	bis	01.01.1952
Venus	im	Schützen	vom	02.01.1952	bis	26.01.1952
Venus	im	Steinbock	vom	27.01.1952	bis	20.02.1952
Venus	im	Wassermann	vom	21.02.1952	bis	15.03.1952
Venus	in den	Fischen	vom	16.03.1952	bis	08.04.1952
Venus	im	Widder	vom	09.04.1952	bis	03.05.1952
Venus	im	Stier	vom	04.05.1952	bis	27.05.1952
Venus	in den	Zwillingen	vom	28.05.1952	bis	21.06.1952

Planet	Aspekt	Sternzeichen	Eintritt	Datum	Austritt	Datum
Venus	im	Krebs	vom	22.06.1952	bis	15.07.1952
Venus	im	Löwen	vom	16.07.1952	bis	08.08.1952
Venus	in der	Jungfrau	vom	09.08.1952	bis	02.09.1952
Venus	in der	Waage	vom	03.09.1952	bis	26.09.1952
Venus	im	Skorpion	vom	27.09.1952	bis	21.10.1952
Venus	im	Schützen	vom	22.10.1952	bis	15.11.1952
Venus	im	Steinbock	vom	15.11.1952	bis	09.12.1952
Venus	im	Wassermann	vom	10.12.1952	bis	04.01.1953
Venus	in den	Fischen	vom	05.01.1953	bis	01.02.1952
Venus	im	Widder	vom	02.02.1953	bis	13.03.1953
Venus	im	Stier	vom	14.03.1953	bis	30.03.1953
Venus	im	Widder	vom	31.03.1953	bis	04.06.1953
Venus	im	Stier	vom	05.06.1953	bis	06.07.1953
Venus	in den	Zwillingen	vom	07.07.1953	bis	03.08.1953
Venus	im	Krebs	vom	04.08.1953	bis	29.08.1953
Venus	im	Löwen	vom	30.08.1953	bis	23.09.1953
Venus	in der	Jungfrau	vom	24.09.1953	bis	17.10.1953
Venus	in der	Waage	vom	18.10.1953	bis	10.11.1953
Venus	im	Skorpion	vom	11.11.1953	bis	04.12.1953
Venus	im	Schützen	vom	05.12.1953	bis	28.12.1953
Venus	im	Steinbock	vom	29.12.1953	bis	21.01.1954
Venus	im	Wassermann	vom	22.01.1954	bis	14.02.1954
Venus	in den	Fischen	vom	15.02.1954	bis	10.03.1954
Venus	im	Widder	vom	11.03.1954	bis	03.04.1954
Venus	im	Stier	vom	04.04.1954	bis	27.04.1954
Venus	in den	Zwillingen	vom	28.04.1954	bis	22.05.1954
Venus	im	Krebs	vom	23.05.1954	bis	16.06.1954
Venus	im	Löwen	vom	17.06.1954	bis	12.07.1954
Venus	in der	Jungfrau	vom	13.07.1954	bis	08.08.1954
Venus	in der	Waage	vom	09.08.1954	bis	05.09.1954
Venus	im	Skorpion	vom	06.09.1954	bis	22.10.1954
Venus	im	Schützen	vom	23.10.1954	bis	26.10.1954

Planet	Aspekt	Sternzeichen	Eintritt	Datum	Austritt	Datum
Venus	im	Skorpion	vom	27.10.1954	bis	05.01.1955
Venus	im	Schützen	vom	06.01.1955	bis	05.02.1955
Venus	im	Steinbock	vom	06.02.1955	bis	03.03.1955
Venus	im	Wassermann	vom	04.03.1955	bis	29.03.1955
Venus	in den	Fischen	vom	30.03.1955	bis	23.04.1955
Venus	im	Widder	vom	24.04.1955	bis	18.05.1955
Venus	im	Stier	vom	19.05.1955	bis	12.06.1955
Venus	in den	Zwillingen	vom	13.06.1955	bis	07.07.1955
Venus	im	Krebs	vom	08.07.1955	bis	31.07.1955
Venus	im	Löwen	vom	01.08.1955	bis	24.08.1955
Venus	in der	Jungfrau	vom	25.08.1955	bis	17.09.1955
Venus	in der	Waage	vom	18.09.1955	bis	12.10.1955
Venus	im	Skorpion	vom	13.10.1955	bis	05.11.1955
Venus	im	Schützen	vom	06.11.1955	bis	29.11.1955
Venus	im	Steinbock	vom	30.11.1955	bis	23.12.1955
Venus	im	Wassermann	vom	24.12.1955	bis	16.01.1956
Venus	in den	Fischen	vom	17.01.1956	bis	10.02.1956
Venus	im	Widder	vom	11.02.1956	bis	06.03.1956
Venus	im	Stier	vom	07.03.1956	bis	04.04.1956
Venus	in den	Zwillingen	vom	04.04.1956	bis	07.05.1956
Venus	im	Krebs	vom	08.05.1956	bis	22.06.1956
Venus	in den	Zwillingen	vom	23.06.1956	bis	03.08.1956
Venus	im	Krebs	vom	04.08.1956	bis	07.09.1956
Venus	im	Löwen	vom	08.09.1956	bis	05.10.1956
Venus	in der	Jungfrau	vom	06.10.1956	bis	30.10.1956
Venus	in der	Waage	vom	31.10.1956	bis	24.11.1956
Venus	im	Skorpion	vom	25.11.1956	bis	18.12.1956
Venus	im	Schützen	vom	19.12.1956	bis	11.01.1957
Venus	im	Steinbock	vom	12.01.1957	bis	04.02.1957
Venus	im	Wassermann	vom	05.02.1957	bis	28.02.1957
Venus	in den	Fischen	vom	01.03.1957	bis	24.03.1957
Venus	im	Widder	vom	25.03.1957	bis	18.04.1957

Planet	Aspekt	Sternzeichen	Eintritt	Datum	Austritt	Datum
Venus	im	Stier	vom	19.04.1957	bis	12.05.1957
Venus	in den	Zwillingen	vom	13.05.1957	bis	05.06.1957
Venus	im	Krebs	vom	06.06.1957	bis	30.06.1957
Venus	im	Löwen	vom	01.07.1957	bis	25.07.1957
Venus	in der	Jungfrau	vom	26.07.1957	bis	19.08.1957
Venus	in der	Waage	vom	20.08.1957	bis	13.09.1957
Venus	im	Skorpion	vom	14.09.1957	bis	09.10.1957
Venus	im	Schützen	vom	10.10.1957	bis	04.11.1957
Venus	im	Steinbock	vom	05.11.1957	bis	05.12.1957
Venus	im	Wassermann	vom	06.12.1957	bis	05.04.1958
Venus	in den	Fischen	vom	06.04.1958	bis	04.05.1958
Venus	im	Widder	vom	05.05.1958	bis	31.05.1958
Venus	im	Stier	vom	01.06.1958	bis	25.06.1958
Venus	in den	Zwillingen	vom	26.06.1958	bis	21.07.1958
Venus	im	Krebs	vom	22.07.1958	bis	15.08.1958
Venus	im	Löwen	vom	16.08.1958	bis	08.09.1958
Venus	in der	Jungfrau	vom	09.09.1958	bis	02.10.1958
Venus	in der	Waage	vom	03.10.1958	bis	26.10.1958
Venus	im	Skorpion	vom	27.10.1958	bis	19.11.1958
Venus	im	Schützen	vom	20.11.1958	bis	13.12.1958
Venus	im	Steinbock	vom	14.12.1958	bis	06.01.1959
Venus	im	Wassermann	vom	07.01.1959	bis	30.01.1959
Venus	in den	Fischen	vom	31.01.1959	bis	23.02.1959
Venus	im	Widder	vom	24.02.1959	bis	19.03.1959
Venus	im	Stier	vom	20.03.1959	bis	13.04.1959
Venus	in den	Zwillingen	vom	14.04.1959	bis	09.05.1959
Venus	im	Krebs	vom	10.05.1959	bis	05.06.1959
Venus	im	Löwen	vom	06.06.1959	bis	07.07.1959
Venus	in der	Jungfrau	vom	08.07.1959	bis	19.09.1959
Venus	im	Löwen	vom	20.09.1959	bis	24.09.1959
Venus	in der	Jungfrau	vom	25.09.1959	bis	08.11.1959
Venus	in der	Waage	vom	09.11.1959	bis	06.12.1959

Planet	Aspekt	Sternzeichen	Eintritt	Datum	Austritt	Datum
Venus	im	Skorpion	vom	07.12.1959	bis	01.01.1960
Venus	im	Schützen	vom	02.01.1960	bis	26.01.1960
Venus	im	Steinbock	vom	27.01.1960	bis	19.02.1960
Venus	im	Wassermann	vom	20.02.1960	bis	15.03.1960
Venus	in den	Fischen	vom	16.03.1960	bis	08.04.1960
Venus	im	Widder	vom	09.04.1960	bis	02.05.1960
Venus	im	Stier	vom	03.05.1960	bis	27.05.1960
Venus	in den	Zwillingen	vom	28.05.1960	bis	20.06.1960
Venus	im	Krebs	vom	21.06.1960	bis	15.07.1960
Venus	im	Löwen	vom	16.07.1960	bis	08.08.1960
Venus	in der	Jungfrau	vom	09.08.1960	bis	01.09.1960
Venus	in der	Waage	vom	02.09.1960	bis	26.09.1960
Venus	im	Skorpion	vom	27.09.1960	bis	20.10.1960
Venus	im	Schützen	vom	21.10.1960	bis	14.11.1960
Venus	im	Steinbock	vom	15.11.1960	bis	09.12.1960
Venus	im	Wassermann	vom	10.12.1960	bis	04.01.1961
Venus	in den	Fischen	vom	05.01.1961	bis	01.02.1961
Venus	im	Widder	vom	02.02.1961	bis	04.06.1961
Venus	im	Stier	vom	05.06.1961	bis	06.07.1961
Venus	in den	Zwillingen	vom	07.07.1961	bis	02.08.1961
Venus	im	Krebs	vom	03.08.1961	bis	28.08.1961
Venus	im	Löwen	vom	29.08.1961	bis	22.09.1961
Venus	in der	Jungfrau	vom	23.09.1961	bis	17.10.1961
Venus	in der	Waage	vom	18.10.1961	bis	10.11.1961
Venus	im	Skorpion	vom	11.11.1961	bis	04.12.1961
Venus	im	Schützen	vom	05.12.1961	bis	28.12.1961
Venus	im	Steinbock	vom	29.12.1961	bis	20.01.1962
Venus	im	Wassermann	vom	21.01.1962	bis	13.02.1962
Venus	in den	Fischen	vom	14.02.1962	bis	09.03.1962
Venus	im	Widder	vom	10.03.1962	bis	02.04.1962
Venus	im	Stier	vom	03.04.1962	bis	27.04.1962
Venus	in den	Zwillingen	vom	28.04.1962	bis	22.05.1962

Planet	Aspekt	Sternzeichen	Eintritt	Datum	Austritt	Datum
Venus	im	Krebs	vom	23.05.1962	bis	16.06.1962
Venus	im	Löwen	vom	17.06.1962	bis	11.07.1962
Venus	in der	Jungfrau	vom	12.07.1962	bis	07.08.1962
Venus	in der	Waage	vom	08.08.1962	bis	06.09.1962
Venus	im	Skorpion	vom	07.09.1962	bis	05.01.1962
Venus	im	Schützen	vom	06.01.1963	bis	04.02.1963
Venus	im	Steinbock	vom	05.02.1963	bis	04.03.1963
Venus	im	Wassermann	vom	04.03.1963	bis	29.03.1963
Venus	in den	Fischen	vom	30.03.1963	bis	23.04.1963
Venus	im	Widder	vom	24.04.1963	bis	18.05.1963
Venus	im	Stier	vom	19.05.1963	bis	11.06.1963
Venus	in den	Zwillingen	vom	12.06.1963	bis	06.07.1963
Venus	im	Krebs	vom	07.07.1963	bis	30.07.1963
Venus	im	Löwen	vom	31.07.1963	bis	24.08.1963
Venus	in der	Jungfrau	vom	25.08.1963	bis	17.09.1963
Venus	in der	Waage	vom	18.09.1963	bis	11.10.1963
Venus	im	Skorpion	vom	12.10.1963	bis	04.11.1963
Venus	im	Schützen	vom	05.11.1963	bis	28.11.1963
Venus	im	Steinbock	vom	29.11.1963	bis	22.12.1963
Venus	im	Wassermann	vom	23.12.1963	bis	16.01.1964
Venus	in den	Fischen	vom	17.01.1964	bis	09.02.1964
Venus	im	Widder	vom	10.02.1964	bis	06.03.1964
Venus	im	Stier	vom	07.03.1964	bis	03.04.1964
Venus	in den	Zwillingen	vom	04.04.1964	bis	08.05.1964
Venus	im	Krebs	vom	09.05.1964	bis	16.06.1964
Venus	in den	Zwillingen	vom	17.06.1964	bis	04.08.1964
Venus	im	Krebs	vom	05.08.1964	bis	07.09.1964
Venus	im	Löwen	vom	08.09.1964	bis	04.10.1964
Venus	in der	Jungfrau	vom	05.10.1964	bis	30.10.1964
Venus	in der	Waage	vom	31.10.1964	bis	24.11.1964
Venus	im	Skorpion	vom	25.11.1964	bis	18.12.1964
Venus	im	Schützen	vom	19.12.1964	bis	11.01.1965

Planet	Aspekt	Sternzeichen	Eintritt	Datum	Austritt	Datum
Venus	im	Steinbock	vom	12.01.1965	bis	04.02.1965
Venus	im	Wassermann	vom	05.02.1965	bis	28.02.1965
Venus	in den	Fischen	vom	01.03.1965	bis	24.03.1965
Venus	im	Widder	vom	25.03.1965	bis	17.04.1965
Venus	im	Stier	vom	18.04.1965	bis	11.05.1965
Venus	in den	Zwillingen	vom	12.05.1965	bis	05.06.1965
Venus	im	Krebs	vom	06.06.1965	bis	29.06.1965
Venus	im	Löwen	vom	30.06.1965	bis	24.07.1965
Venus	in der	Jungfrau	vom	25.07.1965	bis	18.08.1965
Venus	in der	Waage	vom	19.08.1965	bis	12.09.1965
Venus	im	Skorpion	vom	13.09.1965	bis	08.10.1965
Venus	im	Schützen	vom	09.10.1965	bis	04.11.1965
Venus	im	Steinbock	vom	05.11.1965	bis	06.12.1965
Venus	im	Wassermann	vom	07.12.1965	bis	05.02.1966
Venus	im	Steinbock	vom	06.02.1966	bis	24.02.1966
Venus	im	Wassermann	vom	25.02.1966	bis	05.04.1966
Venus	in den	Fischen	vom	06.04.1966	bis	04.05.1966
Venus	im	Widder	vom	05.05.1966	bis	30.05.1966
Venus	im	Stier	vom	31.05.1966	bis	25.06.1966
Venus	in den	Zwillingen	vom	26.06.1966	bis	20.07.1966
Venus	im	Krebs	vom	21.07.1966	bis	14.08.1966
Venus	im	Löwen	vom	15.08.1966	bis	07.09.1966
Venus	in der	Jungfrau	vom	08.09.1966	bis	02.10.1966
Venus	in der	Waage	vom	03.10.1966	bis	26.10.1966
Venus	im	Skorpion	vom	27.10.1966	bis	19.11.1966
Venus	im	Schützen	vom	20.11.1966	bis	12.12.1966
Venus	im	Steinbock	vom	13.12.1966	bis	05.01.1967
Venus	im	Wassermann	vom	06.01.1967	bis	29.01.1967
Venus	in den	Fischen	vom	30.01.1967	bis	22.02.1967
Venus	im	Widder	vom	23.02.1967	bis	19.03.1967
Venus	im	Stier	vom	20.03.1967	bis	13.04.1967
Venus	in den	Zwillingen	vom	14.04.1967	bis	09.05.1967

Planet	Aspekt	Sternzeichen	Eintritt	Datum	Austritt	Datum
Venus	im	Krebs	vom	10.05.1967	bis	05.06.1967
Venus	im	Löwen	vom	06.06.1967	bis	07.07.1967
Venus	in der	Jungfrau	vom	08.07.1967	bis	08.09.1967
Venus	im	Löwen	vom	09.09.1967	bis	30.09.1967
Venus	in der	Jungfrau	vom	01.10.1967	bis	08.11.1967
Venus	in der	Waage	vom	09.11.1967	bis	06.12.1967
Venus	im	Skorpion	vom	07.12.1967	bis	31.12.1967
Venus	im	Schützen	vom	01.01.1968	bis	25.01.1968
Venus	im	Steinbock	vom	26.01.1968	bis	19.02.1968
Venus	im	Wassermann	vom	20.02.1968	bis	14.03.1968
Venus	in den	Fischen	vom	15.03.1968	bis	07.04.1968
Venus	im	Widder	vom	08.04.1968	bis	02.05.1968
Venus	im	Stier	vom	03.05.1968	bis	26.05.1968
Venus	in den	Zwillingen	vom	27.05.1968	bis	20.06.1968
Venus	im	Krebs	vom	21.06.1968	bis	14.07.1968
Venus	im	Löwen	vom	15.07.1968	bis	07.08.1968
Venus	in der	Jungfrau	vom	08.08.1968	bis	01.09.1968
Venus	in der	Waage	vom	02.09.1968	bis	25.09.1968
Venus	im	Skorpion	vom	26.09.1968	bis	20.10.1968
Venus	im	Schützen	vom	21.10.1968	bis	13.11.1968
Venus	im	Steinbock	vom	14.11.1968	bis	08.12.1968
Venus	im	Wassermann	vom	09.12.1968	bis	03.01.1969
Venus	in den	Fischen	vom	04.01.1969	bis	02.02.1969
Venus	im	Widder	vom	02.02.1969	bis	05.06.1969
Venus	im	Stier	vom	06.06.1969	bis	05.07.1969
Venus	in den	Zwillingen	vom	06.07.1969	bis	02.08.1969
Venus	im	Krebs	vom	03.08.1969	bis	28.08.1969
Venus	im	Löwen	vom	29.08.1969	bis	22.09.1969
Venus	in der	Jungfrau	vom	23.09.1969	bis	16.10.1969
Venus	in der	Waage	vom	17.10.1969	bis	09.11.1969
Venus	im	Skorpion	vom	10.11.1969	bis	03.12.1969
Venus	im	Schützen	vom	04.12.1969	bis	27.12.1969

Planet	Aspekt	Sternzeichen	Eintritt	Datum	Austritt	Datum
Venus	im	Steinbock	vom	28.12.1969	bis	20.01.1970
Venus	im	Wassermann	vom	21.01.1970	bis	13.02.1970
Venus	in den	Fischen	vom	14.02.1970	bis	09.03.1970
Venus	im	Widder	vom	10.03.1970	bis	02.04.1970
Venus	im	Stier	vom	03.04.1970	bis	26.04.1970
Venus	in den	Zwillingen	vom	27.04.1970	bis	21.05.1970
Venus	im	Krebs	vom	22.05.1970	bis	15.06.1970
Venus	im	Löwen	vom	16.06.1970	bis	11.07.1970
Venus	in der	Jungfrau	vom	12.07.1970	bis	07.08.1970
Venus	in der	Waage	vom	08.08.1970	bis	06.09.1970
Venus	im	Skorpion	vom	07.09.1970	bis	06.01.1971
Venus	im	Schützen	vom	07.01.1971	bis	04.02.1971
Venus	im	Steinbock	vom	05.02.1971	bis	03.03.1971
Venus	im	Wassermann	vom	04.03.1971	bis	28.03.1971
Venus	in den	Fischen	vom	29.03.1971	bis	22.04.1971
Venus	im	Widder	vom	23.04.1971	bis	17.05.1971
Venus	im	Stier	vom	18.05.1971	bis	11.06.1971
Venus	in den	Zwillingen	vom	12.06.1971	bis	05.07.1971
Venus	im	Krebs	vom	06.07.1971	bis	30.07.1971
Venus	im	Löwen	vom	31.07.1971	bis	23.08.1971
Venus	in der	Jungfrau	vom	24.08.1971	bis	16.09.1971
Venus	in der	Waage	vom	17.09.1971	bis	10.10.1971
Venus	im	Skorpion	vom	11.10.1971	bis	04.11.1971
Venus	im	Schützen	vom	05.11.1971	bis	28.11.1971
Venus	im	Steinbock	vom	29.11.1971	bis	22.12.1971
Venus	im	Wassermann	vom	23.12.1971	bis	15.01.1972
Venus	in den	Fischen	vom	16.01.1972	bis	09.02.1972
Venus	im	Widder	vom	10.02.1972	bis	06.03.1972
Venus	im	Stier	vom	07.03.1972	bis	02.04.1972
Venus	in den	Zwillingen	vom	03.04.1972	bis	09.05.1972
Venus	im	Krebs	vom	10.05.1972	bis	10.06.1972
Venus	in den	Zwillingen	vom	11.06.1972	bis	05.08.1972

Planet	Aspekt	Sternzeichen	Eintritt	Datum	Austritt	Datum
Venus	im	Krebs	vom	06.08.1972	bis	06.09.1972
Venus	im	Löwen	vom	07.09.1972	bis	04.10.1972
Venus	in der	Jungfrau	vom	05.10.1972	bis	29.10.1972
Venus	in der	Waage	vom	30.10.1972	bis	23.11.1972
Venus	im	Skorpion	vom	24.11.1972	bis	17.12.1972
Venus	im	Schützen	vom	18.12.1972	bis	10.01.1973
Venus	im	Steinbock	vom	11.01.1973	bis	03.02.1973
Venus	im	Wassermann	vom	04.02.1973	bis	27.02.1973
Venus	in den	Fischen	vom	28.02.1973	bis	23.03.1973
Venus	im	Widder	vom	24.03.1973	bis	17.04.1973
Venus	im	Stier	vom	18.04.1973	bis	11.05.1973
Venus	in den	Zwillingen	vom	12.05.1973	bis	04.06.1973
Venus	im	Krebs	vom	05.06.1973	bis	29.06.1973
Venus	im	Löwen	vom	30.06.1973	bis	24.07.1973
Venus	in der	Jungfrau	vom	25.07.1973	bis	18.08.1973
Venus	in der	Waage	vom	19.08.1973	bis	12.09.1973
Venus	im	Skorpion	vom	13.09.1973	bis	08.10.1973
Venus	im	Schützen	vom	09.10.1973	bis	04.11.1973
Venus	im	Steinbock	vom	05.11.1973	bis	06.12.1973
Venus	im	Wassermann	vom	07.12.1973	bis	28.01.1974
Venus	im	Steinbock	vom	29.01.1974	bis	27.02.1974
Venus	im	Wassermann	vom	28.02.1974	bis	05.04.1974
Venus	in den	Fischen	vom	06.04.1974	bis	03.05.1974
Venus	im	Widder	vom	04.05.1974	bis	30.05.1974
Venus	im	Stier	vom	31.05.1974	bis	24.06.1974
Venus	in den	Zwillingen	vom	25.06.1974	bis	20.07.1974
Venus	im	Krebs	vom	21.07.1974	bis	13.08.1974
Venus	im	Löwen	vom	14.08.1974	bis	07.09.1974
Venus	in der	Jungfrau	vom	08.09.1974	bis	01.10.1974
Venus	in der	Waage	vom	02.10.1974	bis	25.10.1974
Venus	im	Skorpion	vom	26.10.1974	bis	18.11.1974
Venus	im	Schützen	vom	19.11.1974	bis	12.12.1974

Planet	Aspekt	Sternzeichen	Eintritt	Datum	Austritt	Datum
Venus	im	Steinbock	vom	13.12.1974	bis	05.01.1975
Venus	im	Wassermann	vom	06.01.1975	bis	29.01.1975
Venus	in den	Fischen	vom	30.01.1975	bis	22.02.1975
Venus	im	Widder	vom	23.02.1975	bis	18.03.1975
Venus	im	Stier	vom	19.03.1975	bis	12.04.1975
Venus	in den	Zwillingen	vom	13.04.1975	bis	08.05.1975
Venus	im	Krebs	vom	09.05.1975	bis	05.06.1975
Venus	im	Löwen	vom	06.06.1975	bis	08.07.1975
Venus	in der	Jungfrau	vom	09.07.1975	bis	01.09.1975
Venus	im	Löwen	vom	02.09.1975	bis	03.10.1975
Venus	in der	Jungfrau	vom	04.10.1975	bis	08.11.1975
Venus	in der	Waage	vom	09.11.1975	bis	06.12.1975
Venus	im	Skorpion	vom	07.12.1975	bis	31.12.1975
Venus	im	Schützen	vom	01.01.1976	bis	25.01.1976
Venus	im	Steinbock	vom	26.01.1976	bis	18.02.1976
Venus	im	Wassermann	vom	19.02.1976	bis	14.03.1976
Venus	in den	Fischen	vom	15.03.1976	bis	07.04.1976
Venus	im	Widder	vom	08.04.1976	bis	01.05.1976
Venus	im	Stier	vom	02.05.1976	bis	26.05.1976
Venus	in den	Zwillingen	vom	27.05.1976	bis	19.06.1976
Venus	im	Krebs	vom	20.06.1976	bis	13.07.1976
Venus	im	Löwen	vom	14.07.1976	bis	07.08.1976
Venus	in der	Jungfrau	vom	08.08.1976	bis	31.08.1976
Venus	in der	Waage	vom	01.09.1976	bis	25.09.1976
Venus	im	Skorpion	vom	26.09.1976	bis	19.10.1976
Venus	im	Schützen	vom	20.10.1976	bis	13.11.1976
Venus	im	Steinbock	vom	14.11.1976	bis	08.12.1976
Venus	im	Wassermann	vom	09.12.1976	bis	03.01.1977
Venus	in den	Fischen	vom	04.01.1977	bis	01.02.1977
Venus	im	Widder	vom	02.02.1977	bis	05.06.1977
Venus	im	Stier	vom	06.06.1977	bis	05.07.1977
Venus	in den	Zwillingen	vom	06.07.1977	bis	05.07.1977

Planet	Aspekt	Sternzeichen	Eintritt	Datum	Austritt	Datum
Venus	im	Krebs	vom	02.08.1977	bis	27.08.1977
Venus	im	Löwen	vom	28.08.1977	bis	21.09.1977
Venus	in der	Jungfrau	vom	22.09.1977	bis	16.10.1977
Venus	in der	Waage	vom	17.10.1977	bis	09.11.1977
Venus	im	Skorpion	vom	10.11.1977	bis	03.12.1977
Venus	im	Schützen	vom	04.12.1977	bis	26.12.1977
Venus	im	Steinbock	vom	27.12.1977	bis	19.01.1978
Venus	im	Wassermann	vom	20.01.1978	bis	12.02.1978
Venus	in den	Fischen	vom	13.02.1978	bis	08.03.1978
Venus	im	Widder	vom	09.03.1978	bis	01.04.1978
Venus	im	Stier	vom	02.04.1978	bis	26.04.1978
Venus	in den	Zwillingen	vom	27.04.1978	bis	21.05.1978
Venus	im	Krebs	vom	22.05.1978	bis	15.06.1978
Venus	im	Löwen	vom	16.06.1978	bis	11.07.1978
Venus	in der	Jungfrau	vom	12.07.1978	bis	07.08.1978
Venus	in der	Waage	vom	08.08.1978	bis	06.09.1978
Venus	im	Skorpion	vom	07.09.1978	bis	06.01.1979
Venus	im	Schützen	vom	07.01.1979	bis	04.02.1979
Venus	im	Steinbock	vom	05.02.1979	bis	02.03.1979
Venus	im	Wassermann	vom	03.03.1979	bis	28.03.1979
Venus	in den	Fischen	vom	29.03.1979	bis	22.04.1979
Venus	im	Widder	vom	23.04.1979	bis	17.05.1979
Venus	im	Stier	vom	18.05.1979	bis	10.06.1979
Venus	in den	Zwillingen	vom	11.06.1979	bis	05.07.1979
Venus	im	Krebs	vom	06.07.1979	bis	29.07.1979
Venus	im	Löwen	vom	30.07.1979	bis	23.08.1979
Venus	in der	Jungfrau	vom	24.08.1979	bis	16.09.1979
Venus	in der	Waage	vom	17.09.1979	bis	10.10.1979
Venus	im	Skorpion	vom	11.10.1979	bis	03.11.1979
Venus	im	Schützen	vom	04.11.1979	bis	27.11.1979
Venus	im	Steinbock	vom	28.11.1979	bis	21.12.1979
Venus	im	Wassermann	vom	22.12.1979	bis	15.01.1980

Planet	Aspekt	Sternzeichen	Eintritt	Datum	Austritt	Datum
Venus	in den	Fischen	vom	16.01.1980	bis	08.02.1980
Venus	im	Widder	vom	09.02.1980	bis	05.03.1980
Venus	im	Stier	vom	06.03.1980	bis	02.04.1980
Venus	in den	Zwillingen	vom	03.04.1980	bis	11.05.1980
Venus	im	Krebs	vom	12.05.1980	bis	04.06.1980
Venus	in den	Zwillingen	vom	05.06.1980	bis	05.08.1980
Venus	im	Krebs	vom	06.08.1980	bis	06.09.1980
Venus	im	Löwen	vom	07.09.1980	bis	03.10.1980
Venus	in der	Jungfrau	vom	04.10.1980	bis	29.10.1980
Venus	in der	Waage	vom	30.10.1980	bis	23.11.1980
Venus	im	Skorpion	vom	24.11.1980	bis	17.12.1980
Venus	im	Schützen	vom	18.12.1980	bis	10.01.1981
Venus	im	Steinbock	vom	11.01.1981	bis	03.02.1981
Venus	im	Wassermann	vom	04.02.1981	bis	27.02.1981
Venus	in den	Fischen	vom	28.02.1981	bis	23.03.1981
Venus	im	Widder	vom	24.03.1981	bis	16.04.1981
Venus	im	Stier	vom	17.04.1981	bis	10.05.1981
Venus	in den	Zwillingen	vom	11.05.1981	bis	04.06.1981
Venus	im	Krebs	vom	05.06.1981	bis	28.06.1981
Venus	im	Löwen	vom	29.06.1981	bis	23.07.1981
Venus	in der	Jungfrau	vom	24.07.1981	bis	17.08.1981
Venus	in der	Waage	vom	18.08.1981	bis	11.09.1981
Venus	im	Skorpion	vom	12.09.1981	bis	08.10.1981
Venus	im	Schützen	vom	09.10.1981	bis	04.11.1981
Venus	im	Steinbock	vom	05.11.1981	bis	07.12.1981
Venus	im	Wassermann	vom	08.12.1981	bis	22.01.1982
Venus	im	Steinbock	vom	23.01.1982	bis	01.03.1982
Venus	im	Wassermann	vom	02.03.1982	bis	05.04.1982
Venus	in den	Fischen	vom	06.04.1982	bis	03.05.1982
Venus	im	Widder	vom	04.05.1982	bis	29.05.1982
Venus	im	Stier	vom	30.05.1982	bis	24.06.1982
Venus	in den	Zwillingen	vom	25.06.1982	bis	19.07.1982

Planet	Aspekt	Sternzeichen	Eintritt	Datum	Austritt	Datum
Venus	im	Krebs	vom	20.07.1982	bis	13.08.1982
Venus	im	Löwen	vom	14.08.1982	bis	06.09.1982
Venus	in der	Jungfrau	vom	07.09.1982	bis	01.10.1982
Venus	in der	Waage	vom	02.10.1982	bis	25.10.1982
Venus	im	Skorpion	vom	26.10.1982	bis	17.11.1982
Venus	im	Schützen	vom	18.11.1982	bis	11.12.1982
Venus	im	Steinbock	vom	12.12.1982	bis	04.01.1983
Venus	im	Wassermann	vom	05.01.1983	bis	28.01.1983
Venus	in den	Fischen	vom	29.01.1983	bis	21.02.1983
Venus	im	Widder	vom	22.02.1983	bis	18.03.1983
Venus	im	Stier	vom	19.03.1983	bis	12.04.1983
Venus	in den	Zwillingen	vom	13.04.1983	bis	08.05.1983
Venus	im	Krebs	vom	09.05.1983	bis	05.06.1983
Venus	im	Löwen	vom	06.06.1983	bis	09.07.1983
Venus	in der	Jungfrau	vom	10.07.1983	bis	26.08.1983
Venus	im	Löwen	vom	27.08.1983	bis	04.10.1983
Venus	in der	Jungfrau	vom	05.10.1983	bis	08.11.1983
Venus	in der	Waage	vom	09.11.1983	bis	05.12.1983
Venus	im	Skorpion	vom	06.12.1983	bis	31.12.1983
Venus	im	Schützen	vom	01.01.1984	bis	24.01.1984
Venus	im	Steinbock	vom	25.01.1984	bis	18.02.1984
Venus	im	Wassermann	vom	19.02.1984	bis	13.03.1984
Venus	in den	Fischen	vom	14.03.1984	bis	06.04.1984
Venus	im	Widder	vom	07.04.1984	bis	01.05.1984
Venus	im	Stier	vom	02.05.1984	bis	25.05.1984
Venus	in den	Zwillingen	vom	26.05.1984	bis	19.06.1984
Venus	im	Krebs	vom	20.06.1984	bis	13.07.1984
Venus	im	Löwen	vom	14.07.1984	bis	06.08.1984
Venus	in der	Jungfrau	vom	07.08.1984	bis	31.08.1984
Venus	in der	Waage	vom	01.09.1984	bis	24.09.1984
Venus	im	Skorpion	vom	25.09.1984	bis	19.10.1984
Venus	im	Schützen	vom	20.10.1984	bis	12.11.1984

Planet	Aspekt	Sternzeichen	Eintritt	Datum	Austritt	Datum
Venus	im	Steinbock	vom	13.11.1984	bis	08.12.1984
Venus	im	Wassermann	vom	09.12.1984	bis	03.01.1985
Venus	in den	Fischen	vom	04.01.1985	bis	01.02.1985
Venus	im	Widder	vom	02.02.1985	bis	05.06.1985
Venus	im	Stier	vom	06.06.1985	bis	05.07.1985
Venus	in den	Zwillingen	vom	06.07.1985	bis	01.08.1985
Venus	im	Krebs	vom	02.08.1985	bis	27.08.1985
Venus	im	Löwen	vom	28.08.1985	bis	21.09.1985
Venus	in der	Jungfrau	vom	22.09.1985	bis	15.10.1985
Venus	in der	Waage	vom	16.10.1985	bis	08.11.1985
Venus	im	Skorpion	vom	09.11.1985	bis	02.12.1985
Venus	im	Schützen	vom	03.12.1985	bis	26.12.1985
Venus	im	Steinbock	vom	27.12.1985	bis	19.01.1986
Venus	im	Wassermann	vom	20.01.1986	bis	12.02.1986
Venus	in den	Fischen	vom	13.02.1986	bis	08.03.1986
Venus	im	Widder	vom	09.03.1986	bis	01.04.1986
Venus	im	Stier	vom	02.04.1986	bis	25.04.1986
Venus	in den	Zwillingen	vom	26.04.1986	bis	20.05.1986
Venus	im	Krebs	vom	21.05.1986	bis	14.06.1986
Venus	im	Löwen	vom	15.06.1986	bis	10.07.1986
Venus	in der	Jungfrau	vom	11.07.1986	bis	06.08.1986
Venus	in der	Waage	vom	07.08.1986	bis	06.09.1986
Venus	im	Skorpion	vom	07.09.1986	bis	06.01.1987
Venus	im	Schützen	vom	07.01.1987	bis	04.02.1987
Venus	im	Steinbock	vom	05.02.1987	bis	02.03.1987
Venus	im	Wassermann	vom	03.03.1987	bis	27.03.1987
Venus	in den	Fischen	vom	28.03.1987	bis	21.04.1987
Venus	im	Widder	vom	22.04.1987	bis	16.05.1987
Venus	im	Stier	vom	17.05.1987	bis	10.06.1987
Venus	in den	Zwillingen	vom	11.06.1987	bis	04.07.1987
Venus	im	Krebs	vom	05.07.1987	bis	29.07.1987
Venus	im	Löwen	vom	30.07.1987	bis	22.08.1987

Planet	Aspekt	Sternzeichen	Eintritt	Datum	Austritt	Datum
Venus	in der	Jungfrau	vom	23.08.1987	bis	15.09.1987
Venus	in der	Waage	vom	16.09.1987	bis	09.10.1987
Venus	im	Skorpion	vom	10.10.1987	bis	02.11.1987
Venus	im	Schützen	vom	03.11.1987	bis	27.11.1987
Venus	im	Steinbock	vom	28.11.1987	bis	21.12.1987
Venus	im	Wassermann	vom	22.12.1987	bis	14.01.1988
Venus	in den	Fischen	vom	15.01.1988	bis	08.02.1988
Venus	im	Widder	vom	09.02.1988	bis	05.03.1988
Venus	im	Stier	vom	06.03.1988	bis	02.04.1988
Venus	in den	Zwillingen	vom	03.04.1988	bis	16.05.1988
Venus	im	Krebs	vom	17.05.1988	bis	26.05.1988
Venus	in den	Zwillingen	vom	27.05.1988	bis	05.08.1988
Venus	im	Krebs	vom	06.08.1988	bis	06.09.1988
Venus	im	Löwen	vom	07.09.1988	bis	03.10.1988
Venus	in der	Jungfrau	vom	04.10.1988	bis	28.10.1988
Venus	in der	Waage	vom	29.10.1988	bis	22.11.1988
Venus	im	Skorpion	vom	23.11.1988	bis	16.12.1988
Venus	im	Schützen	vom	17.12.1988	bis	09.01.1989
Venus	im	Steinbock	vom	10.01.1989	bis	02.02.1989
Venus	im	Wassermann	vom	03.02.1989	bis	26.02.1989
Venus	in den	Fischen	vom	27.02.1989	bis	22.03.1989
Venus	im	Widder	vom	23.03.1989	bis	15.04.1989
Venus	im	Stier	vom	16.04.1989	bis	10.05.1989
Venus	in den	Zwillingen	vom	11.05.1989	bis	03.06.1989
Venus	im	Krebs	vom	04.06.1989	bis	28.06.1989
Venus	im	Löwen	vom	29.06.1989	bis	23.07.1989
Venus	in der	Jungfrau	vom	24.07.1989	bis	17.08.1989
Venus	in der	Waage	vom	18.08.1989	bis	11.09.1989
Venus	im	Skorpion	vom	12.09.1989	bis	07.10.1989
Venus	im	Schützen	vom	08.10.1989	bis	04.11.1989
Venus	im	Steinbock	vom	05.11.1989	bis	09.12.1989
Venus	im	Wassermann	vom	10.12.1989	bis	15.01.1990

Planet	Aspekt	Sternzeichen	Eintritt	Datum	Austritt	Datum
Venus	im	Steinbock	vom	16.01.1990	bis	02.03.1990
Venus	im	Wassermann	vom	03.03.1990	bis	05.04.1990
Venus	in den	Fischen	vom	06.04.1990	bis	03.05.1990
Venus	im	Widder	vom	04.05.1990	bis	29.05.1990
Venus	im	Stier	vom	30.05.1990	bis	24.06.1990
Venus	in den	Zwillingen	vom	25.06.1990	bis	19.07.1990
Venus	im	Krebs	vom	20.07.1990	bis	12.08.1990
Venus	im	Löwen	vom	13.08.1990	bis	06.09.1990
Venus	in der	Jungfrau	vom	07.09.1990	bis	30.09.1990
Venus	in der	Waage	vom	01.10.1990	bis	24.10.1990
Venus	im	Skorpion	vom	25.10.1990	bis	17.11.1990
Venus	im	Schützen	vom	18.11.1990	bis	11.12.1990
Venus	im	Steinbock	vom	12.12.1990	bis	04.01.1991
Venus	im	Wassermann	vom	05.01.1991	bis	28.01.1991
Venus	in den	Fischen	vom	29.01.1991	bis	21.02.1991
Venus	im	Widder	vom	22.02.1991	bis	17.03.1991
Venus	im	Stier	vom	18.03.1991	bis	12.04.1991
Venus	in den	Zwillingen	vom	13.04.1991	bis	08.05.1991
Venus	im	Krebs	vom	09.05.1991	bis	05.06.1991
Venus	im	Löwen	vom	06.06.1991	bis	10.07.1991
Venus	in der	Jungfrau	vom	11.07.1991	bis	20.08.1991
Venus	im	Löwen	vom	21.08.1991	bis	05.10.1991
Venus	in der	Jungfrau	vom	06.10.1991	bis	08.11.1991
Venus	in der	Waage	vom	09.11.1991	bis	05.12.1991
Venus	im	Skorpion	vom	06.12.1991	bis	30.12.1991
Venus	im	Schützen	vom	31.12.1991	bis	24.01.1992
Venus	im	Steinbock	vom	25.01.1992	bis	17.02.1992
Venus	im	Wassermann	vom	18.02.1992	bis	12.03.1992
Venus	in den	Fischen	vom	13.03.1992	bis	06.04.1992
Venus	im	Widder	vom	07.04.1992	bis	30.04.1992
Venus	im	Stier	vom	01.05.1992	bis	25.05.1992
Venus	in den	Zwillingen	vom	26.05.1992	bis	18.06.1992

Planet	Aspekt	Sternzeichen	Eintritt	Datum	Austritt	Datum
Venus	im	Krebs	vom	19.06.1992	bis	12.07.1992
Venus	im	Löwen	vom	13.07.1992	bis	06.08.1992
Venus	in der	Jungfrau	vom	07.08.1992	bis	30.08.1992
Venus	in der	Waage	vom	31.08.1992	bis	24.09.1992
Venus	im	Skorpion	vom	25.09.1992	bis	18.10.1992
Venus	im	Schützen	vom	19.10.1992	bis	12.11.1992
Venus	im	Steinbock	vom	13.11.1992	bis	07.12.1992
Venus	im	Wassermann	vom	08.12.1992	bis	02.01.1993
Venus	in den	Fischen	vom	03.01.1993	bis	01.02.1993
Venus	im	Widder	vom	02.02.1993	bis	05.06.1993
Venus	im	Stier	vom	06.06.1993	bis	05.07.1993
Venus	in den	Zwillingen	vom	06.07.1993	bis	31.07.1993
Venus	im	Krebs	vom	01.08.1993	bis	26.08.1993
Venus	im	Löwen	vom	27.08.1993	bis	20.09.1993
Venus	in der	Jungfrau	vom	21.09.1993	bis	15.10.1993
Venus	in der	Waage	vom	16.10.1993	bis	08.11.1993
Venus	im	Skorpion	vom	09.11.1993	bis	01.12.1993
Venus	im	Schützen	vom	02.12.1993	bis	25.12.1993
Venus	im	Steinbock	vom	26.12.1993	bis	18.01.1994
Venus	im	Wassermann	vom	19.01.1994	bis	11.02.1994
Venus	in den	Fischen	vom	12.02.1994	bis	07.03.1994
Venus	im	Widder	vom	08.03.1994	bis	31.03.1994
Venus	im	Stier	vom	01.04.1994	bis	25.04.1994
Venus	in den	Zwillingen	vom	26.04.1994	bis	20.05.1994
Venus	im	Krebs	vom	21.05.1994	bis	14.06.1994
Venus	im	Löwen	vom	15.06.1994	bis	10.07.1994
Venus	in der	Jungfrau	vom	11.07.1994	bis	06.08.1994
Venus	in der	Waage	vom	07.08.1994	bis	06.09.1994
Venus	im	Skorpion	vom	07.09.1994	bis	06.01.1995
Venus	im	Schützen	vom	07.01.1995	bis	03.02.1995
Venus	im	Steinbock	vom	04.02.1995	bis	01.03.1995
Venus	im	Wassermann	vom	02.03.1995	bis	27.03.1995

Planet	Aspekt	Sternzeichen	Eintritt	Datum	Austritt	Datum
Venus	in den	Fischen	vom	28.03.1995	bis	21.04.1995
Venus	im	Widder	vom	22.04.1995	bis	15.05.1995
Venus	im	Stier	vom	16.05.1995	bis	09.06.1995
Venus	in den	Zwillingen	vom	10.06.1995	bis	04.07.1995
Venus	im	Krebs	vom	05.07.1995	bis	28.07.1995
Venus	im	Löwen	vom	29.07.1995	bis	22.08.1995
Venus	in der	Jungfrau	vom	23.08.1995	bis	15.09.1995
Venus	in der	Waage	vom	16.09.1995	bis	09.10.1995
Venus	im	Skorpion	vom	10.10.1995	bis	02.11.1995
Venus	im	Schützen	vom	03.11.1995	bis	26.11.1995
Venus	im	Steinbock	vom	27.11.1995	bis	20.12.1995
Venus	im	Wassermann	vom	21.12.1995	bis	14.01.1996
Venus	in den	Fischen	vom	15.01.1996	bis	08.02.1996
Venus	im	Widder	vom	09.02.1996	bis	05.03.1996
Venus	im	Stier	vom	06.03.1996	bis	02.04.1996
Venus	in den	Zwillingen	vom	03.04.1996	bis	06.08.1996
Venus	im	Krebs	vom	07.08.1996	bis	06.09.1996
Venus	im	Löwen	vom	07.09.1996	bis	03.10.1996
Venus	in der	Jungfrau	vom	04.10.1996	bis	28.10.1996
Venus	in der	Waage	vom	29.10.1996	bis	22.11.1996
Venus	im	Skorpion	vom	23.11.1996	bis	16.12.1996
Venus	im	Schützen	vom	17.12.1996	bis	09.01.1997
Venus	im	Steinbock	vom	10.01.1997	bis	02.02.1997
Venus	im	Wassermann	vom	03.02.1997	bis	26.02.1997
Venus	in den	Fischen	vom	27.02.1997	bis	22.03.1997
Venus	im	Widder	vom	23.03.1997	bis	15.04.1997
Venus	im	Stier	vom	16.04.1997	bis	09.05.1997
Venus	in den	Zwillingen	vom	10.05.1997	bis	03.06.1997
Venus	im	Krebs	vom	04.06.1997	bis	27.06.1997
Venus	im	Löwen	vom	28.06.1997	bis	22.07.1997
Venus	in der	Jungfrau	vom	23.07.1997	bis	16.08.1997
Venus	in der	Waage	vom	17.08.1997	bis	11.09.1997

Planet	Aspekt	Sternzeichen	Eintritt	Datum	Austritt	Datum
Venus	im	Skorpion	vom	12.09.1997	bis	07.10.1997
Venus	im	Schützen	vom	08.10.1997	bis	04.11.1997
Venus	im	Steinbock	vom	05.11.1997	bis	11.12.1997
Venus	im	Wassermann	vom	12.12.1997	bis	08.01.1998
Venus	im	Steinbock	vom	09.01.1998	bis	03.03.1998
Venus	im	Wassermann	vom	04.03.1998	bis	05.04.1998
Venus	in den	Fischen	vom	06.04.1998	bis	02.05.1998
Venus	im	Widder	vom	03.05.1998	bis	28.05.1998
Venus	im	Stier	vom	29.05.1998	bis	23.06.1998
Venus	in den	Zwillingen	vom	24.06.1998	bis	18.07.1998
Venus	im	Krebs	vom	19.07.1998	bis	12.08.1998
Venus	im	Löwen	vom	13.08.1998	bis	05.09.1998
Venus	in der	Jungfrau	vom	06.09.1998	bis	29.09.1998
Venus	in der	Waage	vom	30.09.1998	bis	23.10.1998
Venus	im	Skorpion	vom	24.10.1998	bis	16.11.1998
Venus	im	Schützen	vom	17.11.1998	bis	10.12.1998
Venus	im	Steinbock	vom	11.12.1998	bis	03.01.1999
Venus	im	Wassermann	vom	04.01.1999	bis	27.01.1999
Venus	in den	Fischen	vom	28.01.1999	bis	20.02.1999
Venus	im	Widder	vom	21.02.1999	bis	17.03.1999
Venus	im	Stier	vom	18.03.1999	bis	11.04.1999
Venus	in den	Zwillingen	vom	12.04.1999	bis	07.05.1999
Venus	im	Krebs	vom	08.05.1999	bis	04.06.1999
Venus	im	Löwen	vom	05.06.1999	bis	11.07.1999
Venus	in der	Jungfrau	vom	12.07.1999	bis	14.08.1999
Venus	im	Löwen	vom	15.08.1999	bis	06.10.1999
Venus	in der	Jungfrau	vom	07.10.1999	bis	08.11.1999
Venus	in der	Waage	vom	09.11.1999	bis	04.12.1999
Venus	im	Skorpion	vom	05.12.1999	bis	30.12.1999
Venus	im	Schützen	vom	31.12.1999	bis	23.01.2000
Venus	im	Steinbock	vom	24.01.2000	bis	18.02.2000
Venus	im	Wassermann	vom	18.02.2000	bis	12.03.2000

Planet	Aspekt	Sternzeichen	Eintritt	Datum	Austritt	Datum
Venus	in den	Fischen	vom	13.03.2000	bis	05.04.2000
Venus	im	Widder	vom	06.04.2000	bis	30.04.2000
Venus	im	Stier	vom	01.05.2000	bis	24.05.2000
Venus	in den	Zwillingen	vom	25.05.2000	bis	17.06.2000
Venus	im	Krebs	vom	18.06.2000	bis	12.07.2000
Venus	im	Löwen	vom	13.07.2000	bis	05.08.2000
Venus	in der	Jungfrau	vom	06.08.2000	bis	30.08.2000
Venus	in der	Waage	vom	31.08.2000	bis	23.09.2000
Venus	im	Skorpion	vom	24.09.2000	bis	18.10.2000
Venus	im	Schützen	vom	19.10.2000	bis	12.11.2000
Venus	im	Steinbock	vom	13.11.2000	bis	07.12.2000
Venus	im	Wassermann	vom	08.12.2000	bis	02.01.2001
Venus	in den	Fischen	vom	03.01.2001	bis	01.02.2001
Venus	im	Widder	vom	02.02.2001	bis	05.06.2001
Venus	im	Stier	vom	06.06.2001	bis	04.07.2001
Venus	in den	Zwillingen	vom	05.07.2001	bis	31.07.2001
Venus	im	Krebs	vom	01.08.2001	bis	26.08.2001
Venus	im	Löwen	vom	27.08.2001	bis	20.09.2001
Venus	in der	Jungfrau	vom	21.09.2001	bis	14.10.2001
Venus	in der	Waage	vom	15.10.2001	bis	07.11.2001
Venus	im	Skorpion	vom	08.11.2001	bis	01.12.2001
Venus	im	Schützen	vom	02.12.2001	bis	26.12.2001
Venus	im	Steinbock	vom	26.12.2001	bis	18.01.2002
Venus	im	Wassermann	vom	19.01.2002	bis	11.02.2002
Venus	in den	Fischen	vom	12.02.2002	bis	07.03.2002
Venus	im	Widder	vom	08.03.2002	bis	31.03.2002
Venus	im	Stier	vom	01.04.2002	bis	24.04.2002
Venus	in den	Zwillingen	vom	25.04.2002	bis	19.05.2002
Venus	im	Krebs	vom	20.05.2002	bis	13.06.2002
Venus	im	Löwen	vom	14.06.2002	bis	09.07.2002
Venus	in der	Jungfrau	vom	10.07.2002	bis	06.08.2002
Venus	in der	Waage	vom	07.08.2002	bis	07.09.2002

Planet	Aspekt	Sternzeichen	Eintritt	Datum	Austritt	Datum
Venus	im	Skorpion	vom	08.09.2002	bis	06.01.2003
Venus	im	Schützen	vom	07.01.2003	bis	03.02.2003
Venus	im	Steinbock	vom	04.02.2003	bis	01.03.2003
Venus	im	Wassermann	vom	02.03.2003	bis	26.03.2003
Venus	in den	Fischen	vom	27.03.2003	bis	20.04.2003
Venus	im	Widder	vom	21.04.2003	bis	15.05.2003
Venus	im	Stier	vom	16.05.2003	bis	09.06.2003
Venus	in den	Zwillingen	vom	10.06.2003	bis	03.07.2003
Venus	im	Krebs	vom	04.07.2003	bis	28.07.2003
Venus	im	Löwen	vom	29.07.2003	bis	21.08.2003
Venus	in der	Jungfrau	vom	22.08.2003	bis	14.09.2003
Venus	in der	Waage	vom	15.09.2003	bis	08.10.2003
Venus	im	Skorpion	vom	09.10.2003	bis	01.11.2003
Venus	im	Schützen	vom	02.11.2003	bis	26.11.2003
Venus	im	Steinbock	vom	27.11.2003	bis	20.12.2003
Venus	im	Wassermann	vom	21.12.2003	bis	13.01.2004
Venus	in den	Fischen	vom	14.01.2004	bis	07.02.2004
Venus	im	Widder	vom	08.02.2004	bis	04.03.2004
Venus	im	Stier	vom	05.03.2004	bis	02.04.2004
Venus	in den	Zwillingen	vom	03.04.2004	bis	06.08.2004
Venus	im	Krebs	vom	07.08.2004	bis	05.09.2004
Venus	im	Löwen	vom	06.09.2004	bis	02.10.2004
Venus	in der	Jungfrau	vom	03.10.2004 ·	bis	28.10.2004
Venus	in der	Waage	vom	29.10.2004	bis	21.11.2004
Venus	im	Skorpion	vom	22.11.2004	bis	15.12.2004
Venus	im	Schützen	vom	16.12.2004	bis	08.01.2005
Venus	im	Steinbock	vom	09.01.2005	bis	01.02.2005
Venus	im	Wassermann	vom	02.02.2005	bis	25.02.2005
Venus	in den	Fischen	vom	26.02.2005	bis	21.03.2005
Venus	im	Widder	vom	22.03.2005	bis	14.04.2005
Venus	im	Stier	vom	15.04.2005	bis	09.05.2005
Venus	in den	Zwillingen	vom	10.05.2005	bis	02.06.2005

Planet	Aspekt	Sternzeichen	Eintritt	Datum	Austritt	Datum
Venus	im	Krebs	vom	03.06.2005	bis	27.06.2005
Venus	im	Löwen	vom	28.06.2005	bis	22.07.2005
Venus	in der	Jungfrau	vom	23.07.2005	bis	16.08.2005
Venus	in der	Waage	vom	17.08.2005	bis	10.09.2005
Venus	im	Skorpion	vom	11.09.2005	bis	07.10.2005
Venus	im	Schützen	vom	08.10.2005	bis	04.11.2005
Venus	im	Steinbock	vom	05.11.2005	bis	14.12.2005
Venus	im	Wassermann	vom	15.12.2005	bis	31.12.2005
Venus	im	Steinbock	vom	01.01.2006	bis	04.03.2006
Venus	im	Wassermann	vom	05.03.2006	bis	05.04.2006
Venus	in den	Fischen	vom	06.04.2006	bis	02.05.2006
Venus	im	Widder	vom	03.05.2006	bis	28.05.2006
Venus	im	Stier	vom	29.05.2006	bis	23.06.2006
Venus	in den	Zwillingen	vom	24.06.2006	bis	18.07.2006
Venus	im	Krebs	vom	19.07.2006	bis	11.08.2006
Venus	im	Löwen	vom	12.08.2006	bis	05.09.2006
Venus	in der	Jungfrau	vom	06.09.2006	bis	29.09.2006
Venus	in der	Waage	vom	30.09.2006	bis	23.10.2006
Venus	im	Skorpion	vom	24.10.2006	bis	16.11.2006
Venus	im	Schützen	vom	17.11.2006	bis	10.12.2006
Venus	im	Steinbock	vom	11.12.2006	bis	03.01.2007
Venus	im	Wassermann	vom	04.01.2007	bis	27.01.2007
Venus	in den	Fischen	vom	28.01.2007	bis	20.02.2007
Venus	im	Widder	vom	21.02.2007	bis	16.03.2007
Venus	im	Stier	vom	17.03.2007	bis	11.04.2007
Venus	in den	Zwillingen	vom	12.04.2007	bis	07.05.2007
Venus	im	Krebs	vom	08.05.2007	bis	04.06.2007
Venus	im	Löwen	vom	05.06.2007	bis	13.07.2007
Venus	in der	Jungfrau	vom	14.07.2007	bis	08.08.2007
Venus	im	Löwen	vom	09.08.2007	bis	08.10.2007
Venus	in der	Jungfrau	vom	09.10.2007	bis	07.11.2007
Venus	in der	Waage	vom	08.11.2007	bis	04.12.2007

Planet	Aspekt	Sternzeichen	Eintritt	Datum	Austritt	Datum
Venus	im	Skorpion	vom	05.12.2007	bis	29.12.2007
Venus	im	Schützen	vom	30.12.2007	bis	23.01.2008
Venus	im	Steinbock	vom	24.01.2008	bis	16.02.2008
Venus	im	Wassermann	vom	17.02.2008	bis	11.03.2008
Venus	in den	Fischen	vom	12.03.2008	bis	05.04.2008
Venus	im	Widder	vom	06.04.2008	bis	29.04.2008
Venus	im	Stier	vom	30.04.2008	bis	23.05.2008
Venus	in den	Zwillingen	vom	24.05.2008	bis	17.06.2008
Venus	im	Krebs	vom	18.06.2008	bis	11.07.2008
Venus	im	Löwen	vom	12.07.2008	bis	05.08.2008
Venus	in der	Jungfrau	vom	06.08.2008	bis	29.08.2008
Venus	in der	Waage	vom	30.08.2008	bis	23.09.2008
Venus	im	Skorpion	vom	24.09.2008	bis	17.10.2008
Venus	im	Schützen	vom	18.10.2008	bis	11.11.2008
Venus	im	Steinbock	vom	12.11.2008	bis	06.12.2008
Venus	im	Wassermann	vom	07.12.2008	bis	02.01.2009
Venus	in den	Fischen	vom	03.01.2009	bis	02.02.2009
Venus	im	Widder	vom	03.02.2009	bis	10.04.2009
Venus	in den	Fischen	vom	11.04.2009	bis	23.04.2009
Venus	im	Widder	vom	24.04.2009	bis	05.06.2009
Venus	im	Stier	vom	06.06.2009	bis	04.07.2009
Venus	in den	Zwillingen	vom	05.07.2009	bis	31.07.2009
Venus	im	Krebs	vom	01.08.2009	bis	25.08.2009
Venus	im	Löwen	vom	26.08.2009	bis	19.09.2009
Venus	in der	Jungfrau	vom	20.09.2009	bis	13.10.2009
Venus	in der	Waage	vom	14.10.2009	bis	07.11.2009
Venus	im	Skorpion	vom	08.11.2009	bis	30.11.2009
Venus	im	Schützen	vom	01.12.2009	bis	24.12.2009
Venus	im	Steinbock	vom	25.12.2009	bis	17.01.2010
Venus	im	Wassermann	vom	18.01.2010	bis	10.02.2010
Venus	in den	Fischen	vom	11.02.2010	bis	06.03.2010
Venus	im	Widder	vom	07.03.2010	bis	30.03.2010

Planet	Aspekt	Sternzeichen	Eintritt	Datum	Austritt	Datum
Venus	im	Stier	vom	31.03.2010	bis	24.04.2010
Venus	in den	Zwillingen	vom	25.04.2010	bis	19.05.2010
Venus	im	Krebs	vom	20.05.2010	bis	13.06.2010
Venus	im	Löwen	vom	14.06.2010	bis	09.07.2010
Venus	in der	Jungfrau	vom	10.07.2010	bis	06.08.2010
Venus	in der	Waage	vom	07.08.2010	bis	07.09.2010
Venus	im	Skorpion	vom	08.09.2010	bis	07.11.2010
Venus	in der	Waage	vom	08.11.2010	bis	29.11.2010
Venus	im	Skorpion	vom	30.11.2010	bis	31.12.2010

MARS IN DEN STERNZEICHEN 1920 BIS 2010

1920

01.01.–31.01.	Waage
01.02.–23.04.	Skorpion
24.04.–10.07.	Waage
11.07.–04.09.	Skorpion
05.09.–18.10.	Schütze
11.10.–27.11.	Steinbock
28.11.–31.12.	Wassermann

1921

01.01.–05.01.	Wassermann
06.01.–13.02.	Fische
14.02.–25.03.	Widder
26.03.–06.05.	Stier
07.05.–18.06.	Zwillinge
19.06.–03.08.	Krebs
04.08.–19.09.	Löwe
20.09.–06.11.	Jungfrau
07.11.–26.12.	Waage
27.12.–31.12.	Skorpion

1922

01.01.–18.02.	Skorpion
19.02.–13.09.	Schütze
14.09.–31.10.	Steinbock
01.11.–11.12.	Wassermann
12.12.–31.12.	Fische

1923

01.01.–21.01.	Fische
22.01.–04.03.	Widder
05.03.–16.04.	Stier
17.04.–31.05.	Zwillinge
01.06.–16.07.	Krebs
17.07.–01.09.	Löwe
02.09.–18.10.	Jungfrau
19.10.–04.12.	Waage
05.12.–31.12.	Skorpion

1924	
01.01.–19.01.	Skorpion
20.01.–06.03.	Schütze
07.03.–24.04.	Steinbock
25.04.–24.06.	Wassermann
25.06.–24.08.	Fische
25.08.–20.10.	Wassermann
21.10.–19.12.	Fische
20.12.–31.12.	Widder
1925	
01.01.–05.02.	Widder
06.02.–24.03.	Stier
25.03.–09.05.	Zwillinge
10.05.–26.06.	Krebs
27.06.–12.08.	Löwe
13.08.–28.09.	Jungfrau
29.09.–13.11.	Waage
14.11.–28.12.	Skorpion
29.12.–31.12.	Schütze
1926	
01.01.–09.02.	Schütze
10.02.–23.03.	Steinbock
24.03.–03.05.	Wassermann
04.05.–15.06.	Fische
16.06.–01.08.	Widder
02.08.–31.12.	Stier
1927	
01.01.–22.02.	Stier
23.02.–17.04.	Zwillinge
18.04.–06.06.	Krebs
07.06.–25.07.	Löwe
26.07.–10.09.	Jungfrau
11.09.–26.10.	Waage
27.10.–08.12.	Skorpion
09.12.–31.12.	Schütze

1928	
01.01.–19.01.	Schütze
20.01.–28.02.	Steinbock
29.02.–07.04.	Wassermann
08.04.–16.05.	Fische
17.05.–26.06.	Widder
27.06.–09.08.	Stier
10.08.–03.10.	Zwillinge
04.10.–20.12.	Krebs
21.12.–31.12.	Zwillinge
1929	
01.01.–10.03.	Zwillinge
11.03.–13.05.	Krebs
14.05.–04.07.	Löwe
05.07.–21.08.	Jungfrau
22.08.–06.10.	Waage
07.10.–18.11.	Skorpion
19.11.–31.12.	Schütze
1930	
01.01.–06.02.	Steinbock
07.02.–17.03.	Wassermann
18.03.–24.04.	Fische
25.04.–03.06.	Widder
04.06.–14.07.	Stier
15.07.–28.08	Zwillinge
29.08.–20.10.	Krebs
21.10.–31.12.	Löwe
1931	
01.01.–16.02.	Löwe
17.02.–30.03.	Krebs
31.03.–10.06.	Löwe
11.06.–01.08.	Jungfrau
02.08.–17.09.	Waage
18.09.–31.10.	Skorpion
01.11.–10.12.	Schütze
11.12.–31.12.	Steinbock

1932	
01.01.–18.01.	Steinbock
19.01.–25.02.	Wassermann
26.02.–03.04	Fische
04.04.–12.05.	Widder
13.05.–22.06.	Stier
23.06.–04.08.	Zwillinge
05.08.–20.09.	Krebs
21.09.–13.11.	Löwe
14.11.–31.12.	Jungfrau
1933	
01.01.–06.07.	Jungfrau
07.07.–26.08.	Waage
27.08.–09.10.	Skorpion
10.10.–19.11.	Schütze
20.11.–28.12.	Steinbock
29.12.–31.12.	Wassermann
1934	
01.01.–04.02.	Wassermann
05.02.–14.03.	Fische
15.03.–22.04.	Widder
23.04.–02.06.	Stier
03.06.–15.07.	Zwillinge
16.07.–31.08	Krebs
01.09.–18.10.	Löwe
19.10.–11.12	Jungfrau
12.12.–31.12.	Waage
1935	
01.01.–29.07.	Waage
30.07.–16.09.	Skorpion
17.09.–28.10.	Schütze
29.10.–07.12.	Steinbock
08.12.–31.12.	Wassermann

1936	
01.01.–14.01.	Wassermann
15.01.–22.02.	Fische
23.02.–01.04.	Widder
02.04.–13.05.	Stier
14.05.–25.06.	Zwillinge
26.06.–10.08.	Krebs
11.08.–26.09.	Löwe
27.09.–14.11.	Jungfrau
15.11.–31.12.	Waage
1937	
01.01.–06.01.	Waage
07.01.–13.03.	Skorpion
14.03.–14.05.	Schütze
15.05.–08.08.	Skorpion
09.08.–30.09.	Schütze
01.10.–11.11.	Steinbock
12.11.–21.12.	Wassermann
22.12.–31.12.	Fische
1938	
01.01.–30.01.	Fische
31.01.–12.03.	Widder
13.03.–23.04.	Stier
24.04.–07.06.	Zwillinge
08.06.–22.07.	Krebs
23.07.–07.09.	Löwe
08.09.–25.10.	Jungfrau
26.10.–11.12	Waage
12.12.–31.12.	Skorpion
1939	
01.01.–29.01.	Skorpion
30.01.–21.03.	Schütze
22.03.–24.05.	Steinbock
25.05.–21.04	Wassermann
22.07.–24.09.	Steinbock
25.09.–19.11.	Wassermann
20.11.–31.12.	Fische

1940	
01.01.–03.01.	Fische
04.01.–17.02.	Widder
18.02.–01.04.	Stier
02.04.–17.05.	Zwillinge
18.05.–03.07.	Krebs
04.07.–19.08.	Löwe
20.08.–05.10.	Jungfrau
06.10.–20.11.	Waage
21.11.–31.12.	Skorpion
1941	
01.01.–04.01.	Skorpion
05.01.–17.02.	Schütze
18.02.–02.04.	Steinbock
03.04- 16.05.	Wassermann
17.05.–02.07.	Fische
03.07.–31.12	Widder
1942	
01.01.–11.01.	Widder
12.01.–07.03.	Stier
08.03.–26.04.	Zwillinge
27.04.–14.06.	Krebs
15.06.–01.08.	Löwe
02.08.–17.09.	Jungfrau
18.09.–01.11.	Waage
02.11.–15.12.	Skorpion
16.12.–31.12.	Schütze
1943	
01.01.–26.01.	Schütze
27.01.–08.03.	Steinbock
09.03.–17.04.	Wassermann
18.04.–27.05.	Fische
28.05.–07.07.	Widder
08.07.–23.08.	Stier
24.08.–31.12.	Zwillinge

1944	
01.01.–28.03.	Zwillinge
29.03.–22.05.	Krebs
23.05.–12.07.	Löwe
13.07.–29.08.	Jungfrau
30.08.–13.10.	Waage
14.10.–25.11.	Skorpion
26.11.–31.12.	Schütze
1945	
01.01.–05.01.	Schütze
06.01.–14.02.	Steinbock
15.02.–25.03.	Wassermann
26.03.–02.05.	Fische
03.05.–11.06.	Widder
12.06.–23.07.	Stier
24.07.–07.09.	Zwillinge
08.09.–11.11.	Krebs
12.11.–26.12.	Löwe
27.12.–31.12.	Krebs
1946	
01.01.–22.04.	Krebs
23.04.–20.06.	Löwe
21.06.–09.08.	Jungfrau
10.08.–24.09.	Waage
25.09.–06.11.	Skorpion
07.11.–17.12.	Schütze
18.12.–31.12.	Steinbock
1947	
01.01.–25.01.	Steinbock
26.01.–04.03.	Wassermann
05.03.–11.04.	Fische
12.04.–21.05.	Widder
22.05.–01.07.	Stier
02.07.–13.08.	Zwillinge
14.08.–01.10.	Krebs
02.10.–01.12.	Löwe
02.12.–31.12.	Jungfrau

1948	
01.01.–12.02.	Jungfrau
13.02.–18.05.	Löwe
19.05.–17.07.	Jungfrau
18.07.–03.09.	Waage
04.09.–17.10.	Skorpion
18.10.–26.11.	Schütze
27.11.–31.12.	Steinbock
1949	
01.01.–04.01.	Steinbock
05.01.–11.02.	Wassermann
12.02.–21.03.	Fische
22.03.–30.04.	Widder
01.05.–10.06.	Stier
11.06.–23.07.	Zwillinge
24.07.–07.09.	Krebs
08.09.–27.10.	Löwe
28.10.–26.12.	Jungfrau
27.12.–31.12.	Waage
1950	
01.01.–28.03.	Waage
29.03.–11.06.	Jungfrau
12.06.–10.08.	Waage
11.08.–25.09.	Skorpion
26.09.–06.11.	Schütze
07.11.–15.12.	Steinbock
16.12.–31.12.	Wassermann
1951	
01.01.–22.01.	Wassermann
23.01.–01.03.	Fische
02.03.–10.04.	Widder
11.04.–21.05.	Stier
22.05.–03.07.	Zwillinge
04.07.–18.08.	Krebs
19.08.–05.10.	Löwe
06.10.–24.11.	Jungfrau
25.11.–31.12.	Waage

1952	
01.01.–20.01.	Waage
21.01.–27.08.	Skorpion
28.08.–12.10.	Schütze
13.10.–21.11.	Steinbock
22.11.–31.12.	Wassermann
1953	
01.01.–08.02.	Fische
09.02.–20.03.	Widder
21.03.–01.05.	Stier
02.05.–14.06.	Zwillinge
15.06.–29.07.	Krebs
30.07.–14.09.	Löwe
15.09.–01.11.	Jungfrau
02.11.–20.12.	Waage
21.12.–31.12.	Skorpion
1954	
01.01.–09.02.	Skorpion
10.02.–12.04.	Schütze
13.04.–03.07.	Steinbock
04.07.–24.08.	Schütze
25.08.–21.10.	Steinbock
22.10.–04.12.	Wassermann
05.12.–31.12.	Fische
1955	
01.01.–15.01.	Fische
16.01.–26.02.	Widder
27.02.–10.04.	Stier
11.04.–26.05.	Zwillinge
27.05.–11.07.	Krebs
12.07.–27.08.	Löwe
28.08.–13.10.	Jungfrau
14.10.–29.11.	Waage
30.11.–31.12.	Skorpion

1956

01.01.–14.01.	Skorpion
15.01.–28.02.	Schütze
29.02.–14.04.	Steinbock
15.04.–03.06.	Wassermann
04.06.–06.12.	Fische
07.12.–31.12.	Widder

1957

01.01.–28.01.	Widder
29.01.–17.03.	Stier
18.03.–04.05.	Zwillinge
05.05.–21.06.	Krebs
22.06.–08.08.	Löwe
09.08.–24.09.	Jungfrau
25.09.–08.11.	Waage
09.11.–23.12.	Skorpion
24.12.–31.12.	Schütze

1958

01.01.–03.02.	Schütze
04.02.–17.03.	Steinbock
18.03.–27.04.	Wassermann
28.04.–07.06.	Fische
08.06.–21.07.	Widder
22.07.–21.09.	Stier
22.09.–29.10.	Zwillinge
30.10.–31.12.	Stier

1959

01.01.–10.02.	Stier
11.02.–10.04.	Zwillinge
11.04.–01.06.	Krebs
02.06.–20.07.	Löwe
21.07.–05.09.	Jungfrau
06.09.–21.10.	Waage
22.10.–03.12.	Skorpion
04.12.–31.12.	Schütze

1960

01.01.–14.01.	Schütze
15.01.–23.02.	Steinbock
24.02.–02.04.	Wassermann
03.04- 11.05.	Fische
12.05.–20.06.	Widder
21.06.–02.08.	Stier
03.08.–21.09.	Zwillinge
22.09.–31.12.	Krebs

1961

01.01.–06.05.	Krebs
07.05.–28.06.	Löwe
29.06.–17.08.	Jungfrau
18.08.–01.10.	Waage
02.10.–13.11.	Skorpion
14.11.–24.12.	Schütze
25.12.–31.12.	Steinbock

1962

01.01.–1 .02.	Steinbock
02.02.–12.03.	Wassermann
13.03.–19.04.	Fische
20.04.–28.05.	Widder
29.05.–09.07.	Stier
10.07.–22.08.	Zwillinge
23.08.–11.10.	Krebs
12.10.–31.12.	Löwe

1963

01.01.–03.06.	Löwe
04.06.–27.07.	Jungfrau
28.07.–12.09.	Waage
13.09.–25.10.	Skorpion
26.10.–05.12.	Schütze
06.12.–31.12.	Steinbock

1964	
01.01.–13.01.	Steinbock
14.01.–20.02.	Wassermann
21.02.–29.03.	Fische
30.03.–07.05.	Widder
08.05.–17.06.	Stier
18.06.–30.07.	Zwillinge
31.07.–15.09.	Krebs
16.09.–06.11.	Löwe
07.11.–31.12.	Jungfrau
1965	
01.01.–29.06.	Jungfrau
30.65.–20.08.	Waage
21.08.–04.10.	Skorpion
05.10.–14.11.	Schütze
15.11.–23.12.	Steinbock
24.12.–31.12.	Wassermann
1966	
01.01.–30.01.	Wassermann
31.01.–09.03.	Fische
10.03.–17.04.	Widder
18.04.–28.05.	Stier
29.05.–11.07.	Zwillinge
12.07.–25.08.	Krebs
26.08.–12.10.	Löwe
13.10.–04.12.	Jungfrau
05.12.–31.12.	Waage
1967	
01.01.–12.02.	Waage
13.02.–31.03.	Skorpion
01.04 –19.07.	Waage
20.07.– 10.09.	Skorpion
11.09.–23.10.	Schütze
24.10.–01.12.	Steinbock
02.12.–31.12.	Wassermann

1968	
01.01.–09.01.	Wassermann
10.01.–17.02.	Fische
18.02.–27.03.	Widder
28.03.–08.05.	Stier
09.05.–21.06.	Zwillinge
22.06.–05.08.	Krebs
06.08.–21.09.	Löwe
22.09.–09.11.	Jungfrau
10.11.–29.12.	Waage
30.12.–31.12.	Skorpion
1969	
01.01.–25.02.	Skorpion
26.02.–21.09.	Schütze
22.09.–04.11.	Steinbock
05.11.–15.12.	Wassermann
16.12.–31.12.	Fische
1970	
01.01.–24.01.	Fische
25.01.–07.03.	Widder
08.03.–18.04.	Stier
19.04.– 2.06.	Zwillinge
03.06.–18.07.	Krebs
19.07.–03.09.	Löwe
04.09.–20.10.	Jungfrau
21.10.–06.12.	Waage
07.12.–31.12.	Skorpion
1971	
01.01.–23.01.	Skorpion
24.01.–12.03.	Schütze
13.03.–03.05.	Steinbock
04.05.–06.11.	Wassermann
07.11.–26.12.	Fische
27.12.–31.12.	Widder

1972	
01.01.–10.02.	Widder
11.02.–27.03.	Stier
28.03.–12.05.	Zwillinge
13.05.–28.06.	Krebs
29.06.–15.08.	Löwe
16.08.–30.09.	Jungfrau
01.10.–16.11.	Waage
17.11.–31.12.	Skorpion
1973	
01.01.–12.02.	Schütze
13.02.–26.03.	Steinbock
27.03.–08.05.	Wassermann
09.05.–20.06.	Fische
21.06.–12.08.	Widder
13.08.–29.10.	Stier
30.10.–24.12.	Widder
25.12.–31.12.	Stier
1974	
01.01.–27.02.	Stier
28.02.–20.04.	Zwillinge
21.04.–09.06.	Krebs
10.06.–27.07.	Löwe
28.07.–12.09.	Jungfrau
13.09.–28.10.	Waage
29.10.–10.12.	Skorpion
11.12.–31.12.	Schütze
1975	
01.01.–21.01.	Schütze
22.01.–03.03.	Steinbock
04.03.–11.04.	Wassermann
12.04.–21.05.	Fische
22.05.–01.07.	Widder
02.07.–14.08.	Stier
15.08 –17.10.	Zwillinge
18.10.–25.11.	Krebs
26.11.–31.12.	Zwillinge

1976	
01.01.–18.03.	Zwillinge
19.03.–16.05.	Krebs
17.05.–06.07.	Löwe
07.07.–24.08.	Jungfrau
25.08.–08.10.	Waage
09.10.–20.11.	Skorpion
21.11.–31.12	Schütze
1977	
01.01.–09.02.	Steinbock
10.02.–20.03.	Wassermann
21.03.–27.04.	Fische
28.04.–08.06.	Widder
09.06.–17.07.	Stier
18.07.–01.09.	Zwillinge
02.09.–26.10.	Krebs
27.10.–31.12.	Löwe
1978	
01.01.–26.01.	Löwe
27.01.–11.04.	Krebs
12.04.–14.06.	Löwe
15.06.–04.08.	Jungfrau
05.08.–19.09.	Waage
20.09.–02.11.	Skorpion
03.11.–12.12.	Schütze
13.12.–31.12.	Steinbock
1979	
01.01.–20.01.	Steinbock
21.01.–27.02.	Wassermann
28.02.–07.04.	Fische
08.04.–16.05.	Widder
17.05.–26.06.	Stier
27.06.–08.08.	Zwillinge
09.08.–24.09.	Krebs
25.09.–19.11.	Löwe
20.11.–31.12	Jungfrau

1980	
01.01.–11.03	Jungfrau
12.03.–04.05.	Löwe
05.05.–10.07.	Jungfrau
11.07.–28.08.	Waage
29.08.–12.10.	Skorpion
13.10.–22.11.	Schütze
23.11.–31.12.	Steinbock
1981	
01.01.–06.02.	Wassermann
07.02.–17.03.	Fische
18.03.–24.04.	Widder
26.04.–05.06.	Stier
06.06.–18.07.	Zwillinge
19.07.–02.09.	Krebs
03.09.–21.10.	Löwe
22.10.–15.12.	Jungfrau
16.12.–31.12.	Waage
1982	
01.01.–03.08.	Waage
04.08.–20.09.	Skorpion
21.09.–31.10.	Schütze
01.11.–10.12.	Steinbock
11.12.–31.12.	Wassermann
1983	
01.01.–17.01.	Wassermann
18.01.–25.02.	Fische
26.02.–05.04.	Widder
06.04.–16.05.	Stier
17.05.–29.06.	Zwillinge
30.06.–13.08.	Krebs
14.08.–29.09.	Löwen
30.09.–18.11.	Jungfrau
19.11.–31.12.	Waage

1984	
01.01.–11.01.	Waage
12.01.–17.08.	Skorpion
18.08.–05.10.	Schütze
06.10.–15.11.	Steinbock
16.11.–25.12.	Wassermann
26.12.–31.12.	Fische
1985	
01.01.–02.02.	Fische
03.02.–15.03.	Widder
16.03.–26.04.	Stier
27.04.–09.06.	Zwillinge
10.06.–25.07.	Krebs
26.07.–10.09.	Löwen
11.09.–27.10.	Jungfrau
28.10.–14.12.	Waage
14.12.–31.12.	Skorpion
1986	
01.01.–02.02.	Skorpion
03.02.–28.03.	Schütze
29.03.–09.10.	Steinbock
10.10.–26.11.	Wassermann
27.11.–31.12.	Fische
1987	
01.01.–08.01.	Fische
09.01.–20.02.	Widder
21.02.–05.04.	Stier
06.04.–21.05.	Zwillinge
22.05.–06.07.	Krebs
07.07.–22.08.	Löwen
23.08.–08.10.	Jungfrau
09.10.–24.11.	Waage
25.11.–31.12.	Skorpion

1988	
01.01.–08.01.	Skorpion
09.01.–22.02.	Schütze
23.02.–06.04.	Steinbock
07.04.–22.05.	Wassermann
23.05.–13.07.	Fische
14.07.–24.10.	Widder
25.10.–01.11.	Fische
02.11.–31.12.	Widder
1989	
01.01.–19.01.	Widder
20.01.–11.03.	Stier
12.03.–29.04.	Zwillinge
30.04.–16.06.	Krebs
17.06.–03.08.	Löwen
04.08.–19.09.	Jungfrau
20.09.–04.11.	Waage
05.11.–18.12.	Skorpion
19.12.–31.12.	Schütze
1990	
01.01.–29.01.	Schütze
30.01.–11.03.	Steinbock
12.03.–20.04.	Wassermann
21.04.–31.05.	Fische
01.06.–12.07.	Widder
13.07.–31.08.	Stier
01.09.–14.12.	Zwillinge
15.12.–31.12.	Stier
1991	
01.01.–21.01.	Stier
22.01.–03.04.	Zwillinge
04.04.–26.05.	Krebs
27.05.–17.07.	Löwen
18.07.–01.09.	Jungfrau
02.09.–16.10.	Waage
17.10.–29.11.	Skorpion
30.11.–31.12.	Schütze

1992	
01.01.–09.01.	Schütze
10.01.–18.02.	Steinbock
19.02.–28.03.	Wassermann
29.03.–05.05.	Fische
06.05.–14.06.	Widder
15.06.–26.07.	Stier
27.07.–12.09.	Zwillinge
13.09.–31.12.	Krebs
1993	
01.01.–27.04.	Krebs
28.04.–23.06.	Löwen
24.06.–12.08.	Jungfrau
13.08.–27.09.	Waage
28.09.–09.11.	Skorpion
10.11.–20.12.	Schütze
21.12.–31.12.	Steinbock
1994	
01.01.–28.01.	Steinbock
29.01.–07.03.	Wassermann
08.03.–14.04.	Fische
15.04.–23.05.	Widder
24.05.–03.07.	Stier
04.07.–16.08.	Zwillinge
17.08.–04.10.	Krebs
05.10.–12.12.	Löwen
13.12.–31.12.	Jungfrau
1995	
01.01.–23.01.	Jungfrau
24.01.–25.05.	Löwen
26.05.–21.07.	Jungfrau
22.07.–07.09.	Waage
08.09.–20.10.	Skorpion
21.10.–30.11.	Schütze
01.12.–31.12.	Steinbock

1996	
01.01.–08.01.	Steinbock
09.01.–15.02.	Wassermann
16.02.–24.03.	Fische
25.03.–02.05.	Widder
03.05.–12.06.	Stier
13.06.–25.07.	Zwillinge
26.07.–09.09.	Krebs
10.09.–30.10.	Löwen
31.10.–31.12.	Jungfrau
1997	
01.01.–03.01.	Jungfrau
04.01.–08.03.	Waage
09.03.–19.06.	Jungfrau
20.06.–14.08.	Waage
15.08.–28.09.	Skorpion
29.09.–29.11.	Schütze
30.11.–18.12.	Steinbock
19.12.–31.12.	Wassermann
1998	
01.01.–25.01.	Wassermann
26.01.–04.03.	Fische
05.03.–13.04.	Widder
14.04.–24.05.	Stier
25.05.–06.07.	Zwillinge
07.07.–20.08.	Krebs
21.08.–07.10.	Löwen
08.10.–27.11.	Jungfrau
28.11.–31.12.	Waage
1999	
01.01.–26.01.	Waage
27.01.–05.05.	Skorpion
06.05.–05.07.	Waage
06.07.–02.09.	Skorpion
03.09.–17.10.	Schütze
18.10.–26.11.	Steinbock
27.11.–31.12.	Wassermann

2000	
01.01.–04.01.	Wassermann
05.01.–12.02.	Fische
13.02.–23.03.	Widder
24.03.–03.05.	Stier
04.05.–16.06.	Zwillinge
17.06.–01.08.	Krebs
02.08.–17.09.	Löwen
18.09.–04.11.	Jungfrau
05.11.–23.12.	Waage
24.12.–12.12.	Skorpion
2001	
01.01.–14.02.	Skorpion
15.02.–08.09.	Schütze
09.09.–27.10.	Steinbock
28.10.–08.12.	Wassermann
09.12.–31.12.	Fische
2002	
01.01.–18.01.	Fische
19.01.–01.03.	Widder
02.03.–13.04.	Stier
14.04.–28.05.	Zwillinge
29.05.–13.07.	Krebs
14.07.–29.08.	Löwen
30.08.–15.10.	Jungfrau
16.10.–01.12.	Waage
02.12.–31.12.	Skorpion
2003	
01.01.–17.01.	Skorpion
18.01.–04.03.	Schütze
05.03.–21.04.	Steinbock
22.04.–17.06.	Wassermann
18.06.–16.12.	Fische
17.12.–31.12.	Widder

2004	
01.01.–03.02.	Widder
04.02.–21.03.	Stier
22.03.–07.05.	Zwillinge
08.05.–23.06.	Krebs
24.06.–10.08.	Löwen
11.08.–26.09.	Jungfrau
27.09.–11.11.	Waage
12.11.–25.12.	Skorpion
26.12.–31.12.	Schütze
2005	
01.01.–06.02.	Schütze
07.02.–20.03.	Steinbock
21.03.–01.05.	Wassermann
02.05.–12.06.	Fische
13.06.–28.07.	Widder
29.07.–31.12.	Stier
2006	
01.01.–17.02.	Stier
18.02.–14.04.	Zwillinge
15.04.–03.06.	Krebs
04.06.–22.07.	Löwen
23.07.–08.09.	Jungfrau
09.09.–23.10.	Waage
24.10.–06.12.	Skorpion
07.12.–31.12.	Schütze
2007	
01.01.–16.01.	Schütze
17.01.–26.02.	Steinbock
27.02.–06.04.	Wassermann
07.04.–15.05.	Fische
16.05.–24.06.	Widder
25.06.–07.08.	Stier
08.08.–28.09.	Zwillinge
29.09.–31.12.	Krebs

2008	
01.01.–04.03.	Zwillinge
05.03.–09.05.	Krebs
10.05.–01.07.	Löwen
02.07.–19.08.	Jungfrau
20.08.–04.10.	Waage
05.10.–16.11.	Skorpion
17.11.–27.12.	Schütze
28.12.–31.12.	Steinbock
2009	
01.01.–04.02.	Steinbock
05.02.–15.03.	Wassermann
16.03.–22.04.	Fische
23.04.–31.05.	Widder
01.06.–12.07.	Stier
13.07.–25.08.	Zwillinge
26.08.–16.10.	Krebs
17.10.–31.12.	Löwen
2010	
01.01.–07.06.	Löwen
08.06.–29.07.	Jungfrau
30.07.–14.09.	Waage
15.09.–28.10.	Skorpion
29.10.–07.12.	Schütze
08.12.–31.12.	Steinbock

416 Seiten
19,99 €
ISBN 978-3-86882-250-2

Dr. Elizabeth Teissier
Gerhard Hynek

2012-2016 WELTKRISE UND NEUBEGINN

Die Horoskope der Staaten und Ihre persönlichen Sterne

Die Krise der letzten Jahre ist noch lange nicht zu Ende, sondern scheint sich mehr und mehr zuzuspitzen. Viele Menschen spüren, dass unsere Welt vor großen Umwälzungen steht. In ihrem neuen Buch analysiert die Astrologin Elizabeth Teissier diesen gesellschaftlichen Wandel anhand der Stellung der Planeten. Sie erläutert, wie die Sterne die weltgeschichtliche Entwicklung in Politik und Wirtschaft beeinflussen. Aber auch das Schicksal jedes Einzelnen offenbart sie anhand detaillierter Jahreshoroskope für jedes Tierkreiszeichen.

Gerhard Hynek untersucht verschiedene Prophezeiungen der Mayas, Hopis, sowie Voraussagen von Nostradamus, Edgar Cayce und anderen. Dazu liefert er eine Art Bestandsaufnahme der verschiedenen Gefahren und erläutert deren Wahrscheinlichkeit.